Psicotecnica Papers
www.papers.psicotecnica.it

Psicotecnica Papers is a quality label for scientific psychological contributions (*Psicotecnica* is psychotechnique in the Latin-European Italian culture) globally accessible in English or/and in Italian.
The *Psicotecnica Papers* are produced under the supervision of the Psicotecnica Workshop in the Department of Psychology, at the six centuries old and rinomated university of Turin, coordinated by Felice Perussia, full professor of general psychology (and founding Dean of Turin's Faculty of Psychology). Although many *Psicotecnica Papers* obtain considerable success among scholars, researchers, professionals and students. *Psicotecnica Papers* have been chosen as an important scientific source and not as commercial texts.

PSICOTECNICA
Edizioni Universitarie Milano

Felice PERUSSIA
Renata VIANO

TIPOLOGIE

Contributi per la valutazione
di alcune variabili di personalità
in base ai dati di ricerche Itapi

PSICOTECNICA
Edizioni Universitarie Milano

TIPOLOGIE

**Contributi per la valutazione
di alcune variabili di personalità
in base ai dati di ricerche Itapi**

Unica Edizione Originale pubblicata nel 2008

**ISBN-13: 978-1508495383
ISBN-10: 1508495386**

Il supporto editoriale è gentilmente offerto
pro bono e per il libero sviluppo scientifico da:
PSICOTECNICA, Cirene 3, 20135 Milano, Italia
papers.psicotecnica.it

La stampa e la commercializzazione delle copie
così come i diritti d'autore per questa edizione sono gestiti da:
CreateSpace Independent Publishing Platform
Seattle, WA, USA
CreateSpace.com
an Amazon company, part of the Amazon group

Gli Psicotecnica Papers sono disponibili anche in formato e-book

Sommario

Premessa

Questo Rapporto Tecnico è uno strumento di lavoro. Si propone di offrire alcuni approfondimenti, specie nella forma di dati quantitativi oggettivamente rilevati, sui protocolli originali prodotti nell'ambito delle molteplici ricerche e analisi che abbiamo già completate nell'ambito del Programma Itapi (*Inventari Italiani di Personalità* o *Italia Personality Inventories*; di cui al sito internet: www.itapi.org).

I dati che vengono qui raccolti e presentati estesamente derivano, almeno in parte, dalla storia complessiva del Programma Itapi: quanto meno a partire dagli studi che hanno portato alla realizzazione del Test generale di personalità *Itapi-G* (Perussia, 2004, 2005a, 2005d) e della sua versione sintetica *Itapi-S* (Perussia e Viano, 2004, 2006a), fino ad arrivare agli studi sulle segmentazioni tipologico-psicografiche e quindi alla realizzazione dell'altro Test generale di personalità *Itapi-Valori* (Perussia, 2005b, 2005c; Perussia e Viano, 2006b), passando per le indagini sulle personalità in connessione con i comportamenti e le rappresentazioni mentali a sfondo politico-elettorale (Perussia, 2006).

Abbiamo già ampiamente trattato, in alcuni dei precedenti contributi cui rimandiamo, le ragioni che stanno alla base del Programma Itapi. Ne riprendiamo però qualche sintetico elemento, a semplice scopo evocativo, nel primo capitolo del presente volume.

In generale: ricordiamo che il Programma Itapi è nato avendo, come suo primo obiettivo, quello di costruire un reattivo di personalità che fosse volutamente concepito nel quadro culturale europeo, ma con una impostazione scientifica e concettuale completamente italiana. Si è voluto anche che il test fosse reso pubblico agli studiosi e agli studenti, nella massima trasparenza di ogni dettaglio, in una prospettiva di condivisione radicalmente *open access*. Sin dall'inizio ci si è proposti di affiancare, a tale primo test di carattere generale, anche altri strumenti per la ricerca di base sulla personalità.

Il Programma Itapi si propone di realizzare materiali che siano anche: inquadrati analiticamente nella storia e nella logica dei test; il più possibile completi, ma di dimensioni contenute; basati, nei limiti del possibile (e considerando che si opera in un contesto di ricerca psicologica di base), su campioni ampi e rappresentativi della popolazione italiana adulta; privi di una scala *lie* (di "bugie"); non utilizzabili in contesti potenzialmente discriminatori quali la selezione del personale o la diagnosi di malattia mentale; verificabili dagli utenti in termini di consenso informato; distribuiti in licenza *creative commons*, ovverosia liberamente purché in una dimensione non-profit; verificabili pubblicamente da tutti, e particolarmente dalle persone cui vengono somministrati, in tutti i passaggi della loro costruzione e somministrazione.

Venendo allo specifico del presente Rapporto: questo è strutturato in due sezioni principali, precedute da un breve capitolo introduttivo.

La prima parte, di presentazione delle ricerche a carattere nazionale, è dedicata alla pubblicazione in forma completa dei risultati ottenuti attraverso la somministrazione dei tre protocolli principali che abbiamo utilizzato dal 2004 sino alla fine del 2007 e con qualche ulteriore coda di somministrazione all'inizio del 2008 (detti rispettivamente: Itapi-Personalità; Itapi-Valori; Itapi-Comportamenti), che corrispondono a un campione totale complessivo, rappresentativo della popolazione italiana adulta, di 4.773 persone avvicinate nell'arco di circa quattro anni.

La seconda parte, di presentazione dei casi, propone una serie di analisi approfondite, relative ad aspetti particolari della personalità, delle opinioni e dei comportamenti, condotte a partire dalla banca dati rappresentata dalle centinaia di item somministrati nell'ambito delle prime due rilevazioni sopra citate (mentre, per un analogo approfondimento sui dati della terza rilevazione, rimandiamo a pubblicazioni future).

A conclusione di questa premessa, vogliamo ringraziare le persone che si sono gentilmente prestate ad essere i soggetti cui somministrare i protocolli. Vogliamo ringraziare i molti studenti, laureandi, specializzandi, dottori di ricerca, colleghi che operano in università, colleghi che operano nella professione, studiosi e operatori di altre discipline e quant'altri, che hanno variamente collaborato, e continuano a collaborare in tanti modi (e da varie parti del mondo), alla realizzazione del Programma Itapi. Un ringraziamento particolare va infine alle Edizioni Unicopli che, con tanto coraggio quanto scarso vantaggio economico, continuano a sostenere una parte rilevante dell'attività editoriale che ruota attorno al Programma Itapi.

Felice Perussia
Renata Viano

1. Personalità, tratti, tipi

DI FELICE PERUSSIA

Personalità e differenze individuali

Come è stato notato in molte circostanze, è curioso come in italiano il modo per indicare la personalità sia il medesimo tanto al singolare quanto al plurale, quasi fosse ovvio che "la" personalità e "le" personalità siano sempre parte di un medesimo e unico concetto.

Prima di presentare i dati originali che formano il cuore del presente rapporto di ricerca, meriterà dunque spendere qualche parola per ricordare qualche punto di riferimento che ci potrà venire utile a proposito del concetto di "tipo" o "tipologia" di personalità (singolari o plurali che siano), da una parte, e naturalmente anche al concetto complementare di "tratto", dall'altra parte.

Sottolineiamo peraltro che le poche pagine di questo paragrafo preliminare vogliono rappresentare solo delle rapide note a carattere evocativo, con il semplice scopo di ricordare alcuni aspetti salienti relativi al tema della psicologia della personalità, i quali speriamo possano risultare di qualche utilità, come elementi di scenario, anche per le ricerche pubblicate qui.

Rimandiamo invece ai precedenti lavori realizzati nell'ambito del Programma Itapi (dove esistono capitoli interi di approfondimento sui temi coinvolti), oltre che ad altre possibili occasioni future, per uno sviluppo dei modelli teorici così come della letteratura di ricerca nel settore.

Come è noto, il concetto della-delle personalità attraversa da secoli la ricerca psicologica così come la sensibilità comune. Per cui capita abitualmente che espressioni come "è una personalità complessa", "ha molta personalità", "è un tipo seduttivo", "cerca sempre di attaccar briga". "ha un carattere sentimentale" ecc vengano usate quotidianamente tanto nella letteratura scientifica degli psicologi accademici, quanto nel linguaggio operativo degli psicologi professionisti, quanto nel parlare quotidiano della gente in genere. Benché spesso non sia affatto chiaro a che cosa esattamente ci si riferisca quando si utilizzano espressioni del genere.

D'altra parte, tale stato di indeterminatezza delle-della personalità (che peraltro rappresenta la condizione tipica della gran parte dei costrutti psicologici) è una caratteristica strutturale e consustanziale della psicologia in genere. Talvolta pare anzi che la psicologia riesca ad esistere e a diffondersi con tanto successo proprio in virtù del fatto di utilizzare costantemente concetti che tutti usano con la sensazione di averne ben chiaro il significato, ma che poi quasi nessuno si sentirebbe di definire nel dettaglio con sicurezza.

I costrutti indagati dalla psicologia sembrano cioè essere, in molti casi: tanto inafferrabili, come definizioni da presentare in forma univoca, quanto attraenti, come concetti da cercare di afferrare (senza mai riuscirci). Da tale constatazione consegue, tra l'altro, che non c'è alcun motivo di preoccuparsi in modo particolare di tale loro enigmaticità in questa sede, dedicata a delle ricerche sulla psicologia della personalità. O detto altrimenti non si vede perché preoccuparsene qui in una misura superiore a quanto avviene normalmente in qualsiasi altra area della psicologia.

Questa monografia propone dati originali di ricerca; per cui non è la sede adatta per addentrarci nell'interminabile questione di una definizione della personalità. Meriterà tuttavia ricordare brevemente alcuni elementi di base, che pure sono presenti come punti di riferimento concettuali anche nello svolgimento delle ricerche presentate qui.

Ricordiamo, ad esempio, che la personalità può essere definita come lo: "Insieme di modalità stabili di reazione della persona in tutta una gamma di situazioni. E' costituita da schemi di comportamento relativamente fissi ai quali ci si riferisce spesso coi termini tratti, tendenze, motivazioni e convinzioni, combinati in una struttura del sé più o meno integrata. La personalità comprende quelle caratteristiche e attributi che distinguono una persona dalle altre" (Harré, Lamb e Mecacci, 1983-1986, 791).

Per quanto riguarda invece le parti che possono essere indicate come variabili costitutive della personalità, e cioè i tratti, si può dire ad esempio che: "Il tratto è una caratteristica di una persona o di un animale che varia da un individuo all'altro. I tratti possono essere fisici (per esempio l'altezza, il colore degli occhi) o psicologici (per esempio l'intelligenza e l'aggressività). Il concetto è particolarmente importante per la psicologia della personalità, in quanto negli ultimi anni si è cercato innanzi tutto di stabilire i principali aspetti caratteriali nei quali gli individui differiscono tra loro, come primo passo per spiegare poi tali differenze individuali. I tratti sono considerati attributi ragionevolmente stabili e duraturi, per distinguerli dagli stati, che sono disposizioni comportamentali temporanee" (Harré, Lamb e Mecacci, 1983-1986, 1129).

Nel dibattito sulla psicologia della personalità è stato sottolineato molte volte che questa disciplina di riferisce in effetti ad almeno due fenomeni diversi tra loro: " One phenomenon is the within-person content and organization of personality systems [...] The other phenomenon is between-person variation in the population at large" (Cervone, 2005). Va cioè sempre tenuto conto del fatto che la-le personalità rappresenta-no per un verso un incessante processo dinamico e dialettico che si sviluppa all'interno della persona e per un altro verso un sistema relativamente compiuto e autonomo che si sviluppa per ciascun individuo in un modo che lo caratterizza almeno in parte rispetto agli altri individui. Da questo punto di vista, si potrebbe dire che i tratti sono maggiormente legati al processo che si svolge all'interno(intra-psichico), mentre i tipi hanno maggiormente a che fare con l'interazione che si svolge all'esterno(inter-individuale).

Un'autorevole e in un certo senso programmatica dizione recente (Asendorpf, 2002) suggerisce che i tipi coincidono in sostanza con categorie o classi discrete di persone che condividono configurazioni di tratti o altre caratteristiche psicologiche e comportamentali simili tra loro. Asendorpf nota altresì che i Tratti sono stati spesso concepiti, almeno metaforicamente, come una specie di tavola periodica degli elementi basali della persona, la cui combinazione dà luogo a quei composti stabili che vengono definiti invece come Tipi.

Nell'analisi della personalità in termini di tipi e di tratti, i quali rappresentano gli estremi del bipolarismo concettuale assolutamente più ricorrente nella letteratura specialistica, non va però dimenticata la questione relativa ad alti costrutti, quali le motivazioni o i valori, i quali hanno sempre rappresentato un modo differente per indicare più o meno il medesimo concetto di tratto o simile (Cattell, 1957; Lindzey, 1958; Rokeach, 1960; McClelland, 1985; Dweck e Leggett, 1988; Smith, 1992; Emmons, 1993: Snyder, 1994; Winter et Al, 1998). E' evidente infatti, ad esempio, che la motivazione all'aggressività, il tratto di aggressività, il valore dell'aggressività, il tipo personologico dell'aggressivo ecc sono espressioni che si riferiscono a concetti diversi, ma la cui reciproca identificazione differenziale non è mai del tutto netta né chiara, mentre le reciproche sovrapposizioni possono invece risultare assai notevoli.

Un'altra questione insoluta, che si ripresenta costantemente sul tappeto della ricerca personologica, è quella dello sviluppo evolutivo della personalità attraverso la crescita della persona nel tempo e più in particolare della sua maggiore o minore stabilità dall'infanzia all'età adulta (Caspi, 2000; Caspi, Roberts e Shiner, 2005; Johnson, McGue e Krueger, 2005; South e Krueger, 2008). Né mancano saltuarie speranze, da parte di studiosi che non hanno fiducia nella natura soggettiva e costruttiva della psicologica, che si affidano ad una eventuale determinazione genetica della personalità stessa (Benjamin, Ebstein, e Belmaker, 2002).

Restando agli approcci basati sui tratti, una specie di sogno rivisitato di una vera scienza semi-fisica unificata della personalità è stato riposto da alcuni psicologi, soprattutto statunitensi, nella veste di teoria dei *Big Five* o *Grossi Cinque* (definizione che però suona più naturale nella terra di *Big Foot* che non in Europa). A questa teoria, o narrativa come alcuni dicono oggi, vengono spesso affidate, in modo assai trasparente, le speranze di un progetto epistemologico neo-positivista (tipo: circolo di Vienna tornato, più o meno, in vita) in cui la psicologia tenta, buona ultima e quindi ormai quasi sola (visto che molti altri hanno ormai lasciato perdere), di unificare lo studio della personalità in dei nuovi Universali. Tali universali si propongono di affermare, ma non arbitrariamente e secondo la semplice ragione bensì sulla base di solidi fondamenti scientifici, un'unica voce che dimostri a tutto il mondo come (in un mondo che non sembra più fidarsi molto) la cultura statunitense della personalità, o della psicologia in genere o di quant'altro, vale davvero anche per tutte le altre culture (Goldberg, 1993; McCrae e Costa, 1997, 2008; McCrae e Allik, 2002; McCrae e Terracciano, 2005; McAdams e Pals, 2006).

Ricordiamo anche, se ce ne fosse bisogno, che i Grossi Cinque vengono oggi chiamati in inglese utilizzando dei termini comuni alle diverse culture, anche se il significato che viene attribuito a ciascuno di questi varia incessantemente da una ricerca all'altra e da un test all'altro e da un autore all'altro, ma per lo più utilizzando i termini unificatori di: *Neuroticism, Extraversion, Openness to experience, Agreeableness, Conscientiousness.*

I test che si riferiscono al Big Five sono in realtà molteplici e per lo più differenti tra loro, basati su item diversi e su metodologie diverse, che producono risultati disparati anche se relativamente confrontabili (ma non più di tanto) tra loro. Il fatto di avere trovato un punto di riferimento comune nel nome del quale operare, benché a tale nome non corrisponda spesso granché di concreto o di comune, ha rappresentato però un elemento di identità anche internazionale che ha motivato una specie di movimento o di circolo di studiosi che hanno potuto così "americanizzarsi" con entusiasmo e con successo (anche in termini di fondi raccolti) e dare nuovo sviluppo alla ricerca psicologica.

La bandiera a stelle e Big Five ha dunque rappresentato un ottimo pretesto anche per rilanciare con decisione la ricerca nel campo della psicologia della personalità la quale, un po' appannatasi negli anni '70 e '80, si trova invece a rappresentare uno dei settori più pervasivi della ricerca psicologica generale negli anni 2000. Inoltre, al di là delle evidenti connotazioni anche propagandistiche (che spesso suonano davvero ingenue, almeno ai vetusti volponi "intellettuali" europei), si tratta di una tradizione di ricerca assai interessante e scientificamente ricca, anche in virtù del fatto di essere spesso realizzata, con rigore e intelligenza, da parte di autori originali.

Merita altresì ricordare infine, specie considerando che tanto *Itapi-G* quanto *Itapi-Valori* sono test di personalità a 7 tratti-fattori, che si è affermata, parallelamente alla leggenda di Big Five, anche una vasta letteratura di ricerca secondo cui i tratti basali della personalità non sarebbero Cinque ma appunto Sette.

Tale tendenza, che risale almeno alle analisi di u padre fondatore come Cattell (1951), ha portato da tempo qualcuno a parlare scherzosamente (e per fare rispettosamente il verso ai Big Five Boys), dell'esistenza di varie forme di Big Seven (Tellegen, Grove e Waller, 1991; Tellegen e Waller, 1992; Almagor, Tellegen e Waller, 1995; Benet e Waller, 1995; Goldberg e Saucier, 1995; Waller e Zavala, 1993; Benet-Martinez e Waller 1997; Saucier, 1997, 2003; Church, Katibak e Reyes, 1998; Cloninger, 1998; Saucier, Hampson e Goldberg, 2000; Durrett e Trull, 2005; Wang, Cui e Zhou, 2005; Sims, 2007).

Le segmentazioni tipologiche in psicologia

Le ricerche riportate in questo volume possono aiutarci a definire, almeno per alcuni aspetti, elementi relativi a quella che nella storia della psicologia classica è stata definita anche come la "personalità di base" (Kardiner, 1939; Kardiner et Al, 1945; Linton, 1945); nel nostro caso, eventualmente: degli Italiani o della gente del ventunesimo secolo o simili.

Tale concetto, di una personalità o ideologia cognitivo-comportamentale in senso antropologico, che può essere considerata "di base" in quanto caratteristica di un gruppo, di una cultura o di una comunità, si collega alla lunga tradizione che ha cercato di analizzare empiricamente e di fondare teoricamente anche la psicologia della vita quotidiana (Douglas, 1970, et

Al, 1980; Franklin e Kohout, 1973; Robinson, 1977; Cohen e Taylor, 1978; Mackie, 1985; Smith, 1987; Martin e Osborne, 1989; Tennen, Suls e Affleck, 1991; Argyle, 1992; Gulotta et Al, 1995; Perussia, 1997; Scheibe, 2000; Bolger, Davis e Rafaeli, 2003; Lawrence, Dodds e Valsiner, 2004; Smith e Weber, 2005; Tennen, Affleck e Armeli, 2005; Oishi et Al, 2007).

Il costrutto di una personalità di base può essere inteso in molti modi. Tipicamente, lo si considera come una forma di mediazione tra la dialettica interiore individuale e privata che si sviluppa all'interno della persona e le forme di organizzazione sociale e pubbliche che agiscono sull'individuo da una punto di vista interpersonale, specie attraverso la cultura (estensivamente intesa) in cui l'individuo si trova immerso. Tale struttura personologica rappresenta un insieme di modi che sono relativamente comuni alla collettività, quasi fossero un minimo denominatore comune del copione che caratterizza la persona in generale nell'ambito di quella cultura, pur venendo interpretata a soggetto da ciascuna persona (in particolare) secondo la propria individualità.

L'idea di definire la personalità tipica di una collettività ricorre più o meno da sempre nelle analisi di intellettuali, filosofi e ricercatori d'ogni tipo, specie dal Romanticismo in poi. Nel contesto specifico della ricerca psicologica, un contributo fondativo ci deriva da quello che viene generalmente quotato come il padre nobile della Nuova Psicologia Scientifica di fine Ottocento, e cioè da Wilhelm Wundt. Il quale, proponendo la sua *volkerpsychologie* (1900-1920, 1911, 1912) o psicologia dei popoli, getta appunto le fondamenta tanto della psicologia sociale quanto della psicologia delle culture o delle personalità.

Tale questione della personalità di base, nell'ambito della ricerca psicologica, è stata affrontata in un primo tempo soprattutto dal punto di vista teorico, attraverso un'ampia analisi e un dibattito sui costrutti stessi che si propongono di definirla.

Tra i molti autori che hanno elaborato pionieristicamente il tema dei tipi personologici ovverosia degli stili di vita cognitivo-comportamentali ed emotivi (o ruoli-modelli della personalità di base) in senso psicologico e culturale, nell'ambito della psicologia moderna, ricordiamo che hanno fornito un contributo particolarmente significativo tra gli altri anche personalità del livello di Georg Simmel (1900), George Herbert Mead (1934), Alfred Adler (1937), Milton Rokeach (1960, 1968), Talcott Parsons (1964) ecc.

Tra i molti autori che hanno contribuito all'analisi di tale concetto, di una modulazione culturale-sociale che interviene nella costruzione cognitiva ed emotiva della personalità individuale, possiamo citare ancora soprattutto la psicologia sociale di Charles Horton Cooley (1902), la teoria dei costrutti personali di George Kelly (1955; Neimeyer, 1985; Walker e Winter, 2007), le metafore drammaturgiche di Erving Goffmann (1959, 1963), il costruttivismo di Berger e Luckmann (1966) così come in genere tutta la tradizione dell'interazionismo simbolico (Garfinkel, 1967; Blumer, 1969) anche con riferimento alla già citata psicologia o antropologia della vita quotidiana o della cultura (Dogana, 1976; Zablocki e Kantor, 1976; Gregor, 1978; Bourdieu, 1979; Douglas e Isherwood, 1979; Kahle, 1983; Appadurai, 1986, 1996; McCracken, 1988; Norman, 1988; Rosengren, 1994; McAdams, 1996; Wynne, 1998; Wood, Quinn e Kashy, 2002; Kasser e Kanner, 2003; Wilska e Haanpaa, 2006; ecc).

Tornando alla dimensione dell'indagine empirica vera e propria: specie a cominciare dagli anni '60 del Novecento, all'analisi e alla riflessione teorica si affianca in misura crescente una ricerca psicologica sistematica presso ampi campioni rappresentativi della popolazione.

Abbiamo già realizzato una rassegna critica della ricerca psicologica detta oggettiva sulla personalità, prendendo in considerazione i dati derivanti da centinaia di rilevazioni estensive, nel capitolo introduttivo sugli "Antecedenti di Itapi-Valori nella letteratura scientifica che fa da premessa al Manuale di Itapi-Valori (Perussia e Viano, 2006b), cui rimandiamo per ogni approfondimento.

In questa sede merita tuttavia accennare quanto meno al fatto che negli anni '60 si realizza in particolare il lavoro di Joseph Plummer (1971, 1972, 1974), il quale pone l'accento sul costrutto dello "stile di vita" come variabile che merita di essere rilevata attraverso la ricerca sul campo. Uno dei primi studiosi che danno forma a tale impostazione, in senso post-bellico, è Arnold Mitchell (1981, 1983; Mitchell e MacNaulty, 1981), che parte dalla versione popolare della gerarchia dei bisogni-valori di Maslow (1943, 1954) per tradurla in una rilevazione attraverso cui arrivare ad una descrizione sistematica di "tipi umani" rappresentativi.

Il modello di Mitchell viene sviluppato, all'interno dello Stanford Research Institute: dapprima con il nome generico di "Values and Lifestyles" (Thomas e Crocker, 1981) e in un secondo tempo con la sigla Vals o anche come Vals2 (SRI, 1989, 2003). In Italia, sin dagli anni '70, viene impostata su tale modello la ricerca di Gabriele Calvi[1] relativa ai valori e agli stili di

---

[1] Chi scrive tiene a sottolineare di avere tratto ricca ispirazione, nella propria esperienza di ricerca psicologica estensiva sul campo, proprio dalla testimonianza di

vita degli Italiani.

Questo tipo di ricerca viene spesso definito anche come "psicografia", proponendo cioè un costrutto d'indagine che, con riferimento alla psiche, sarebbe metaforicamente simile a quello della fotografia o della radiografia o simili. Si tratta in sostanza di una forma ormai relativamente canonica di indagine multivariata, che ha dato luogo ad una letteratura piuttosto ampia specie negli Stati Uniti, nell'ambito della quale possiamo ricordare, tra gli altri, i contributi di: Gilbert (1960); Ansbacher (1967); Wells e Tigert (1971); Feldman e Thielbar (1972); Gans (1974); Wells (1974); Baruth e Eckstein (1981); Sobel (1981); Muller (1989); Filipcova, Glyptis e Tokarski (1990); Reader's Digest (1991); Horley (1992); Veal (1993); Kahle e Chiagouris (1997); Dant (1999); Weiss (1999); Vyncke (2002) ecc.

Anche in Italia si sono sviluppate diverse ricerche estensive che tentano appunto di contribuire ad una identificazione dei tipi italiani di personalità. Tra quanti hanno condotto con maggiore impegno analisi sul campo con strumenti *lifestyle* nel nostro Paese: merita ricordare di nuovo Calvi con il suo gruppo tutto italiano, che ha pubblicato diversi contributi di ricerca approfonditi (Calvi, 1977, 1980, 1987, 1993; Meroni e Vecchia, 1984; Bosio, 1986; Calvi e Vannucci, 1995).

Le indagini promosse da Calvi sui valori e gli stili di vita degli Italiani sono in effetti molto ispirate al modello dello Stanford Research Institute (il cui Report 565 del 1975 egli cita in nota nella prima pagina del capitolo sulla metodologia, p.115), che attualmente sembra anche voler pretendere di detenere il copyright del termine "values and lifestyles (vals)" (quanto meno nella forma sintetica di: VALS2).

Altre significative ricerche *lifestyle* di carattere generalista sono state in vario modo realizzate nel nostro Paese da Franco Ferrarotti (1980-1982), da Gianpaolo Fabris e Vittorio Mortara (1986), dal Centro Studi Investimenti Sociali detto anche Censis (1989, 1990, 2004; e Consiglio Nazionale dei

---

Gabriele Calvi e del suo gruppo di lavoro (specie grazie a Claudio Bosio), in generale e particolarmente dal libro *Valori e stili di vita degli Italiani* del 1977, come anche dai successivi. La ricerca di Calvi ha rappresentato un passo importante nell'indagine psicologica italiana, e anche di quella concreta del gruppo Eurisko, che è stato forse l'Istituto psicologico di ricerca applicata intellettualmente più sofisticato nel nostro Paese, anche se ora è stato poi ceduto (dopo il ritiro di Calvi stesso) ed è diventato la sede locale di una multinazionale tedesca della ricerca commerciale (GFK NOP World). Qualche momento di tale ispirativa considerazione è stato già evocato in margine ad un precedente lavoro cui rimandiamo (Perussia, 2005f).

Periti Industriali, 2004; e Fondazione Shering, 2006), da Giovanni Siri (1995), da Ferdinando Dogana (1999), da Gian Vittorio Caprara e Claudio Barbaranelli (2000) ecc, oltre che in precedenti lavori di chi scrive prodotti principalmente nell'ambito del Programma Itapi.

Questo tipo di ricerca presenta notevole interesse dal punto di vista scientifico, ma in un certo numero di casi viene realizzata in effetti sulla base di finanziamenti privati, fatto molto inconsueto nella tradizione italiana. Si tratta cioè di indagini che presentano molte caratteristiche della ricerca di base, ma in alcuni casi paiono piuttosto delle forme di ricerca applicata condotte su commissione (per lo più da parte di grandi organizzazioni orientate al profitto).

Nei confronti della segmentazione per fini commerciali sono state dunque mosse spesso delle critiche, specie per il fatto che l'analisi dei comportamenti, quando si traduce in strategie di marketing e di comunicazione-pubblicità, potrebbe attivare, almeno secondo alcuni, una spirale perversa in cui tutti si confermano reciprocamente nella celebrazione della ideologia dei consumi come principio morale fondativo della società. Per cui i prodotti-servizi e i media si costruiscono in relazione ai segmenti di pubblico, mentre i segmenti di pubblico si costruiscono in relazioni ai media e ai prodotti-servizi, producendo reciprocamente una grande uniformità di pensieri e di comportamenti.

Questo tipo di preoccupazione è alla base della teoria critica della cultura e di altre simili concezioni che sono tipiche della percezione detta apocalittica della modernità. Il tema è molto interessante e viene affrontato da molti autori con grande erudizione e sottigliezza intellettuale.

Si tratta forse dell'antica questione se sia l'essere umano che induce-condiziona l'industria materiale e culturale a proporre una sola dimensione dell'esistenza (ammesso che sia davvero così) o se sia l'industria che condiziona-induce gli individui ad essere esistenzialmente uniformi (ammesso che sia davvero così). La questione riguarda peraltro molto più le forme applicative, successive della ricerca, che non la ricerca in sé e per sé. Non vogliamo però addentrarci in questa sede nel pure affascinante dibattito, cui però ci è sembrato giusto accennare per completezza.

Avviene con notevole frequenza, pur con le lodevoli eccezioni dei casi appena riportati (e di altri consimili che non citiamo per ragioni di sintesi), che i risultati di questo tipo di ricerca vengano tenuti attentamente riservati da chi li realizza e da chi li commissiona. Per cui questo materiale empirico, che pure è ricchissimo, di solito non può venire studiato e verificato dagli altri ricercatori.

Questo dipende spesso dal fatto che il notevole impegno economico generalmente richiesto da questo tipo di indagini fa sì che nella maggior parte dei casi esse siano commissionate da grandi attori commerciali. Questi desiderano utilizzare in esclusiva per i propri fini il vantaggio competitivo offerto dalle conoscenze in tal modo acquisite, per cui cercano di evitare attivamente che eventuali concorrenti possano accedervi e di conseguenza avvantaggiarsene.

Merita tuttavia sottolineare che la scarsa disposizione a pubblicare i dati originali, o a pubblicarli in forme solo molto parziali, si presenta anche nel caso di molte delle indagini che utilizzano test psicologici nell'ambito di una tradizione che si propone anche come ricerca di base. Tali indagini pretendono in genere di essere scientifiche, mentre in effetti vengono spesso prodotte con obiettivi commerciali. Accade quindi, di fatto, che venga mantenuto su di essi un notevole riserbo, per cui in sostanza queste non sono scientificamente verificabili, mentre non vengono messe a disposizione degli studiosi e dei ricercatori nei termini che i principi della ricerca scientifica richiedono.[2]

Va nel contempo considerato che la natura commerciale di una parte delle ricerche lifestyle fa si che volentieri se ne esasperi l'originalità, specie da parte di molti autori (i quali ne sono spesso anche i venditori). E' quindi raro che l'eventuale pubblicazione di una ricerca lifestyle si preoccupi di presentare anche un puntuale riferimento alla letteratura scientifica in materia.

Il che avviene spesso: non tanto per la scarsa abitudine alla letteratura scientifica da parte di alcuni fra quelli che si occupano di ricerca applicata, quanto piuttosto per la precisa volontà di apparire originali ed esclusivi in un contesto di dura concorrenza sul piano commerciale, per cui si preferisce non dare troppo l'impressione che il proprio lavoro derivi in realtà da conoscenze tradizionali già diffuse in precedenza o che sono state prodotte da altri.

Si aggiunga infine che molte ricerche lifestyle derivano in realtà direttamente (senza dirlo troppo forte) da test psicologici commerciali o da altre ricerche (commerciali). Ma di questa origine non si parla sempre volentieri,

_____

[2] Per un'analisi sistematica relativa ai notevoli limiti scientifici presentati dai principali test psicologici, i quali peraltro sono oggi ampiamente in uso e rappresentano uno dei capisaldi del contributo più originale della Nuova Psicologia Scientifica, rimandiamo ancora una volta alla prima parte del Manuale di Itapi-G (Perussia, 2005d).

anche per evitare di ritrovarsi magari a dover pagare qualche royalty agli eventuali detentori di diritti d'autore su quei test. Per cui è abbastanza normale, specie nelle ricerche a carattere commerciale sia di tipo lifestyle sia nel caso dei test mentali (anche quando magari queste vengono almeno in parte pubblicate) che capiti utilizzare le fonti più diverse senza citarle. Il che però avviene non di rado anche nella normale ricerca scientifica, nelle più varie discipline; dove anzi, abitualmente: più si saccheggia il lavoro altrui e meno lo si cita. Ma anche per questo tipo di analisi: non è questa sede in cui sviluppare ulteriori approfondimenti.

D'altra parte: le ricerche lifestyle di matrice universitaria sono spesso più sofisticate sul piano della consapevolezza teorica e più pedanti in termini metodologici, di quanto non lo siano quelle commerciali. Capita però anche che si basino spesso su campioni che sono perlopiù scarsamente rappresentativi (tipicamente: i soliti studenti universitari di psicologia).

Mentre, per converso, le ricerche di matrice applicativa, che spesso dispongono di ampie risorse economiche e quindi potenzialmente di campioni assai precisi, talvolta vanno soggette ad una maggiore approssimazione: non tanto nella rilevazione dei dati (solitamente abbastanza rigorosa) quanto a volte nell'impianto del questionario o nella metodologia di analisi ovverosia, quasi sempre, nel confronto con la letteratura scientifica e nella riflessione teoretica di fondo, che i ritmi incalzanti della pratica professionale rendono assai difficile da realizzare adeguatamente.

Ma, per un approfondimento di queste considerazioni, rimandiamo alle note riportate nell'appendice al presente volume.

Il Programma Itapi e la ricerca tipologica sulla personalità

Il presente rapporto si inscrive nella tradizione del Programma Itapi, di cui è parte integrante. Anche le ragioni che stanno alla base di questa monografia sono dunque sostanzialmente analoghe a quelle che ispirano l'insieme del Programma. Ne abbiamo già più volte fornito una descrizione all'interno delle molte pubblicazioni che abbiamo prodotto fino ad oggi. Tali motivazioni vengono riportate anche sul sito ufficiale di Itapi, cui rimandiamo.[3]

---

[3] Tra gli obiettivi del Programma Itapi, vi è quello della massima trasparenza e facilità di condivisione dei dati e dei commenti, secondo una filosofia che può essere definita, all'inglese, come totalmente *open access*. Per cui il sito internet

Ricordiamo comunque qui ancora una volta (come informazione che ci pare doveroso condividere esplicitamente, almeno per sommi capi, in ciascuna pubblicazione del Programma Itapi) alcuni dei nostri obiettivi: contribuire, per quanto possibile, all'evoluzione della ricerca sulle personalità; operare costantemente con specifico riferimento anche alla tradizione teorica e scientifica propria al contesto culturale italiano ed europeo; essere *freeware* e *open source*; avere carattere *non-profit*, nel senso di condurre la ricerca in un contesto libero dalle ragioni connesse alla produttività economica (che purtroppo inficiano, almeno in parte, la dimensione scientifica di una parte rilevante anche della ricerca sui test psicologici) e, nei limiti del possibile, a favore della comunità; essere quanto più possibile trasparenti, tanto sul piano scientifico quanto sul piano tecnico quanto sul piano teorico-epistemologico, dichiarando il più esplicitamente possibile le nostre fonti; cercare di limitare i condizionamenti commerciali che possano interferire con le rilevazioni in tema di psicologia sociale e delle personalità, anche sul piano del loro uso nel contesto dello studio e della ricerca ovvero sul piano editoriale; nel caso dei reattivi mentali, permettere a coloro cui i diversi test vengono sottoposti di avere elementi di verifica, in termini di consenso informato, quanto più possibile completi e comprensibili; fornire notizie di inquadramento che aiutino a capire anche il senso di ciascuna specifica rilevazione e delle sue modalità d'uso.

Sempre a titolo di necessaria nota preliminare, sottolineiamo comunque che il Programma Itapi si propone sostanzialmente di offrire, in una condizione di continua condivisione e di confronto con la comunità internazionale dei ricercatori, degli studiosi e degli studenti, una serie di strumenti scientifici sistematici per la ricerca psicologica, principalmente nel campo della psicologia generale e della personalità, ma anche collaborando con la psicologia sociale e con la psicologia clinico-dinamica.

Gli strumenti Itapi, che sono tutti prodotti originali del nostro gruppo di lavoro, vengono messi a disposizione della collettività (in licenza *creative commons* per scopi *non-profit*) con la massima trasparenza, ovvero pubblicandoli completamente in ogni loro parte e generalmente riportandoli, in modo ampio (e spesso completo fino al minimo dettaglio), su internet (sempre al sito: www.itapi.org).

---

del Programma rappresenta una componente fondamentale di tutto il lavoro, mentre attraverso di esso risulta facile anche comunicare direttamente con gli Autori dei diversi contributi (sempre tramite il sito www.itapi.org).

La monografia qui pubblicata presenta in forma analitica i dati che sono emersi dall'insieme delle tre principali ricerche di base a carattere nazionale che abbiamo realizzate principalmente a partire dal 2004 nell'ambito del Programma Itapi.

Una simile strategia di ricerca, basata su grandi campioni rappresentativi, continua naturalmente a venire perseguita anche oggi (e speriamo ancora a lungo) da parte del nostro gruppo di lavoro, utilizzando protocolli di rilevazione sempre nuovi. In questo rapporto vogliamo tuttavia fare il punto sulle tre principali rilevazioni estensive che sono state realizzate fino ad ora e che hanno raggiunto ormai un sufficiente livello di completezza da poter essere pubblicate compiutamente.

Il nostro obiettivo principale, in questa sede, è quello di mettere in condivisione con la comunità dei ricercatori e degli studiosi la sostanziale totalità delle ricerche a carattere anche estensivo che abbiamo potuto realizzare fin qui.

Stiamo elaborando anche molti altri contributi di carattere più specifico, che consistono ad esempio nella somministrazione di vari strumenti Itapi a campioni rappresentativi di popolazioni particolari, oppure anche nella realizzazione o nel perfezionamento di altri Test psicologici di personalità, o in ulteriori analisi approfondite di altre sub-scale presenti nel data-set di Itapi. Ma di queste ricerche daremo conto in prossime circostanze.

Venendo alla presente monografia: la prima sezione del rapporto, dedicata agli scenari generali, presenta dati di ricerca relativi ad aspetti di quella che si potrebbe definire, anche alla luce di quanto appena evocato più sopra, come personalità o cultura di base degli Italiani in senso antropologico.

Di questo lavoro presentiamo i dati nei tre capitoli dedicati alla identificazione di una serie di variabili relative rispettivamente a: elementi della personalità di base (Capitolo 2); aspetti generali relativi ai valori e agli ideali (Capitolo 3); una selezione di comportamenti e atteggiamenti di interesse relativamente generale (Capitolo 4).

La sezione di scenario si completa con un'analisi finalizzata ad identificare una tipologia generale dei soggetti adulti, in termini sia di tratti sia di valori, realizzata utilizzando uno strumento psicometrico di dimensioni ridotte e di facile somministrazione (anche per ricerche future) derivato dalle versioni sintetiche o brevi del test di personalità e di quello sui valori (Capitolo 5).

La seconda parte del rapporto presenta invece dati relativi a quanto abbiamo cercato di approfondire sviluppando un'ampia serie di costrutti più circoscritti (ancorché, speriamo, sempre di interesse anche per la ricerca di base), che fanno riferimento ad aspetti della vita quotidiana, a comportamenti specifici o a singoli atteggiamenti particolari.

I temi trattati nella sezione dedicata alla identificazione delle tipologie che possono essere rilevante con riferimento a casi specifici sono: il rapporto di attaccamento con i genitori (Capitolo 6); la dialettica invidia-gratitudine (Capitolo 7): la gestione dell'aggressività (Capitolo 8); la natura rigida o elastica della realtà soggettiva (Capitolo 9); gli stili di relazione interpersonale (Capitolo 10); la salute (Capitolo 11); il denaro (Capitolo 12).

Metodologia generale

Tutte le ricerche del Programma Itapi sono state realizzate nell'ambito delle attività del *Laboratorio di Ricerca sulla Personalità e sul Counseling* (www.phersu.org) che si è costituito da molti anni all'interno del Dipartimento di Psicologia dell'Università degli Studi di Torino.

Ciascuna delle ricerche presenta caratteri suoi propri. Sono dunque (ovviamente) presenti varie differenze tra l'una e l'altra rilevazione. La strategia generale di ricerca e la metodologia applicata nel caso delle tre ricerche di scenario, di cui riferiamo nuovi elementi in questa sede, sono però fortemente simili. Inoltre: per rendere più corretti e comparabili i dati presentati in questa monografia, diversi particolari sono stati resi omogenei attraverso l'opportuna selezione di alcuni elementi.

Presentiamo dunque qui di seguito i criteri metodologici generali che hanno presieduto a tutte e tre le ricerche principali. Sarebbe infatti inutile ripetere la spiegazione in dettaglio per ciascuna di esse in ciascuno dei capitoli relativi, visto che i criteri di base sono gli stessi per tutte e tre.

Costruzione degli stimoli

Con riferimento alle due indagini "Personalità" e "Valori", rimandiamo per approfondimenti relativi alla costruzione degli stimoli di partenza ed alle rilevazioni, ai Manuali di Itapi-G (Perussia, 2005d) e di Itapi-VALORI (Perussia e Viano, 2006b), nonchè alle altre pubblicazioni prodotte nell'ambito del Programma Itapi e più in particolare al Manuale di Itapi-S (Perussia e Viano, 2006a) e alla ricerca sugli elettori italiani del 2006 (Perussia, 2006).

Comunque: la ricerca sulla "Personalità" si basa su un pool di 218 item, scelti a rappresentare 61 costrutti di personalità i quali, secondo la letteratura psicologica disponibile e sulla base di alcune nostre indagini precedenti, sono apparsi particolarmente rappresentativi della struttura di personalità secondo l'analisi scientifica contemporanea. Gli item di cui riferiamo in questa sede sono appunto, in totale, 218.

La ricerca sui "Valori" si basa principalmente su un pool di 118 item, che si riferiscono ai valori ricorrenti nella letteratura scientifica disponibile in psicologia. A questi si aggiungono i 28 item di Itapi-S nonché altri item che indagano specificamente alcuni aspetti della vita quotidiana delle persone (specie in relazione a: religione, politica e sport). Gli item di cui riferiamo in questa sede, in totale, sono 156.

L'insieme degli item presenti nel protocollo di somministrazione per l'indagine sui "Comportamenti" comprende: i 28 item di Itapi-S (Perussia e Viano, 2006a); i 14 item di Itapi-Valori-S (Perussia e Viano, 2006b); 9 item relativi a varie possibili cause di preoccupazione, indicati come significativi dalla letteratura scientifica che abbiamo potuto esaminare in precedenza; altri 73 item che affrontano vari temi relativi a dimensioni psicologiche della vita quotidiana; ulteriori 72 item che rilevano la frequenza di una serie di comportamenti. Gli item totali di cui riferiamo qui sono 196.

Per quanto riguarda il protocollo somministrato alle persone: questo consisteva, in tutte e tre le ricerche, di un questionario originale. Tale protocollo riportava, in testa, l'intitolazione: "Questionario di opinione pubblica".

In tutti e tre le indagini, il protocollo si apriva con una introduzione che conteneva le istruzioni: "Le chiediamo di indicare quanto ciascuna delle affermazioni che seguono è vera per lei oppure no. Risponda per favore, con correttezza e sincerità, facendo una crocetta sul numero, accanto alla risposta, che la convince di più. Non ci sono valutazioni giuste o sbagliate. Ogni giudizio va bene purché si addica alla sua persona. E' importante rispondere a tutte le domande. Legga una domanda alla volta e dia sempre e comunque una sola risposta per ciascuna affermazione (con una crocetta), senza correggere successivamente. Basi le riposte su come lei è di solito, in situazioni reali, anche se differisce da come vorrebbe essere. Per ogni affermazione, le viene chiesto di esprimere la risposta su una scala a quattro punti, che indicano: 4 = COMPLETAMENTE d'accordo; 3 = ABBASTANZA d'accordo; 2 = POCO d'accordo; 1 = PER NULLA d'accordo. Il questionario è anonimo. Grazie per la collaborazione."

Seguendo uno dei criteri oggi prevalenti nella costruzione di Test e Inventari nella ricerca sulla personalità, abbiamo scelto di non presentare una voce intermedia (di incertezza sulla risposta). Si tratta dunque, in sostanza, di una scala a scelta forzata facilitata (riducibile correttamente ad una forma *dummy* del tipo: Sì-No).[4]

Nel protocollo relativo alla rilevazione Itapi-Valori, come compito relativo alla sezione principale dedicata ai valori stessi, era presente anche la premessa: "Ognuno di noi ha interessi, aspirazioni e obiettivi molto diversi per i vari elementi, piccoli e grandi, della vita. Indichi quanto contano, non tanto in generale quanto piuttosto per lei personalmente, cioè come punti di riferimento importanti nella sua vita, gli aspetti indicati qui sotto. Dia, per favore, una valutazione su quanto conta ovvero è importante per lei ciascuna singola voce. Per ogni voce, le viene chiesto di esprimere la sua risposta su una scala a quattro punti, che indicano: 4 = MOLTO; 3 = ABBASTANZA; 2 = POCO; 1 = PER NULLA."

Nel protocollo relativo alla rilevazione Itapi-Comportamenti, come introduzione alla sezione dedicata ai comportamenti specifici, erano presenti

---

[4] Per quanto la prassi descritta in questi ultimi due capoversi (4+3=Sì; 2+1=No) sia più o meno dominante nella letteratura scientifica psicologica attuale, non si tratta però di una strategia di analisi messa in atto da tutti i ricercatori. Alcuni impiegano a volte altri modi. Facciamo un esempio per tutti: l'ottimo lavoro già citato di Calvi (1977) presenta quattro possibilità di risposta nella scala Likert relativa ai diversi item proposti: completamente, abbastanza, poco, per niente (d'accordo). Scopriamo però, grazie alla straordinaria (nel senso che è piuttosto rara in casi analoghi) trasparenza di Calvi che le risposte fornite dagli intervistati non vengono tradotte in risposte *dummy* (dicotomiche), dove la prima e la seconda valgono per un SI' mentre la terza e la quarta valgono per un NO, e nemmeno nella pur relativamente discutibile (in termini di purismo statistico da tavolino) quanto assolutamente universale e accettata scala a intervallo da 4 a 1; bensì secondo questo criterio: completamente d'accordo, 4; abbastanza d'accordo, 3; poco d'accordo, 1; per niente d'accordo, 0. L'artificio viene descritto come una prassi scientifica "di consuetudine" (p.132). Ora: è evidente che, così facendo, le differenze si radicalizzano, le analisi statistiche sono più nette e le tipologie emergono meglio, per cui i risultati sembrano più chiari e significativi. Tuttavia: statisticamente parlando, gli interrogativi su una scala a intervalli del genere sono molti (uno tra mille: perché mai lo "abbastanza" d'accordo dovrebbe valere 3 volte tanto il "poco" d'accordo? ecc). Questo criterio viene peraltro confermato puntualmente anche nella successiva pubblicazione ufficiale del metodo (Calvi, 1980). Non sappiamo cosa sia eventualmente cambiato nelle evoluzioni successive (che continuano a tutt'oggi con sistematica regolarità e con grande successo commerciale), poiché non ne abbiamo trovato pubblicazioni recenti che riportino il dettaglio metodologico fino a questo livello.

le premesse: "Le chiediamo infine di indicare se, recentemente, le è capitato di fare qualcuna delle cose elencate qui di seguito. Per ciascuna di queste, indichi, per favore: SI' (ovvero: 2) se le è capitato almeno una volta; NO (ovvero: 1) se non le è mai successo (nell'arco di tempo indicato)". I tempi indicati erano, a seconda dei comportamenti (riportandole letteralmente): A) nell'arco di tutta la sua vita; B) nelle ultime due settimane; C) nell'ultimo anno (12 mesi più o meno); D) attualmente ha a disposizione (in uso personale).

In tutte e tre le ricerche, il protocollo di rilevazione si chiudeva con le parole: "La preghiamo di controllare di avere risposto a tutte le domande. E' un fatto molto importante per la riuscita dell'indagine. Ancora grazie per la collaborazione".

Somministrazione dei protocolli

Le rilevazioni condotte nell'ambito del Programma Itapi, di cui riferiamo in questa sede, sono state realizzate a partire dal maggio 2004 fino al febbraio 2008. Si tratta di un arco di tempio abbastanza ampio, che ha permesso di ottenere un campione di dimensioni rilevanti. Comunque: il nostro obiettivo non è mai stato quello di realizzare una indagine demoscopica (dove è importante capire se le opinioni sul candidato alle elezioni sono cambiate dal mese scorso) bensì di fornire un contributo per l'analisi oggettiva delle strutture, verosimilmente non troppo mutevoli (nei millenni), delle personalità di base.

Come avviene tradizionalmente nella gran parte delle ricerche legate al Programma Itapi, i questionari utilizzati per le rilevazioni di cui riferiamo qui sono stati somministrati alle persone per auto-compilazione.

I soggetti sono stati avvicinati in modo casuale. Il protocollo veniva consegnato a singole persone o a piccoli gruppi di persone, chiedendo loro di completarlo. Terminata la somministrazione, il protocollo veniva subito ritirato, numerato e messo da parte per essere poi riversato su computer in un foglio elettronico.

La somministrazione, in molti casi, è avvenuta direttamente da parte degli autori, o di altri collaboratori al progetto. In altri casi, è stata realizzata da un vasto gruppo di laureandi presso la Facoltà di Psicologia nell'Università degli Studi di Torino, cui i diversi questionari sono stati forniti come strumento di lavoro (atto a realizzare un'appendice, intesa come approfondimento di ricerca) per raccogliere un pool di dati da cui attingere per utilizzarli nell'ambito della produzione della loro tesi di laurea in psicologia (sostenuta con Felice Perussia come relatore e generalmente con Renata Viano come correlatore). Nel caso delle tesi di laurea, ciascuno studente somministrava più o meno da 100 a 200 protocolli (relativi ad una delle rilevazioni in corso), i cui risultati venivano quindi aggiunti al pool dei dati complessivi della specifica ricerca.

Grazie a questa impostazione: è stato possibile effettuare le diverse rilevazioni nel quadro della strategia pubblica e non-profit che è tipica del Programma Itapi, pure in assenza di finanziamenti. Inoltre: la raccolta dei dati è avvenuta tramite somministrazioni dei protocolli sul campo prodotte complessivamente da almeno una diecina di rilevatori diversi e indipendenti tra loro per ciascuna delle tre ondate di ricerca di cui riferiamo in questa sede (per un totale di almeno trenta somministratori diversi).

Certamente non si tratta di procedure "perfette", ma tutto ciò ha certamente contribuito a determinare un buon livello di validità e attendibilità probabilistica dei dati, specie se confrontato con quello di molte ricerche in ambito psicologico, dove non di rado i rilevatori sono uno o due.

Il campione Itapi e la struttura della popolazione italiana

Nel complesso, le rilevazioni di base condotte in questi anni nell'ambito del Programma Itapi hanno permesso di raccogliere più di diecimila protocolli originali (cui vanno aggiunti almeno mille altri protocolli somministrati in ulteriori rilevazioni speciali). Da tale numero complessivo sono stati estratti i campioni effettivamente utilizzati qui di seguito, seguendo alcuni criteri.

In primo luogo sono stati eliminati tutti i protocolli che contenevano delle omissioni, relative anche solo ad 1 item. In secondo luogo sono stati selezionati, per estrazioni casuali, campioni complessivi distribuiti in modo tale da ottenere dei sotto-campioni che contenessero una percentuale di soggetti, suddivisi in base al sesso e secondo tre fasce di età (18-30 anni; 31-45 anni; 46-70 anni), che risultassero uguali alla distribuzione percentuale dei soggetti (per le stesse fasce di sesso e di età) che caratterizza la popolazione nazionale italiana al primo gennaio 2005 secondo i dati ufficiali Istat (2006).

La distribuzione dei questionari estratti, per ottenere tutti e tre i principali campioni Itapi cui facciamo riferimento in questo rapporto, è dunque la medesima della distribuzione della popolazione italiana al 2005, ovvero alle ultime due colonne della Tabella 1.1.

Tabella 1.1 - Struttura della popolazione italiana nel 2005 (Istat, 2006).

Istat 2005	18/70 anni	% sul Tot Italiani 18/70	N Uomini	N donne	% U	% D
18/30	9.226.007	22.5	4.698.256	4.527.751	11.5	11.0
31/45	13.966.130	34.1	7.028.681	6.937.449	17.2	16.9
46/70	17.756.362	43.4	8.595.305	9.161.057	21.0	22.4
18/70	40.948.499	100.0	20.322.242	20.626.257	49.7	50.3

Tutti i campioni originali sui cui dati si basa la presente monografia sono dunque rappresentativi rispetto alla popolazione italiana adulta, almeno per quanto riguarda la distribuzione delle caratteristiche anagrafiche di sesso e di età.

Inoltre, come si ricava chiaramente dalle tabelle analitiche che descrivono ciascun campione nei capitoli della prima parte del lavoro: viene relativamente rispettata anche la distribuzione relativa allo stato civile (coniugati, celibi-nubili, separati/e, vedovi/e) ed alla professione (studenti, operai, impiegati, quadri, dirigenti, professionisti, imprenditori, disoccupati, casalinghe, pensionati). Dal punto di vista del livello di istruzione, il campione risulta però (come è tipico di questo tipo di indagine) moderatamente più alfabetizzato della media della popolazione italiana.

Per alcune note di approfondimento di questi aspetti, rimandiamo comunque all'appendice che conclude il presente volume.

Ponderazione dei dati originali

Volendo dunque ovviare, almeno in parte al fatto che il livello di istruzione delle persone che si sono gentilmente prestate alla ricerca è risultato leggermente maggiore rispetto a quello della popolazione italiana in generale, abbiamo considerato in particolare la distribuzione del livello di istruzione che caratterizza i diversi segmenti della popolazione.

Partendo dai dati analitici Istat (2006), abbiamo dunque identificato gli

8 incroci possibili fra le 3 variabili principali da noi considerate e di conseguenza gli 8 sotto-campioni che ne derivano, incrociando in modo completo tra loro le variabile: sesso, età e istruzione (Tabella 1.2); dove per Bassa
Istruzione si intende un titolo di studio fino alla scuola media inferiore,
mentre per Alta Istruzione si intende un titolo di scuola media superiore o
universitario. Per ciascun sotto-campione, sono stati calcolati i valori delle
risposte a ciascun item.

Le percentuali di risposta riportate nei capitoli di scenario (Capitoli: 2;
3; 4) sono dunque state ottenute attribuendo a ciascuna sotto-campione il
peso che tale sotto-campione avrebbe nella popolazione italiana. Ciò permette di ottenere dati indicativamente più comparabili con quelli delle rilevazioni nazionali in genere, anche per quanto riguarda il livello culturale
dei soggetti.

Tabella 1.2 - Composizione della popolazione italiana nel 2005 (Istat, 2006) cui è stato
fatto riferimento per attribuire gli opportuni pesi alle risposte fornite dai Campioni
Itapi nella presentazione dei dati di scenario.

	Sub-campioni per sesso, età, istruzione	Peso nel Totale Italia (%)
1	Uomini; età 18-35; Bassa Istruzione	6.1
2	Uomini; età 18-35; Alta Istruzione	10.5
3	Uomini; età 36-70; Bassa Istruzione	18.2
4	Uomini; età 36-70; Alta Istruzione	15.1
5	Donne; età 18-35; Bassa Istruzione	4.6
6	Donne; età 18-35; Alta Istruzione	11.6
7	Donne; età 36-70; Bassa Istruzione	19.3
8	Donne; età 36-70; Alta Istruzione	14.6
	Totale	100.0

Per capire meglio come abbiamo proceduto (visto che tra i lettori potrebbe esserci, e anzi speriamo che ci sia, anche qualche studente meno
esperto), seguendo peraltro criteri statistici classici normalmente in uso, ne
forniamo un sintetico chiarimento.

Ad esempio: per definire le risposte del sotto-campione di persone fra i
18 e i 35 anni d'età, abbiamo sommato i campioni 1, 2, 5 e 6 attribuendo
loro il peso che hanno all'interno del sotto-campione complessivo di tali
soggetti fra i 18 e i 35 anni d'età. In questo caso, fatto 100.0% l'insieme dei

soggetti di 18-35 anni d'età, la conversione avviene dando i pesi: Sotto-campione 1 = 18.6%; Sotto-campione 2 = 32.0%; Sotto-campione 5 = 14.0%; Sotto-campione 6 = 35.4%; Totale: 100.0%.

Una procedura analoga è stata sviluppata, cambiando opportunamente di volta in volta i sotto-campioni utilizzati così come il loro peso rispetto alla variabile in esame, per definire le risposte di ciascuna delle 7 tipologie generali presentate nei capitoli di scenario: Totale, Uomini, Donne, 18-35enni; 36-70enni; Bassa Istruzione; Alta Istruzione.

I valori così ricavati permettono di identificare dei dati di scenario che sono relativamente più vicini a quelli che fornirebbe un campione nazionale esattamente distribuito come la popolazione italiana ufficiale. Il valore di questi dati è dunque soltanto indicativo, così come avviene sempre per qualsiasi ricerca su campione, ma risulta utile, almeno a livello indiziario, per permettere vari tipi di analisi comparativa.

Scenari e casi

Prima di descrivere, nei capitoli seguenti, i nuovi dati messi a disposizione, occorre ricordare alcuni particolari che sono necessari per una migliore comprensione della presente monografia.

Questo rapporto di ricerca contiene infatti due tipi di dati: quelli relativi agli scenari e quelli relativi ai casi. Agli scenari sono dedicati i capitoli 2, 3, 4 e 5, che si riferiscono alle tre principali rilevazioni estensive realizzate fino ad oggi nell'ambito del Programma Itapi. Ai casi sono invece dedicati i capitoli dal 6 all'11. Gli scenari vengono presentati con dettaglio nei capitoli relativi e non richiedono quindi ulteriori precisazioni in questo paragrafo. Sui casi occorre invece presentare qualche precisazione.

I casi proposti, che vogliono realizzare alcune analisi per tipologie relative a situazioni specifiche della vita quotidiana delle persone, si riferiscono tutti e solo alle prime due rilevazioni: Itapi-Personalità (Capitolo 2) e Itapi-Valori (Capitolo 3). Rimandiamo invece ad altre occasioni per una presentazione sistematica di analisi più complesse e approfondite di eventuali casi ricavabili da Itapi-Comportamenti, della cui rilevazione forniamo però una descrizione di scenario completa ed analitica, item per item (Capitolo 4).

L'insieme delle rilevazioni sviluppate nell'ambito del Programma Itapi rappresenta di fatto una ricca banca-dati, relativa a centinaia e centinaia di item, da cui è possibile attingere: tanto per approfondire costrutti interessanti per la ricerca psicologica di base, quanto per capire tanti aspetti della vita quotidiana degli individui. Ci auguriamo altresì che possano fornire qualche utile spunto per stimolare nuove idee e nuove indagini nel settore.

Molta ricerca sulle tipologie, disponibile nella letteratura scientifica, si fonda su item e su scale la cui validità è soprattutto razionale o di costrutto. In altri termini: gli item vengono identificati dai responsabili della ricerca, che li ritengono validi sulla base della loro esperienza e sensibilità così come in virtù della corrispondenza con le loro conoscenze teoriche. Si tratta di una prassi diffusissima in campo scientifico e che ha prodotto contributi assai interessanti. Gli item vengono poi, in molti casi, aggregati sempre secondo criteri che sono in primo luogo di costrutto logico, affinandoli eventualmente attraverso analisi statistiche.

Nel caso del presente lavoro, la scelta degli indici psicologici di riferimento deriva principalmente dall'analisi statistica effettuata sui dati. Anche nel caso delle ricerche Itapi (come viene ampiamente descritto nei capitoli preliminari delle relative pubblicazioni che abbiamo prodotto): all'origine c'è stata l'analisi approfondita della letteratura per individuare gli item ricorrenti nella ricerca sulle personalità e sui valori. Gli item scelti sono stati ricavati dai risultati di ricerche precedenti: la maggior parte pubblicate in sede scientifica e qualcuna realizzata all'interno del nostro stesso gruppo di ricerca pur senza pubblicarla estesamente.

Alcuni item si riferiscono più specificamente a dei comportamenti, rispetto ai quali ci proponiamo di raccogliere qualche elemento che aiuti a collocarli in un quadro che comprende variabili di tratto. Alcuni di questi, pure nel loro carattere generale, potranno risultare simili alle variabili rilevate in ricerche demoscopiche a carattere applicativo che vengono talvolta pubblicate (come potrebbe essere il caso dell'uso del computer o della lettura di libri). Il che potrebbe porre dei problemi di comparabilità, visto che i campioni Itapi sono rappresentativi della popolazione italiana adulta, ma in modo diverso da altre ricerche (a volte "più" rappresentativi e a volte "meno").

Per una disanima della questione, rimandiamo all'appendice di questo volume, che è dedicata proprio a sviluppare alcune questioni al riguardo. Facciamo comunque presente che la maggior parte degli item utilizzati qui è legata alla ricerca psicologica di base, particolarmente a quella sulla personalità. Si tratta dunque di item che difficilmente possono essere ritrovati in indagini demoscopiche.

Può capitare invece che talvolta ci possano essere item abbastanza simili in ricerche psicologiche di base. In questi casi è però raro che vi siano campioni comparabili a quelli del Programma Itapi, nel senso di campioni ten-denzialmente rappresentativi della popolazione adulta alfabetizzata. Si in-contrano infatti assai più spesso campioni di convenienza, molto spesso composti da studenti universitari.

Ad ogni modo, lo ripetiamo: l'obiettivo in questo rapporto di ricerca non è quello di realizzare un monitoraggio demoscopico sui temi affrontati, bensì quello di capire meglio alcuni aspetti della personalità e dei modi in cui questa si struttura e può essere segmentata in tipologie specifiche. Il no-stro lavoro permette sicuramente un confronto indiziario anche con inchie-ste demoscopiche e sondaggi d'opinione, ma persegue obiettivi di natura psicologica di base e particolarmente di identificazione delle variabili di personalità e delle tipologie in cui si strutturano.

Dai diversi casi è possibile anche derivare delle scale potenzialmente utilizzabili anche in altre ricerche. E' quanto abbiamo già realizzato, con maggiore sistematicità, ad esempio nel caso del *Locus of Control*, di cui abbiamo proposto uno strumento sintetico di misura, sviluppando i dati del-la rilevazione Itapi-Personalità: la *Mini Locus of Control Scale* in 6 item (Perussia e Viano, 2008a). Un procedimento del genere è possibile per tutti i casi presentati qui, anche se non ne offriamo un'analisi psicometrica det-tagliata, rimandandola eventualmente a future circostanze.

In linea di massa, la presentazione dei casi è stata impostata secondo un canone ricorrente; premesso che: quanto ci preme presentare in questo rap-porto è in primo luogo il dato quantitativo, in quanto dato empirico da valu-tare per lo sviluppo della ricerca successiva in materia.

Vengono in primo luogo ripresi gli item che rappresentano il costrutto in esame, riferendoli all'interno del capitolo in forma più analitica (per quanto riguarda le fasce d'età e di istruzione) di quanto avviene nelle grandi tabelle generali dei capitoli di scenario.

Per ciascuna analisi tipologica viene sviluppata un'analisi fattoriale, per capire meglio quali possono essere le variabili psicologiche sottostanti più significative. Utilizziamo generalmente sempre la medesima procedura: metodo di estrazione: analisi delle componenti principali; metodo di rota-zione: Varimax con normalizzazione di Kaiser. Vengono riportati solo i li-velli di saturazione superiori a .25. Questa che abbiamo scelto pare essere una modalità efficace e soprattutto, essendo sempre la medesima, permette un modo più facile e più corretto di sviluppare delle comparazioni tra le analisi relative ad item differenti.

Viene quindi realizzata anche un'analisi dei cluster, per raccogliere elementi utili a definire le diverse tipologie in cui il costrutto può declinarsi nelle diverse personalità. La metodologia utilizzata per tali analisi dei cluster, che segue sempre le procedure del pacchetto statistico Spss, è nella maggior parte dei casi del tipo K-medie; più raramente viene applicata invece la metodologia Two-Step.

Viene quindi rilevata la penetrazione di ciascun item relativo al costrutto in ciascuna tipologia di persone. Segue quindi una tavola sinottica che fotografa ciascun caso attraverso le percentuali di composizione dei diversi tipi psicologici, incrociate con le tipologie di risposta fornite dal campione agli altri casi.

Nelle tabelle compaiono anche due tipologie personologiche di cui non trattiamo in questa sede, per il fatto di averle già proposte in precedenti pubblicazioni che hanno approfondito i relativi casi. Il che è successo, in particolare, per il rapporto nei confronti della sessualità (già pubblicato in: Perussia e Viano, 2006c) e per la rappresentazione soggettiva della giustizia (già pubblicato in: Perussia e Viano, 2008b).

Ne riprendiamo dunque qui di seguito, con poche variazioni, i riassunti, così da fornire qualche sintetico elemento per meglio capire il caso. Suggeriamo comunque di andare a verificare nelle pubblicazioni originali tutti i particolari cui in questa sede semplicemente accenniamo, per comodità di riferimento.

La ricerca sui tipi personologici collegati ai temi del sesso, dell'amore e del matrimonio (Perussia e Viano, 2006c), si basa sui 3 item di una scala di "Atteggiamenti verso i rapporti sessuali" che era presente nel pool originale della rilevazione per Itapi-G. Dai risultati emerge che i rapporti sessuali vengono attualmente considerati come del tutto normali, spesso collegati a sentimenti d'amore e quasi sempre indipendenti da riferimenti matrimoniali. Rispetto al vissuto dei rapporti sessuali, sembrano emergere tre tipologie principali di persone, definibili come: A) "Sesso e Sesso" (39.5%), per i quali i rapporti sessuali sono un modo come un altro di comunicare tra persone, un po' più spesso uomini, colti, di età media, dinamici, empatici, fantasiosi, internalisti; B) "Sesso e Amore" (38.4%), per i quali il sesso ha un carattere molto sentimentale, un po' più spesso donne, giovani, istruite, nubili o celibi, dalla personalità tendenzialmente normale e "con i piedi per terra" benché con qualche tendenza alla cautela, poco aggressivi e molto socievoli; C) "Sesso e Matrimonio" (22.1%), per i quali il sesso va sempre ricollegato al matrimonio, un po' più spesso di età avanzata e di bassa istruzione, coniugati, introversi, timorosi del mondo e degli altri, esternalisti, che hanno avuto difficoltà nel passato rapporto coi genitori.

La ricerca sui tipi personologici collegati al tema della giustizia (Perussia e Viano, 2008b), si basa sui 3 item di una scala di "Giustizia", presente anch'essa nel pool originale della rilevazione per Itapi-G. Dai risultati emerge che la legge viene rispettata principalmente a motivo delle costrizioni esercitate dall'autorità, in secondo luogo per ragioni di conformismo sociale e solo marginalmente per intima convinzione. Rispetto al vissuto della legge e della giustizia, sembrano emergere tre tipologie principali di persone, definibili come: A) Autoritari (51.7%), che credono nella legge come azione coercitiva, tendenzialmente maschi, giovani, moderatamente aggressivi e diffidenti verso gli altri; B) Idealisti (26.8%), che credono nella legge come convincimento, tendenzialmente donne, giovani, socievoli e fiduciosi; C) Conformisti (21.5%), che pensano alla legge come ad una prassi da seguire in quanto regola genericamente sociale, di età più alta e di istruzione più bassa, relativamente ansiosi e dipendenti dagli altri, di cui però si fidano poco.

Non facciamo invece ulteriori riferimenti ad altre analisi sviluppate nell'ambito del Programma Itapi, già pubblicate o in corso di pubblicazione, che fanno riferimento al tema della preoccupazione per l'ambiente (Perussia e Viano, in stampa A), al tema delle caratteristiche di quanti utilizzano servizi psicologici (Perussia e Viano, in stampa B), al tema del rapporto con la religione e la spiritualità (Perussia, 2008), alla costruzione di una *Activeness Scale* (Boarino, in stampa) e del Test D-BPS (Viano, in stgampa) ecc. Non sono infatti ancora compiutamente pubblicati o non si prestano ad essere incrociati con i dati proposti qui, per cui rimandiamo alle pubblicazioni originali (già uscite o che sono sul punto di uscire) per ogni approfondimento.

Vogliamo precisare ancora che i costrutti considerati qui, come sempre avviene nella ricerca sulla personalità, potrebbero collegarsi a dimensioni strutturali della persona, ma potrebbero anche dipendere maggiormente dalle particolari condizioni momentanee in cui il soggetto si trova.

E' l'eterna questione, che nasce praticamente con la nascita stessa della Nuova Psicologia Scientifica, ma che è presente da sempre nel campo della ricerca antropologico-morale: se le caratteristiche individuali siano determinate maggiormente da una disposizione costituzionale o anche genetica o sociobiologica, in termini di tratti, oppure se invece sono condizionate dalle situazioni contingenti.

La questione ha peraltro rappresentato, e continua a rappresentare, un punto di riferimento rilevante nel dibattito psicologico (Mischel, 1968, 1973; Bem e Funder, 1978; Epstein e O'Brien, 1985; Funder e Colvin, 1991; Kenrick e Fundeer, 1991; Ross e Nisbett, 1991; McCrae e Costa, 1995; Mischel e Shoda, 1998, 2008; Cervone e Shoda, 1999; Johnson, 1999; Van Mechelen e De Raad, 1999; Fleeson, 2001, 2004; Hofstede e McCrae, 2004; Penke, Denissen e Miller, 2007; Saucier, Bel-Bahar e Fernandez, 2007; Buss, 2008; Funder, 2008; ecc).

Come abbiamo appena ricordato, la controversia continua ad attraversare, più o meno da sempre, il dibattito psicologico. Non abbiamo dunque ritenuto fosse il caso di svilupparla qui, in base al principio per cui ogni contributo di ricerca ha una sua propria ragione d'essere e non si può pretendere di sviluppare ogni volta l'universo mondo della disciplina. Ma ci è parso utile ricordare la possibile incidenza del tema anche in questa sede.

Nel presente rapporto di ricerca ci limitiamo dunque a proporre i dati rilevati, essendo ben consapevoli che il rilievo delle dimensioni strutturali costitutive della persona, da una parte, o delle contingenze ambientali che si presentano nelle varie circostanze, dall'altra, possono avere di volta in volta pesi differenti. Rimandiamo invece ad altra occasione l'opportunità di partecipare, anche sul piano teorico, a questo importante dibattito della psicologia generale.

Ricordiamo infine che, nella prospettiva open-access di totale condivisione dei dati di ricerca che caratterizza il Programma Itapi, stiamo mettendo in rete, in concomitanza con la pubblicazione di questa monografia, una selezione esemplificativa dei protocolli.

Per ciascuna delle tre rilevazioni di scenario, stiamo infatti rendendo disponibile sotto forma di foglio elettronico, sul sito del programma (www.itapi.org), il versamento completo di campioni dei protocolli originali in una misura che permette di compararli tra loro. Ogni studioso potrà dunque esercitarsi con questi dati, verificando magari nuove ipotesi che potranno indirizzarlo verso interessanti ricerche future nel campo della ricerca psicologica di base.

A chiusura del volume, come già accennato, viene presentata un'appendice relativa ad alcune riflessioni sul tema dei campioni utilizzati nella ricerca psicologica di base e sul loro livello di rappresentatività rispetto alla popolazione adulta. Tali riflessioni, che nascono all'interno del dibattito infinito sul reale livello di attendibilità della ricerca psicologica sia di base sia applicata, presentano alcuni dati di ricerca in materia e qualche elemento di confronto con le indagine demoscopiche e d'opinione.

2. La ricerca Itapi-Personalità (N=1.434)

DI FELICE PERUSSIA

Le ricerche Itapi sulle personalità sono nate con l'obiettivo, tra l'altro, di realizzare un test psicologico di carattere generale che possa fornire un contributo alla descrizione ed alla misurazione oggettiva delle principali caratteristiche di personalità, sulla base di procedimenti e criteri scientifici condivisi.

Abbiamo già ampiamente trattato in alcuni lavori preliminari (Perussia, 2004, 2005a) dell'evoluzione epistemologica e metodologica del Test di Personalità *Itapi-G* (il cui nome ufficiale completo è, più estesamente: *Inventario Italiano di Personalità; Italia Personality Inventory; Forma G, Generale*). Soprattutto: ne abbiamo descritto dettagliatamente il contesto storico, culturale e scientifico, prima dei analizzarne la struttura psicometrica, nel *Manuale* del Test stesso (Perussia, 2005d). In quella sede viene presentata in forma molto analitica la versione generale, che consiste di 105 item, sviluppata attraverso un primo campione rappresentativo della popolazione italiana adulta composto da 2.383 persone.

Merita altresì ricordare che, a partire da tale forma generale del test di personalità, abbiamo realizzato anche una forma sintetica del medesimo test dal carattere assai più snello, che utilizza soli 28 item. Per identificarne le caratteristiche psicometriche abbiamo fatto riferimento ad un campione rappresentativo della popolazione italiana adulta di 3.166 persone (Perussia e Viano, 2004, 2006a). Tale forma breve, detta *Itapi-S* (dove *S* sta per: *Sintetica* o *Short*), è stata somministrata anche in varie altre rilevazioni successive per cui, fino ad oggi, il campione complessivo cui possiamo fare riferimento assomma a dimensioni almeno doppie, se non triple, rispetto a quello utilizzato per la costruzione del manuale.

Tornando al caso specifico della realizzazione di Itapi-G, facciamo presente che abbiamo basato la procedura di costruzione del test, nelle sue fasi preliminari, sulla realizzazione di una serie di ricerche svolte a partire dalla metà degli anni Novanta nell'ambito del già citato *Laboratorio di Ricerca sulle Personalità e sul Counseling* (detto anche: *Personality Psychology Workshop*), presso il Dipartimento di Psicologia dell'Università degli Studi di Torino, diretto da chi scrive.

Parallelamente e successivamente a questa prima serie di ricerche attuate negli anni '90, abbiamo sviluppato un'ampia ed approfondita analisi della letteratura scientifica disponibile nel campo della psicologia della personalità, arrivando a definire 61 costrutti di personalità che tendono a ricorrere nella letteratura di ricerca.

Abbiamo anche studiato attentamente i test di personalità disponibili in ambito scientifico: soprattutto tenendo conto, nei limiti del possibile (visto che solo molto raramente questi test vengono pubblicati per esteso), degli item di cui si compongono e delle loro caratteristiche psicometriche di dettaglio (altra dimensione che peraltro non viene quasi mai pubblicata in modo analitico nei manuali psicometrici che abbiamo potuto esaminare).

In seguito a tale lunga procedura preliminare di analisi e di approfondimento, abbiamo identificato una piccola serie di item per ciascuno dei 61 costrutti, sulla base appunto delle ricerche precedenti realizzate dal Laboratorio, della letteratura scientifica e dei risultati accessibili con riferimento ai test psicologici già pubblicati (da altri così come dal nostro gruppo di lavoro), che apparissero efficaci per rilevare la presenza o meno di tali 61 ipotetici, quanto condivisi dalla comunità degli studiosi, tratti nelle persone.

Gli item identificati sono stati tutti verificati e perfezionati, con analisi di costrutto e utilizzando il metodo delle giurie, affinché rispondessero il più possibile ad alcuni semplici criteri di affidabilità psicologica: che si presentassero sotto forma di frasi vicine al parlato italiano; che in uno stesso item non fossero contenute delle doppie affermazioni; che all'interno dell'item non ci fossero delle comparazioni; che non ci fossero item contenenti una negazione ambigua (né tanto meno una doppia negazione) ecc.

Abbiamo dunque selezionato 218 item complessivi, i quali affrontano con una certa sistematicità un campione significativo dei principali tratti di personalità i quali, secondo la letteratura psicologica pubblicata sino ad oggi, possono caratterizzare il soggetto umano.

Abbiamo dunque inserito i 218 item in un questionario, somministrandolo ad un campione molto ampio di persone. Come abbiamo già accennato: tale campione era composto, al momento della pubblicazione del manuale, di 2.383 protocolli validi, forniti da altrettanti italiani adulti (sopra i 18 anni d'età).

Un certo numero di protocolli (nell'ordine di quasi un migliaio) è stato somministrato anche successivamente alla pubblicazione del Manuale di

Itapi-G. Dall'insieme dei protocolli originali per il manuale, cui sono stati aggiunti questi ultimi altri, è stato dunque ricavato il campione nazionale rappresentativo descritto qui oltre.

Campione

Conformemente alle scelte descritte in precedenza: il campione è stato selezionato mediante estrazione casuale dei protocolli a partire dal pool complessivo dei questionari disponibili, in modo da essere distribuito secondo criteri fedelmente rappresentativi (dal punto di vista delle variabili "età" e "sesso") della popolazione italiana adulta. L'età media del campione di soggetti così selezionati è risultata essere di 43.0 anni, stante che l'età media della popolazione italiana tutta (anche oltre i 70 anni) è di 42.6 anni (Istat, 2006).

L'estrazione casuale sistematica è stata operata mediante computer, utilizzando il programma statistico Spss, sull'insieme dei soli protocolli validi e completi. Sono stati cioè eliminati preliminarmente tutti i protocolli i quali presentavano la mancanza anche solo di una risposta ad un singolo item.

Nel campione Itapi-Personalità, i soggetti risultano essere particolarmente ben distribuiti anche da un punto di vista geografico. Vi sono rappresentate infatti, in modo significativo, varie regioni italiane. Una grande quantità di protocolli proviene infatti da Milano e relativa Provincia, nonché da Torino e Provincia; le quali due aeree rappresentano complessivamente quasi un terzo del campione. Due persone su tre risiedono però altrove. Vi sono infatti anche molti soggetti che risiedono rispettivamente in: Calabria, Lazio, Sardegna, Liguria, Veneto, Toscana ecc.

Per praticità espositiva, all'interno di questo rapporto: definiamo tale campione rappresentativo, relativamente alla indagine sulla personalità, anche con il riferimento sintetico di Campione "P" (Personalità).

La sigla "p" precede infatti il numero dell'item quando viene citato, nell'arco di tutta la presente monografia, così che è sempre possibile ritrovare facilmente tale item (con le relative descrizioni analitiche delle risposte fornite dal campione) attraverso il volume.

Tale campione è descritto qui di seguito in Tabella 2.1.

Tabella 2.1 - Campione Rappresentativo "P" ("Personalità"): 1.434 italiani adulti (i dati con asterisco* indicano una distribuzione, rispetto al campione complessivo, che è esattamente proporzionale ai dati Istat sulla popolazione italiana nel 2005).

Tabella 2.1	Campione Itapi-Personalità	Valori assoluti	Percentuali valide
TOTALE		1.434	100.0
Sesso	Uomini	713*	49.7
	Donne	721*	50.3
Età	18/30	323* (165 M*; 158 F*)	22.5
	31/45	489* (247 M*; 242 F*)	34.1
	46/70	622* (301 M*; 321 F*)	43.4
Istruzione	Elementari	66	4.6
	Medie Inf.	318	22.4
	Medie Sup.	735	51.7
	Università	303	21.3
	Non indica	12	
Stato civile	Coniugato/a	716	50.8
	Celibe/Nubile	479	34.0
	Separato/a	167	11.8
	Vedovo/a	48	3.4
	Non indica	24	
Professione	Impiegato	420	29.7
	Pensionato/a	193	13.7
	Professionista	187	13.2
	Operaio	178	12.6
	Studente	160	11.3
	Casalinga	100	7.1
	Imprenditore	66	4.7
	Quadro	47	3.3
	Disoccupato	32	2.3
	Dirigente	29	2.1

Tabella 2.1	Campione Itapi-Personalità	Valori assoluti	Percentuali valide
	Non indica	22	
Residenza	Milano	334	23.3
(Provincia di)	Torino	128	8.9
	Reggio Calabria	127	8.9
	Roma	126	8.8
	Sassari	109	7.6
	Imperia	72	5.0
	Verona	67	4.7
	Pavia	47	3.3
	Como	42	2.9
	Firenze	42	2.9
	Grosseto	41	2.9
	Siena	33	2.3
	Crema	29	2.0
	Potenza	21	1.5
	L'Aquila	13	.9
	Varese	13	.9
	Monza	10	.7
	Oristano	10	.7
	Altre province	170	11.8

Risultati

Presentiamo qui di seguito, in Tabella 2.2, il quadro completo dei risultati originali dell'indagine in cui sono stati somministrati tutti e 218 gli item di personalità, facendo riferimento al campione rappresentativo di adulti.

I dati completi vengono pubblicati qui per la prima volta, in questa forma assolutamente ampia e analitica. Alcuni dati circoscritti, relativi a singoli item, sono apparsi in nostre pubblicazioni precedenti, ma si tratta di un insieme di elementi decisamente minimo se confrontato con il rapporto generale presentato nella presente monografia.

I dati relativi ad alcuni item, e precisamente ai 105 che fanno parte della versione definitiva di Itapi-G, sono stati analizzati da un punto di vista psicometrico all'interno del Manuale di Itapi-G stesso (Perussia, 2005d). Non sono però mai state pubblicate le percentuali delle risposte, tanto per quel che riguarda il campione totale quanto con riferimento ai diversi sub-campioni analitici.

In Tabella 2.2 vengono riportate, successivamente al numero d'ordine dell'item (preceduto dalla sigla della rilevazione) e all'item stesso, le percentuali di accordo (derivate dalla somma delle risposte 3 e 4, cioè "abbastanza" e "molto", d'accordo con l'affermazione contenuta nell'item; che, come abbiamo ricordato in precedenza, possono essere considerate come la risposta Sì in una variabile dummy).

Le colonne dei risultati contengono (colonna per colonna, da sinistra a destra) rispettivamente: 1. Campione totale delle persone cui il protocollo è stato somministrato; 2. Uomini; 3. Donne; 4. Persone di età compresa fra tra i 18 e i 35 anni; 5. Persone di età compresa fra tra i 36 e i 70 anni; 6. Persone con un livello di Istruzione relativamente più basso (titolo di studio: elementare e medie inferiori); 7. Persone con un livello di Istruzione relativamente più alto (titolo di studio: medie superiori e università); 8. punteggio standardizzato "Z" dell'item rispetto all'insieme degli item somministrati nell'ambito della ricerca.

Tabella 2.2 - Soggetti "completamente" e "abbastanza" d'accordo con le affermazioni contenute negli item della ricerca sulle Personalità (dati ponderati; % di penetrazione).

Tabella 2.2 (P "Personalità": N=1.434 italiani adulti - Dati ponderati)		TOT	Uom	Don	18-35 (G)	36-70 (M)	Ist-	Ist+	Z
p1	Ho una forte personalità	75.8	82.3	69.1	78.2	74.6	74.1	77.3	.85
p2	Le persone potrebbero fare molto di più, se solo ci provassero veramente	93.1	91.5	94.5	92.5	93.3	93.2	92.9	1.72
p3	Quando penso a qualcosa, è come se la vedessi davanti agli occhi	76.3	73.1	79.3	74.3	77.2	77.5	75.2	.88

Tabella 2.2 (P "Personalità": N=1.434 italiani adulti - Dati ponderati)		TOT	Uom	Don	18-35 (G)	36-70 (M)	Ist-	Ist+	Z
p4	Dico quello che mi viene da dire, non mi interessa come la prendono gli altri	50.9	56.5	45.3	51.3	50.7	53.5	48.5	-.41
p5	Mi piace stare per conto mio	57.5	58.9	56.1	55.5	58.5	56.5	58.5	-.07
p6	Mi lascio andare spesso alla fantasia	65.1	65.9	64.1	74.1	60.7	64.3	65.7	.31
p7	Nella vita è importante ottenere risultati concreti	86.9	87.0	86.8	90.7	85.1	88.2	85.7	1.41
p8	Ho spesso paura che possa capitarmi qualcosa di negativo	51.6	43.9	59.1	49.0	52.8	56.3	47.2	-.37
p9	Di solito resto calmo/a anche nelle situazioni difficili	57.4	63.7	51.1	53.1	59.5	57.0	57.8	-.08
p10	Molta gente è invidiosa	83.3	83.2	83.2	83.6	83.1	85.6	81.1	1.23
p11	Faccio attenzione soprattutto ai dettagli	66.3	66.7	65.8	64.2	67.3	65.1	67.4	.37
p12	Nella vita è sempre meglio controllare le proprie emozioni	64.5	69.3	59.6	52.4	70.4	69.6	59.7	.28
p13	Perdo un sacco di tempo per niente	31.0	30.8	31.2	35.7	28.7	31.5	30.6	-1.41
p14	Per prendere la decisione giusta, bisogna affidarsi all'istinto	49.6	47.1	52.1	48.9	50.0	52.7	46.8	-.47
p15	Non esistono un bene e un male assoluti, ma solo tante variazioni sul tema	73.2	69.3	76.9	72.0	73.7	72.3	73.9	.72
p16	Dico sempre la verità	78.0	73.0	82.9	72.7	80.6	78.5	77.5	.96
p17	Ho problemi di digestione	32.2	30.4	34.0	26.7	34.9	36.0	28.7	-1.35
p18	Se mi provocano, a volte rispondo molto male	66.0	68.1	63.9	67.8	65.2	71.8	60.7	.35

Tabella 2.2 (P "Personalità": N=1.434 italiani adulti - Dati ponderati)		TOT	Uom	Don	18-35 (G)	36-70 (M)	Ist-	Ist+	Z
p19	Sono un tipo intraprendente	62.9	69.3	56.6	64.6	62.1	62.2	63.6	.20
p20	Ci sono aspetti del mio corpo che non mi piacciono	59.7	49.1	70.1	62.5	58.3	59.3	60.0	.04
p21	Mi piace l'avventura	59.0	66.7	51.3	69.0	54.2	58.8	59.3	.00
p22	La vita è sofferenza	44.4	45.1	43.7	40.6	46.3	51.5	37.9	-.74
p23	In una discussione animata, cerco di capire le opinioni di tutti	85.7	83.3	88.0	86.9	85.1	85.8	85.6	1.35
p24	Di solito, tengo per me le mie emozioni	64.9	67.4	62.4	57.0	68.8	68.2	61.8	.30
p25	Cerco sempre di prendere le mie decisioni per conto mio	73.8	76.6	71.0	72.4	74.5	74.6	73.1	.75
p26	Ho un'ottima memoria	62.6	66.5	58.6	64.4	61.7	58.7	66.1	.18
p27	So bene come utilizzare gli altri per fare quello che voglio io	23.9	28.0	19.7	23.8	23.9	24.3	23.5	-1.77
p28	Mi faccio valere	62.2	69.3	55.0	69.8	58.5	62.5	61.9	.16
p29	Guardo soprattutto i particolari	59.2	62.1	56.2	58.2	59.7	59.1	59.3	.01
p30	Dipende solo da me se riesco a sfruttare le occasioni che la vita mi offre	75.6	76.4	74.8	80.1	73.5	76.7	74.7	.84
p31	Quando penso a qualcosa, è come se ne sentissi il suono	42.0	38.8	45.1	42.6	41.7	44.7	39.4	-.86
p32	Rifletto continuamente sulla mia interiorità	60.6	56.4	64.6	59.8	60.9	58.6	62.3	.08
p33	Ho una vivida immaginazione	68.1	69.9	66.3	71.0	66.7	68.5	67.8	.46

Tabella 2.2 (P "Personalità": N=1.434 italiani adulti - Dati ponderati)	TOT	Uom	Don	18-35 (G)	36-70 (M)	Ist-	Ist+	Z
p34 Sono un tipo decisamente pratico	77.5	80.5	74.4	75.4	78.5	80.9	74.3	.94
p35 Ci sono molte cose che mi preoccupano	67.8	60.2	75.2	65.9	68.7	71.3	64.4	.45
p36 Nelle cose che faccio, sono un tipo preciso	78.0	77.9	78.1	76.4	78.9	76.4	79.6	.96
p37 Guido la mia vita soprattutto usando la testa	80.7	82.9	78.4	78.0	82.0	83.5	78.0	1.10
p38 Sono incostante nelle cose che faccio	42.5	43.6	41.4	38.0	44.7	47.7	37.7	-.83
p39 La vita per me è una continua battaglia per riuscire al meglio	60.6	61.9	59.3	62.7	59.6	65.1	56.4	.08
p40 Spesso mi dicono che sono un tipo strano	36.1	37.3	34.9	44.4	32.0	37.1	35.1	-1.16
p41 Rispettare la propria coscienza è un dovere assoluto	85.9	81.7	89.9	82.8	87.4	86.3	85.4	1.36
p42 Nella vita mi aspetto che le cose vadano male	15.6	15.3	15.9	16.9	15.0	16.5	14.8	-2.19
p43 Ho un profondo senso di gratitudine per le cose che ricevo dalla vita	80.5	78.3	82.6	75.4	83.0	79.7	81.2	1.09
p44 Cerco di darmi da fare per non perdere tempo	77.9	78.9	76.8	73.8	79.9	79.2	76.6	.96
p45 Mi piace essere al centro dell'attenzione	35.5	39.9	31.0	39.8	33.4	33.9	36.9	-1.19
p46 Spesso, occuparsi degli altri è solo una perdita di tempo	17.4	20.8	14.0	16.6	17.8	21.6	13.5	-2.10
p47 Penso sia giusto sacrificarsi per gli altri	60.2	59.3	61.1	59.4	60.7	59.4	61.1	.06
p48 Mi sono posto/a grandi mete nella vita	48.1	53.2	42.9	57.9	43.3	42.8	53.0	-.55

Tabella 2.2 (P "Personalità": N=1.434 italiani adulti - Dati ponderati)	TOT	Uom	Don	18-35 (G)	36-70 (M)	Ist-	Ist+	Z
p49 Sono portata/o alla matematica	44.3	51.1	37.6	48.3	42.4	38.3	49.9	-.74
p50 Ho un carattere affettuoso	81.0	78.7	83.2	81.1	80.9	82.3	79.7	1.11
p51 C'è chi nasce fortunato e chi no	72.3	71.3	73.3	73.2	71.9	76.2	68.7	.67
p52 Quando penso a qualcosa, è come se la stessi vivendo	64.1	58.9	69.3	64.7	63.9	65.6	62.8	.26
p53 Nelle conversazioni, tendo soprattutto ad ascoltare	70.0	69.0	71.0	67.4	71.3	68.7	71.3	.56
p54 Mi piace sognare	70.9	68.2	73.5	83.0	64.9	69.5	72.1	.60
p55 Per vivere bene, i soldi sono fondamentali	71.4	72.2	70.5	75.3	69.4	76.6	66.6	.63
p56 Spesso mi sento triste	47.1	41.0	53.2	45.3	48.0	51.3	43.2	-.60
p57 Mi impegno sempre al massimo nelle cose che faccio	86.8	87.2	86.4	83.9	88.3	88.0	85.7	1.41
p58 Mi piace intuire il senso nascosto delle cose, al di là delle apparenze	79.8	78.1	81.4	84.9	77.3	74.2	85.0	1.05
p59 Nelle questioni sentimentali, è bene tenere conto anche della ragione	82.4	83.4	81.2	80.5	83.3	83.5	81.3	1.18
p60 Non ho mai abbastanza tempo per fare tutto quello che ho da fare	75.7	73.2	78.0	74.8	76.1	73.5	77.7	.84
p61 Bisogna garantire i diritti dei "diversi" in tutti i modi	79.9	76.2	83.5	80.6	79.5	77.7	82.0	1.06
p62 Tendo a riflettere a lungo sulle cose	81.2	79.9	82.4	81.3	81.1	79.2	83.0	1.12

Tabella 2.2 (P "Personalità": N=1.434 italiani adulti - Dati ponderati)		TOT	Uom	Don	18-35 (G)	36-70 (M)	Ist-	Ist+	Z
p63	Nella mia vita, cerco a tutti i costi di essere onesto	92.9	89.9	95.9	89.9	94.4	93.0	92.8	1.71
p64	Sono ben coordinato/a nei miei movimenti	81.2	83.0	79.4	77.2	83.2	82.0	80.5	1.12
p65	Soffro di mal di testa	28.5	19.0	38.0	28.3	28.7	28.4	28.7	-1.54
p66	Mi sento una persona di valore almeno tanto quanto gli altri	85.1	86.1	84.0	87.8	83.8	82.2	87.8	1.32
p67	Mi sento sempre un po' in debito per quello che mi trovo ad avere	39.4	36.9	41.9	35.3	41.4	39.1	39.7	-.99
p68	Mi piace fare le cose con calma	70.0	71.9	68.0	68.1	70.9	68.1	71.7	.56
p69	Sono un tipo esuberante	43.3	41.0	45.5	49.0	40.4	40.2	46.1	-.79
p70	Le persone tendono solamente a curare i propri interessi	81.8	84.3	79.2	79.7	82.8	87.0	77.0	1.15
p71	Nella vita è importante sapersi accontentare di quello che si ha	80.1	77.4	82.6	74.0	83.0	82.5	77.8	1.07
p72	Nelle discussioni, quello che conta è fare vincere le proprie ragioni	37.1	38.4	35.7	32.9	39.2	45.1	29.7	-1.11
p73	Mi piace prendere decisioni utili per chi mi sta intorno	74.6	76.1	73.1	70.5	76.6	75.6	73.6	.79
p74	Mi trovo a mio agio nel risolvere problemi	71.7	76.6	66.7	67.9	73.5	71.9	71.5	.64
p75	Ho un carattere dolce	70.8	70.6	70.9	74.5	69.0	71.6	70.0	.60
p76	Senza le occasioni giuste, è difficile avere successo nella vita	78.4	78.8	77.9	78.6	78.3	78.3	78.4	.98

Tabella 2.2 (P "Personalità": N=1.434 italiani adulti - Dati ponderati)	TOT	Uom	Don	18-35 (G)	36-70 (M)	Ist-	Ist+	Z
p77 Quando penso a una persona, mi viene subito alla mente il suo viso	77.8	74.7	80.9	74.7	79.4	78.6	77.2	.95
p78 Rivelo poco di me stessa/o agli altri	60.9	62.8	59.0	60.2	61.3	59.4	62.3	.10
p79 Vedo la bellezza anche dove altri non la notano	63.9	62.6	65.1	63.8	64.0	59.1	68.4	.25
p80 Resisto facilmente alle tentazioni	53.3	51.0	55.6	42.0	58.9	54.3	52.4	-.29
p81 A volte mi sento proprio inutile	32.2	28.0	36.3	31.6	32.5	37.0	27.7	-1.35
p82 Prendo tutte le cose molto seriamente	74.2	69.6	78.7	67.5	77.5	75.0	73.4	.77
p83 Mi piace la visione d'insieme	81.5	78.6	84.3	80.3	82.1	81.0	81.9	1.14
p84 Di solito porto a termine tutti i miei compiti	83.6	81.6	85.5	77.5	86.6	85.1	82.3	1.24
p85 Medito sempre attentamente, prima di agire	71.6	75.5	67.6	67.8	73.5	71.7	71.5	.64
p86 Ognuno deve essere il più libero possibile di fare quello che gli va	78.0	74.9	81.1	79.9	77.1	80.7	75.5	.96
p87 Forse gli scongiuri non servono a molto, ma è meglio farli che non farli	39.5	39.5	39.5	45.9	36.3	45.1	34.3	-.98
p88 Sono sempre di fretta	58.8	50.6	66.9	61.2	57.6	56.9	60.6	-.01
p89 Prendo facilmente la responsabilità anche di altre persone	51.7	50.7	52.7	49.8	52.6	51.1	52.2	-.37
p90 Cerco di tenermi fisicamente in forma	57.2	61.5	52.7	58.6	56.4	55.9	58.4	-.09
p91 Mi è capitato varie volte di mettermi a dieta	41.5	34.8	48.3	41.9	41.4	42.9	40.3	-.88

	Tabella 2.2 (P "Personalità": N=1.434 italiani adulti - Dati ponderati)	TOT	Uom	Don	18-35 (G)	36-70 (M)	Ist-	Ist+	Z
p92	Sono soddisfatto/a della mia vita	74.7	78.4	71.0	74.3	74.9	72.1	77.1	.79
p93	Certe volte ho l'impressione che la gente ce l'abbia con me	29.5	26.0	32.9	34.7	26.9	33.2	26.0	-1.49
p94	Spesso non ho voglia di fare niente	41.2	39.1	43.3	46.4	38.7	44.6	38.1	-.90
p95	Mi piace scherzare	83.8	87.5	80.0	89.7	80.9	83.5	84.1	1.25
p96	Avere a che fare con persone incompetenti è insopportabile	74.8	72.3	77.2	82.3	71.1	71.3	78.0	.80
p97	Mi piace dare una mano alle altre persone	88.0	85.3	90.6	86.1	89.0	87.0	89.0	1.47
p98	La gente rispetta la legge perchè glielo impone l'autorità	70.2	71.7	68.7	70.6	70.0	69.4	71.0	.57
p99	Ho un carattere aggressivo	28.4	29.5	27.2	36.2	24.5	31.3	25.6	-1.54
p100	Sono gli altri che decidono se riesci nella tua vita oppure no	17.9	17.5	18.2	16.5	18.5	19.5	16.3	-2.08
p101	Quando penso a una persona, mi viene subito alla mente la sua voce	42.4	38.3	46.4	35.2	45.9	45.3	39.6	-.84
p102	Faccio fatica a conoscere nuove persone	32.6	33.6	31.5	25.5	36.1	37.9	27.7	-1.33
p103	L'arte è un aspetto importante della vita	72.6	70.5	74.6	71.4	73.1	69.2	75.7	.69
p104	Controllo bene i miei istinti	71.7	73.9	69.4	64.6	75.1	72.8	70.6	.64
p105	Spesso ho paura di sbagliare in quello che faccio	58.5	48.6	68.4	61.8	56.9	62.2	55.1	-.02
p106	Sono un tipo metodico	54.7	57.7	51.8	51.7	56.2	53.3	56.1	-.22

Tabella 2.2 (P "Personalità": N=1.434 italiani adulti - Dati ponderati)		TOT	Uom	Don	18-35 (G)	36-70 (M)	Ist-	Ist+	Z
p107	Nella vita, mi lascio guidare soprattutto dal cuore	64.7	56.4	73.0	60.0	67.0	70.9	58.9	.29
p108	Mantengo sempre quello che prometto	86.4	82.9	89.8	83.7	87.7	87.0	85.8	1.39
p109	Per prendere la decisione giusta, peso bene i pro e i contro	84.1	87.2	81.0	82.1	85.1	85.3	83.1	1.27
p110	Sono perfezionista	58.2	59.6	56.8	56.1	59.2	54.8	61.3	-.04
p111	Davanti a un problema, mi vengono sempre in mente varie soluzioni	81.1	85.5	76.7	82.1	80.7	78.4	83.7	1.12
p112	Credo che alcune persone possano comunicare fra loro telepaticamente	39.1	29.9	48.3	34.2	41.5	37.9	40.3	-1.00
p113	Bisogna stare attenti alla salute, dato che basta poco per comprometterla	84.4	81.9	86.7	80.5	86.2	87.3	81.6	1.28
p114	A volte mangio davvero troppo	63.8	69.4	58.1	67.8	61.8	66.7	61.1	.24
p115	Sono contento/a di me stessa/o	75.5	79.2	71.7	79.7	73.5	75.1	75.9	.83
p116	Spesso la gente ti mostra una faccia diversa da quella sua vera	90.7	89.1	92.2	92.5	89.9	92.2	89.4	1.60
p117	Sono un tipo contemplativo	54.9	58.7	51.1	60.6	52.2	56.0	54.0	-.21
p118	Sono un tipo espansivo	66.5	64.8	68.2	68.6	65.5	68.6	64.6	.38
p119	Di solito, la gente è a suo agio con me	87.0	85.7	88.1	89.0	86.0	86.8	87.1	1.42
p120	A volte mi dicono che sono troppo aggressiva/o	33.6	32.8	34.3	38.2	31.4	37.0	30.4	-1.28
p121	Cerco di avere sempre una buona parola per tutti	80.1	76.8	83.4	77.1	81.6	82.9	77.6	1.07

Tabella 2.2 (P "Personalità": N=1.434 italiani adulti - Dati ponderati)		TOT	Uom	Don	18-35 (G)	36-70 (M)	Ist-	Ist+	Z
p122	Sono spesso un punto di riferimento per gli altri	64.2	63.1	65.3	58.0	67.3	64.4	64.0	.26
p123	La gente rispetta la legge perchè è quello che ci si aspetta da tutti	49.9	50.1	49.6	43.9	52.9	55.1	45.1	-.46
p124	Ho un carattere dispotico	19.1	21.7	16.6	20.3	18.6	22.7	15.8	-2.01
p125	Mi capita spesso di lasciare le cose in disordine	44.9	47.2	42.6	51.8	41.5	43.5	46.2	-.71
p126	La mia vita è controllata soprattutto dall'influenza esercitata dalle altre persone	25.4	20.9	29.9	22.1	27.0	29.4	21.7	-1.70
p127	Quando penso a una persona, mi vengono subito alla mente le sensazioni che mi dà	58.6	54.7	62.4	62.0	56.9	55.4	61.6	-.02
p128	Di solito tengo gli altri a distanza	27.1	28.8	25.4	23.3	29.0	31.0	23.6	-1.61
p129	Dedicare la vita allo studio significa viverla al meglio	50.2	49.8	50.6	42.7	53.9	52.2	48.5	-.44
p130	Quello che conta nella vita è divertirsi	43.8	47.9	39.7	60.3	35.8	44.3	43.4	-.77
p131	Spesse volte mi sento in colpa	38.7	32.3	44.9	40.4	37.8	40.4	37.0	-1.02
p132	Sono in grado di sentire le emozioni degli altri	56.9	51.8	62.0	54.5	58.1	54.9	58.8	-.10
p133	Finisco sempre quello che comincio	73.8	73.9	73.7	69.6	75.9	75.5	72.3	.75
p134	Tendo a fare piani per qualsiasi cosa	55.4	55.2	55.7	58.4	54.0	54.7	56.1	-.18
p135	La verità è una sola	57.8	57.9	57.6	49.6	61.7	66.8	49.4	-.06

Tabella 2.2 (P "Personalità": N=1.434 italiani adulti - Dati ponderati)	TOT	Uom	Don	18-35 (G)	36-70 (M)	Ist-	Ist+	Z
p136	Mi piace trovare sempre nuove idee e nuovi progetti	70.3	73.4	67.3	75.4	67.9	66.8	73.7	.57
p137	Il movimento degli astri influenza la nostra vita	27.5	22.2	32.7	23.5	29.4	30.9	24.3	-1.59
p138	Soffro spesso di malattie in varie parti del corpo	19.8	15.0	24.5	13.6	22.8	23.8	15.9	-1.98
p139	Mi piacerebbe essere più magro/a	50.8	41.0	60.5	49.0	51.7	54.0	47.9	-.41
p140	Riesco abbastanza bene un po' in tutto quello che faccio	80.3	83.8	76.7	82.0	79.5	81.7	79.0	1.08
p141	A volte le persone cercano di manipolarti per ottenere i loro scopi	75.2	76.5	73.8	76.3	74.6	77.0	73.5	.82
p142	Spesso faccio fatica a prendere decisioni	48.3	44.7	51.9	48.6	48.2	51.1	45.7	-.54
p143	Stare in mezzo alla gente mi dà energia	71.4	67.6	75.1	71.7	71.2	72.7	70.2	.63
p144	Tutto sommato: ho fiducia negli altri	67.0	64.6	69.4	63.7	68.7	63.6	70.2	.41
p145	Sento grande solidarietà con chi è più povero o sfortunato di me	83.2	79.0	87.4	77.6	86.0	83.3	83.1	1.22
p146	Almeno qualche volta, mi piace dire agli altri cosa devono fare	65.8	66.9	64.5	64.1	66.5	66.7	64.9	.34
p147	La gente rispetta la legge perchè ci crede veramente	28.1	24.0	32.1	24.3	29.9	28.6	27.6	-1.56
p148	Sono un tipo responsabile	90.4	88.6	92.2	88.8	91.2	89.4	91.4	1.59
p149	I miei genitori sono sempre stati piuttosto freddi e scostanti	21.3	20.2	22.5	16.1	23.9	24.6	18.3	-1.90
p150	Mi ricordo meglio le cose se prendo appunti	64.9	61.5	68.1	64.2	65.2	62.8	66.8	.30

Tabella 2.2 (P "Personalità": N=1.434 italiani adulti - Dati ponderati)		TOT	Uom	Don	18-35 (G)	36-70 (M)	Ist-	Ist+	Z
p151	Sono timido/a	45.3	46.3	44.2	42.4	46.7	45.8	44.8	-.69
p152	Mi considero intellettualmente impegnata/o	45.2	47.9	42.5	51.9	41.9	34.9	54.8	-.70
p153	Mi capita di spendere più di quello che mi posso permettere	32.5	35.6	29.4	37.3	30.2	35.0	30.2	-1.34
p154	Sono spesso di cattivo umore	25.1	28.7	21.4	24.7	25.2	29.0	21.4	-1.71
p155	Sono piuttosto disorganizzato/a	23.7	24.2	23.1	27.8	21.7	23.8	23.5	-1.78
p156	Mi emoziono facilmente	74.2	63.8	84.5	69.8	76.3	76.7	71.9	.77
p157	Mi fido poco degli altri	47.0	50.6	43.3	45.9	47.5	55.1	39.4	-.61
p158	Sono un tipo ostinato	59.4	61.1	57.6	66.9	55.7	55.1	63.3	.02
p159	Sono molto sensibile alle emozioni altrui	73.1	63.2	83.0	70.1	74.6	73.1	73.2	.71
p160	Quando prendo una decisione, lo faccio rapidamente	51.8	52.9	50.5	45.2	54.9	51.8	51.7	-.36
p161	Tutte le tradizioni devono essere rispettate	57.7	57.6	57.6	55.0	59.0	60.2	55.3	-.06
p162	Mi trovo bene a discutere con persone di opinione diversa dalla mia	70.5	71.6	69.4	78.3	66.7	69.0	71.9	.58
p163	Mi sento molto vulnerabile alle malattie	29.3	24.3	34.2	19.7	34.0	33.9	25.0	-1.50
p164	Penso che ci siano persone capaci di predire il futuro	20.3	13.8	26.6	19.7	20.5	21.5	19.1	-1.95
p165	Mi preoccupo troppo di quello che mangio	24.3	21.3	27.3	24.9	24.0	27.1	21.7	-1.75
p166	Certe volte penso davvero di essere molto migliore di tanti altri	33.7	40.4	27.0	37.8	31.8	30.4	36.8	-1.28

Tabella 2.2 (P "Personalità": N=1.434 italiani adulti - Dati ponderati)		TOT	Uom	Don	18-35 (G)	36-70 (M)	Ist-	Ist+	Z
p167	Mi interesso sempre a un sacco di cose	61.8	63.9	59.6	66.7	59.4	56.1	67.1	.14
p168	E' bello stare a contatto con le persone	89.0	86.9	91.0	91.3	87.8	90.7	87.4	1.52
p169	Preferisco che le decisioni difficili le prendano altri	36.2	29.0	43.3	28.4	40.0	42.4	30.4	-1.15
p170	I rapporti sessuali sono un modo come un altro per comunicare tra due persone	53.2	56.4	50.0	47.3	56.1	56.2	50.4	-.29
p171	Sono un tipo preciso	69.2	70.8	67.5	64.6	71.4	69.0	69.3	.52
p172	Sono soddisfatto del rapporto che ho (ho avuto) con i miei genitori	74.5	76.8	72.2	74.6	74.5	75.6	73.6	.78
p173	Durante la giornata, ascolto spesso qualcosa in sottofondo	49.1	48.0	50.2	60.6	43.6	42.8	55.0	-.50
p174	Faccio fatica a restare seduto a lungo nella stessa posizione	69.6	69.7	69.3	70.1	69.3	73.0	66.3	.54
p175	Cerco di evitare la gente troppo complicata	62.0	61.7	62.2	47.3	69.2	71.0	53.6	.15
p176	Ho frequenti sbalzi di umore	41.2	38.2	44.0	42.4	40.5	45.1	37.5	-.90
p177	Mi arrabbio facilmente	38.4	38.1	38.5	42.3	36.5	41.5	35.4	-1.04
p178	Ho la tendenza a disperdermi	29.5	26.6	32.4	29.0	29.8	31.5	27.7	-1.49
p179	Mi riesce facile prendere la gente così com'è	70.1	69.3	70.9	70.7	69.9	70.5	69.8	.56
p180	In ogni decisione, do molta importanza ai sentimenti	75.4	67.2	83.5	71.5	77.3	79.1	71.9	.83
p181	Spesso rimando le cose che devo fare	46.7	48.4	44.9	49.6	45.3	47.3	46.1	-.62

Tabella 2.2 (P "Personalità": N=1.434 italiani adulti - Dati ponderati)		TOT	Uom	Don	18-35 (G)	36-70 (M)	Ist-	Ist+	Z
p182	Mi piace improvvisare	52.3	58.0	46.6	57.4	49.8	56.0	48.8	-.34
p183	La prima cosa che bisogna insegnare ai bambini è la disciplina	63.4	64.4	62.3	61.6	64.3	72.9	54.6	.22
p184	Mi adatto facilmente alle situazioni nuove	78.8	79.1	78.4	79.8	78.3	77.7	79.7	1.00
p185	Le altre persone mi interessano molto	70.9	69.2	72.6	78.1	67.4	64.3	77.0	.60
p186	La mia salute è soggetta ad alti e bassi imprevedibili	26.6	22.1	31.1	20.8	29.4	32.0	21.6	-1.64
p187	Anche se a volte sembra che le cose vadano male, penso che a tutto c'è rimedio	82.6	85.5	79.6	83.2	82.2	82.0	83.1	1.19
p188	In alcuni casi, è giusto farsi giustizia da soli	40.0	44.7	35.2	51.6	34.3	41.3	38.7	-.96
p189	Eccello in tutte le cose che faccio	28.7	35.4	22.0	34.0	26.2	28.3	29.1	-1.53
p190	Mi piace sperimentare nuove cose e nuove situazioni	62.3	66.9	57.6	72.8	57.2	58.6	65.8	.17
p191	Sono un tipo dalla parlantina facile	50.3	48.5	52.1	54.5	48.2	47.7	52.7	-.44
p192	Finisco col fare quello che la gente mi chiede, anche se non ne ho voglia	40.3	35.2	45.4	38.8	41.0	43.1	37.7	-.94
p193	Nelle situazioni di gruppo, spesso rimango sullo sfondo	35.4	31.4	39.3	29.6	38.2	39.3	31.7	-1.19
p194	I rapporti sessuali sono accettabili solo se due persone hanno intenzione di sposarsi	19.7	16.7	22.7	9.5	24.7	24.1	15.7	-1.98

Tabella 2.2 (P "Personalità": N=1.434 italiani adulti - Dati ponderati)		TOT	Uom	Don	18-35 (G)	36-70 (M)	Ist-	Ist+	Z
p195	Mi appassiono facilmente alle cose	73.5	72.7	74.3	74.0	73.3	72.0	74.9	.73
p196	I miei genitori hanno sempre avuto difficoltà a manifestarmi i loro veri sentimenti	39.0	38.5	39.4	29.7	43.5	44.1	34.2	-1.01
p197	Sono pieno di idee	65.0	70.0	60.0	72.8	61.2	60.4	69.3	.30
p198	E' difficile fare amicizia con gli altri	34.8	35.6	33.9	24.5	39.7	40.3	29.6	-1.22
p199	Le discussioni filosofiche mi annoiano	46.6	48.2	44.9	42.2	48.8	55.0	38.7	-.63
p200	Nella vita, è importante onorare sempre i propri principi morali	86.5	83.4	89.5	84.7	87.3	86.1	86.8	1.39
p201	Mi spavento facilmente	33.2	20.5	45.9	32.3	33.7	38.7	28.1	-1.30
p202	Sono un tipo tranquillo	70.0	72.9	66.9	71.2	69.4	70.7	69.3	.56
p203	Nella vita occorre tenere i piedi ben piantati per terra	84.7	85.9	83.5	79.4	87.3	89.0	80.7	1.30
p204	Mi distraggo spesso	44.6	44.3	45.0	50.0	42.0	48.3	41.3	-.73
p205	Per comunciare con gli altri, uso soprattutto la logica	56.4	64.4	48.3	50.0	59.5	58.5	54.4	-.13
p206	Vorrei avere più forza di volontà	68.1	66.2	69.8	65.9	69.1	69.9	66.3	.46
p207	Seguire sempre la legge è il primo dovere di ogni persona	71.3	67.8	74.7	60.0	76.8	76.6	66.4	.62
p208	Tendo ad agire in maniera impulsiva	48.3	45.0	51.5	52.6	46.2	50.1	46.6	-.54
p209	Mi è capitato di venire alle mani con altre persone	17.7	24.0	11.5	23.7	14.8	19.9	15.8	-2.09
p210	Soffro di insonnia	24.1	20.1	28.1	15.4	28.3	27.2	21.2	-1.76

Tabella 2.2 (P "Personalità": N=1.434 italiani adulti - Dati ponderati)		TOT	Uom	Don	18-35 (G)	36-70 (M)	Ist-	Ist+	Z
p211	Tendo sempre a pensare che il bicchiere è mezzo pieno, invece che mezzo vuoto	54.2	53.5	55.0	54.4	54.2	51.0	57.2	-.24
p212	Molta gente riceve cose che non merita	74.8	76.7	72.9	76.3	74.1	76.7	73.1	.80
p213	Sono sempre occupata/o e pieno di cose da fare	74.7	72.3	77.0	74.4	74.8	73.5	75.7	.79
p214	Mi piacciono le sfide	53.7	60.2	47.2	63.9	48.7	47.7	59.3	-.27
p215	Attacco facilmente discorso anche con quelli che non conosco	52.8	51.2	54.4	53.3	52.6	52.2	53.5	-.31
p216	Esprimo le mie opinioni stando attenta/o a non offendere gli altri	84.0	81.6	86.2	81.7	85.1	83.0	84.8	1.26
p217	Mi piace fare le cose da solo/a	66.3	67.0	65.5	63.5	67.7	67.5	65.2	.37
p218	I rapporti sessuali sono normali ogni volta che due persone si amano	86.0	84.6	87.3	87.8	85.1	82.8	88.9	1.37

3. La ricerca Itapi-Valori (N=1.152)

DI FELICE PERUSSIA E RENATA VIANO

La ricerca Itapi sui valori è nata in primo luogo con l'obiettivo di realizzare un test generale di rilevazione sulle strutture valoriali che ci aiutino a definire la personalità adulta.

Abbiamo già presentato in forma ampia ed analitica il Test di Personalità Itapi-Valori (il cui titolo per esteso è: *Inventario Italiano dei Valori; Italia Values Inventory*) in un precedente lavoro relativo alla sua prima costruzione in termini di costrutto (Perussia, 2005c) e soprattutto ne abbiamo descritto la genesi scientifica e la struttura psicometrica nel *Manuale* del Test stesso (Perussia e Viano, 2006b).

La realizzazione del test Itapi-Valori si è basata, nelle sue fasi preliminari, su di una serie di ricerche svolte in precedenza nell'ambito del Laboratorio di Ricerca sulle Personalità e sul Counseling presso il Dipartimento di Psicologia dell'Università degli Studi di Torino.

Parallelamente e successivamente a tali ricerche, abbiamo sviluppato un'ampia ed approfondita analisi della letteratura scientifica disponibile nel campo della psicologia dei valori. Abbiamo altresì studiato i test di personalità riferiti ai valori che sono disponibili in ambito psicologico: soprattutto tenendo conto degli item utilizzati e delle loro caratteristiche psicometriche quali talvolta sono state pubblicate in letteratura.

In seguito a tale procedura preliminare di analisi e di approfondimento, abbiamo identificato una serie di item rappresentativi dei valori regolarmente segnalati dalla letteratura, così come di quelli che avevamo direttamente potuto analizzare nelle ricerche precedenti. Gli item identificati si sostanziano in un elenco di voci grammaticalmente molto semplici, qualche volta anche di una sola parola.

Abbiamo dunque selezionato 118 item complessivi, i quali affrontano con una certa sistematicità un campione verosimilmente piuttosto significativo dei principali valori che, secondo la letteratura scientifica in psicologia, possono caratterizzare i punti di riferimento ideali della personalità umana.

Abbiamo seguito, relativamente alla forma, alla somministrazione ecc i criteri metodologici generali presentati nella prima parte di questo rapporto.

Abbiamo dunque inserito i 118 item in un questionario, somministrandolo ad un ampio campione di persone. Tale campione era composto, al momento della pubblicazione del Manuale, di 1.716 protocolli validi forniti da altrettanti italiani adulti.

Un certo numero di protocolli (nell'ordine di qualche centinaio) è stato somministrato anche successivamente alla pubblicazione del Manuale di Itapi-Valori. Dall'insieme dei protocolli originali per il manuale, cui sono stati aggiunti questi ultimi altri, è stato ricavato il campione nazionale rappresentativo descritto qui oltre.

Campione

Conformemente alle scelte descritte nel capitolo introduttivo a questo rapporto: il campione è stato selezionato mediante estrazione casuale dei protocolli a partire dal pool complessivo dei questionari disponibili, così da essere distribuito in modo fedelmente rappresentativo (dal punto di vista delle variabili età e sesso) della popolazione italiana adulta. La selezione è stata operata a computer, utilizzando il programma statistico SPSS, sui protocolli validi (sono stati cioè eliminati preliminarmente tutti i protocolli che mancavano anche solo di una risposta ad un singolo item, dei 118 presenti).

Altre variabili (quali: il livello di istruzione, lo stato civile, la professione) sono sufficientemente distribuite e incrociate tra loro all'interno del campione, con percentuali che si avvicinano, benché senza coincidere esattamente con esso, al profilo della popolazione nazionale. I soggetti risultano dunque rappresentativi della popolazione italiana in generale, almeno in termini di ripartizione delle variabili sesso ed età, anche incrociate tra loro.

Da un punto di vista geografico, il campione è rappresentativo del nordovest in quanto i soggetti avvicinati risiedono soprattutto in Piemonte e in Liguria. Dal punto di vista della distribuzione geografica il campione di Itapi-Valori non coincide dunque con la totalità della popolazione nazionale, ma si tratta comunque di un campione molto più dislocato sul territorio di quanto normalmente avviene nella ricerca scientifica in psicologia (che solitamente utilizza un solo punto di campionamento, e anche circoscritto).

Per praticità espositiva: ci riferiamo a tale campione rappresentativo, relativamente alla indagine sui valori, con la definizione sintetica di Campione "V" (Valori).

La sigla "v" precede infatti il numero dell'item quando viene citato, nell'ambito della monografia, così che è sempre facile ritrovare ciascun item (con le relative descrizioni analitiche delle risposte fornite dal campione) attraverso tutto il volume.

Il campione è descritto qui di seguito in Tabella 3.1.

Tabella 3.1 - Campione Rappresentativo "V" ("Valori"): 1.152 italiani adulti (i dati con asterisco* indicano una distribuzione, rispetto al campione complessivo, che è esattamente proporzionale ai dati Istat sulla popolazione italiana nel 2005).

Tabella 3.1	Campione Itapi-Valori	Valori assoluti	Percentuali valide
TOTALE		1.152	100.0
Sesso	Uomini	572*	49.7
	Donne	580*	50.3
Età	18/30	259* (132* M; 127* F)	22.5
	31/45	393* (198* M; 195* F)	34.1
	46/70	500* (242* M; 258* F)	43.4
Istruzione	Elementari	72	6.3
	Medie Inferiori	309	26.9
	Medie Superiori	576	50.2
	Università	191	16.6
	Non indica	4	
Stato civile	Coniugato/a	598	52.2
	Celibe/Nubile	409	35.7
	Separato/a	114	9.9
	Vedovo/a	25	2.2
	Non indica	6	
Professione	Impiegato	359	31.2
	Operaio	175	15.2
	Professionista	129	11.2
	Studente	102	8.9
	Casalinga	102	8.9

Tabella 3.1	Campione Itapi-Valori	Valori assoluti	Percentuali valide
	Imprenditore	99	8.6
	Pensionato	95	8.3
	Quadro	34	3.0
	Disoccupato	30	2.6
	Dirigente	25	2.2
	Non indica	2	
Residenza	Torino	425	36.9
	Genova	259	22.5
	Imperia	125	10.9
	Cuneo	104	9.0
	Asti	53	4.6
	Alessandria	47	4.1
	Milano	34	3.0
	Altre province	105	9.1

Risultati

Presentiamo qui di seguito, in Tabella 3.2, i risultati originali dell'indagine in cui sono stati somministrati gli item valoriali, facendo riferimento al campione rappresentativo di adulti. I dati non sono mai stati pubblicati prima in questa forma analitica.

Alcuni dati, e precisamente quelli relativi ai 35 item che fanno parte della versione definitiva di Itapi-Valori, sono stati analizzati da un punto di vista psicometrico all'interno del Manuale di Itapi-Valori stesso (Perussia e Viano, 2006b). Non abbiamo però mai state pubblicate in precedenza le percentuali di risposta, che invece vengono presentate per la prima volta in questo volume.

Altri pochi dati circoscritti, relativi a singoli item, sono apparsi in nostre pubblicazioni precedenti, ma si tratta di un insieme di elementi decisamente minimo se confrontato con il rapporto completo presentato in questa monografia.

Nella Tabella 3.2 vengono riportate, successivamente al numero d'ordine dell'item (preceduto dalla sigla della rilevazione) e all'item stesso, le percentuali di accordo (derivate dalla somma delle risposte 3 e 4, ovverosia "abbastanza" e "molto", d'accordo con l'affermazione contenuta nell'item).

Le colonne dei risultati fanno riferimento (colonna per colonna, da sinistra verso destra) rispettivamente a: 1. Campione totale delle persone cui il protocollo è stato somministrato; 2. Uomini; 3. Donne; 4. Persone di età compresa fra tra i 18 e i 35 anni; 5. Persone di età compresa fra tra i 36 e i 70 anni; 6. Persone con un livello di Istruzione relativamente più basso (titolo di studio: scuola elementare e scuole medie inferiori); 7. Persone con un livello di Istruzione relativamente più alto (titolo di studio: scuole medie superiori e università); 8. punteggio standardizzato "Z" dell'item rispetto all'insieme degli item somministrati nell'ambito della ricerca.

Tabella 3.2 - Soggetti "completamente" e "abbastanza" d'accordo con le affermazioni contenute negli item della ricerca sui Valori (dati ponderati; % di penetrazione).

Tabella 3.2 (V"Valori": N=1.152 italiani adulti - Dati ponderati)	TOT	Uom	Don	18-39 (G)	40-70 (M)	Ist-	Ist+	Z
v1 Aiutare gli altri, l'impegno sociale	84.5	79.5	89.5	85.6	83.9	82.5	86.3	.38
v2 Avere figli, crescerli	86.7	84.2	89.3	86.4	86.9	86.9	86.6	.50
v3 Avere molti soldi	75.9	81.2	70.7	78.7	74.5	77.3	74.6	-.10
v4 Avere un bel corpo	69.1	66.6	71.6	75.6	65.9	70.2	68.1	-.48
v5 Avere un posto di lavoro sicuro e garantito	91.6	90.1	93.1	93.3	90.8	91.4	91.8	.78
v6 Conoscere persone influenti, che contano	54.0	59.0	49.1	57.2	52.5	60.5	48.1	-1.32
v7 Diventare famosi	24.4	30.0	18.9	28.7	22.4	28.2	21.0	-2.97
v8 Essere amati	96.6	95.1	98.2	98.0	96.0	95.4	97.8	1.06
v9 Essere liberi da obblighi e doveri	63.6	67.3	59.8	60.5	65.1	65.9	61.4	-.78
v10 Fare carriera	64.4	68.4	60.4	75.4	59.0	61.6	67.0	-.74

	Tabella 3.2 (V"Valori": N=1.152 italiani adulti - Dati ponderati)	TOT	Uom	Don	18-39 (G)	40-70 (M)	Ist-	Ist+	Z
v11	Fare sesso	85.4	91.7	79.1	93.0	81.7	80.5	89.9	.43
v12	Gli affari, le attività economiche	73.1	77.1	69.2	74.2	72.6	75.1	71.3	-.25
v13	Gli affetti	98.0	96.9	99.2	97.9	98.1	96.9	99.0	1.13
v14	Gli amici, le relazioni	93.2	92.2	94.2	97.1	91.4	90.6	95.7	.87
v15	I bei vestiti, essere eleganti	57.0	54.8	59.3	64.9	53.2	57.6	56.5	-1.15
v16	I concerti	36.9	34.3	39.5	44.3	33.3	32.5	41.0	-2.27
v17	I diritti dei lavoratori	89.5	86.7	92.2	89.6	89.4	89.7	89.2	.66
v18	I libri, la lettura	72.5	67.8	77.2	74.6	71.4	64.0	80.4	-.29
v19	I miei genitori	97.6	96.9	98.2	97.6	97.5	98.1	97.1	1.11
v20	I piaceri della vita	92.9	93.9	92.0	95.4	91.8	92.8	93.1	.85
v21	I sentimenti, le emozioni	96.7	95.3	98.0	98.0	96.0	95.1	98.1	1.06
v22	I valori della famiglia	94.9	93.2	96.6	92.8	96.0	95.7	94.2	.96
v23	Il ballo	35.4	30.1	40.6	41.9	32.2	38.0	33.0	-2.36
v24	Il benessere economico	90.9	90.8	91.0	90.7	91.0	91.9	90.1	.74
v25	Il cibo, il mangiare	84.0	85.8	82.2	84.9	83.5	87.8	80.4	.35
v26	Il cinema, i film	55.1	54.2	56.0	67.4	49.0	47.6	62.0	-1.26
v27	Il divertimento	76.6	79.5	73.6	91.8	69.1	71.2	81.6	-.06
v28	Il lavoro	92.1	91.4	92.9	92.4	92.0	92.3	92.0	.80
v29	Il matrimonio	79.0	74.3	83.6	74.3	81.3	82.9	75.3	.07
v30	Il mio fiuto nel capire le cose per istinto	83.5	82.6	84.4	85.0	82.8	84.9	82.1	.32
v31	Il mio Paese, la mia Patria	71.2	68.9	73.6	62.6	75.4	76.5	66.3	-.36

Tabella 3.2 (V"Valori": N=1.152 italiani adulti - Dati ponderati)		TOT	Uo m	Don	18-39 (G)	40-70 (M)	Ist-	Ist+	Z
v32	Il mio partito politico di riferimento	29.7	31.4	28.1	25.7	31.7	28.8	30.6	-2.67
v33	Il mio partner (compagno, coniuge, fidanzata)	93.8	93.2	94.5	95.1	93.2	92.5	95.1	.90
v34	Il mio senso di responsabilità	93.5	92.2	94.8	92.6	94.0	92.7	94.3	.88
v35	Il potere	42.0	49.1	35.0	45.2	40.5	42.0	42.1	-1.99
v36	Il prestigio personale	70.6	72.5	68.8	74.2	68.9	70.9	70.4	-.39
v37	Il progresso scientifico	85.3	84.7	85.9	83.7	86.1	82.9	87.5	.43
v38	Il riposo, il relax	89.9	87.6	92.1	91.4	89.2	89.8	90.0	.68
v39	Il saper risparmiare, l'attenzione al denaro	81.8	78.4	85.3	79.1	83.2	81.9	81.8	.23
v40	Il mio tempo libero	87.7	86.5	88.9	94.5	84.4	83.3	91.7	.56
v41	L'altruismo, la generosità	92.6	88.4	96.7	92.6	92.5	89.9	95.0	.83
v42	L'amore	95.3	94.7	95.9	95.6	95.1	93.5	96.9	.98
v43	L'arte	57.8	54.1	61.6	62.1	55.8	49.9	65.2	-1.11
v44	L'efficienza fisica	88.4	87.8	89.1	89.6	87.9	87.0	89.8	.60
v45	L'emancipazione delle donne	78.7	70.2	87.2	79.3	78.4	77.0	80.3	.06
v46	L'immaginazione, la fantasia, la creatività	84.2	83.1	85.2	88.5	82.0	79.9	88.1	.36
v47	L'indipendenza, l'autonomia personale	96.3	96.0	96.6	96.6	96.1	95.4	97.1	1.04
v48	L'intelligenza	98.2	98.0	98.3	99.2	97.7	97.5	98.9	1.14
v49	L'obbedienza	68.6	67.9	69.2	61.0	72.2	75.4	62.2	-.51
v50	L'onestà, la sincerità, la lealtà	97.5	97.1	98.0	96.8	97.9	96.7	98.3	1.11
v51	L'ordine	82.8	82.0	83.7	77.4	85.5	86.2	79.7	.29

Tabella 3.2 (V"Valori": N=1.152 italiani adulti - Dati ponderati)		TOT	Uo m	Don	18- 39 (G)	40- 70 (M)	Ist-	Ist+	Z
v52	L'uguaglianza	91.3	88.1	94.5	92.3	90.9	90.2	92.4	.76
v53	L'unità della nazione	76.4	74.5	78.3	71.3	78.9	79.2	73.8	-.07
v54	La bellezza	69.2	66.8	71.5	72.5	67.5	69.7	68.7	-.47
v55	La buona tavola	84.3	85.2	83.4	81.7	85.6	87.9	81.0	.37
v56	La capacità di autocontrollo, di non perdere la calma	88.2	85.4	91.1	90.7	87.1	85.3	91.0	.59
v57	La capacità di dirigere, di guidare gli altri	73.4	77.7	69.3	75.4	72.5	73.6	73.3	-.24
v58	La capacità di sfruttare le situazioni a proprio favore	57.3	61.7	53.0	67.7	52.3	54.1	60.3	-1.14
v59	La competitività, l'ambizione	56.0	60.8	51.2	60.6	53.8	56.9	55.2	-1.21
v60	La considerazione da parte degli altri	79.2	76.4	81.9	83.4	77.1	78.0	80.3	.09
v61	La crescita interiore	91.9	90.4	93.4	94.4	90.7	90.0	93.7	.79
v62	La cucina	78.5	79.4	77.6	75.1	80.2	84.7	72.8	.05
v63	La cultura, lo studio, la conoscenza	90.5	87.9	93.0	93.7	88.9	85.7	94.9	.72
v64	La cura nella pulizia e nell'igiene	97.5	97.3	97.7	98.1	97.3	97.7	97.4	1.11
v65	La determinazione, la perseveranza, la pazienza	90.8	89.1	92.4	92.8	89.8	87.8	93.5	.73
v66	La difesa dell'ambiente, della natura	90.1	88.7	91.5	87.0	91.6	90.4	89.8	.69
v67	La famiglia	95.4	93.4	97.4	93.7	96.2	95.8	95.1	.99
v68	La fede in Dio	72.5	66.6	78.4	64.1	76.6	76.6	68.7	-.29
v69	La forza fisica	66.1	65.1	67.0	63.4	67.4	69.8	62.6	-.65
v70	La giustizia	90.6	86.6	94.5	90.4	90.7	87.7	93.3	.72

	Tabella 3.2 (V"Valori": N=1.152 italiani adulti - Dati ponderati)	TOT	Uo m	Don	18-39 (G)	40-70 (M)	Ist-	Ist+	Z
v71	La legalità, la legge	88.4	84.9	91.8	86.4	89.3	87.3	89.3	.60
v72	La libertà	97.5	97.5	97.6	97.0	97.8	96.4	98.7	1.11
v73	La mia casa	95.4	95.0	95.8	94.9	95.6	95.2	95.5	.99
v74	La mia comunità	78.1	75.3	80.9	72.5	80.8	79.6	76.7	.02
v75	La mia sicurezza personale	95.0	92.8	97.3	95.2	94.9	95.7	94.4	.97
v76	La musica	73.8	71.9	75.6	82.9	69.3	69.2	78.0	-.22
v77	La pace	95.2	93.4	97.0	96.1	94.7	95.2	95.2	.98
v78	La passione per lo studio e la lettura	74.5	68.7	80.4	79.8	71.9	65.5	82.9	-.18
v79	La permissività, la libertà sessuale	63.7	65.6	61.9	75.2	58.1	61.4	65.8	-.78
v80	La politica, l'impegno	36.7	36.6	36.7	37.2	36.4	32.4	40.6	-2.28
v81	La preghiera	57.4	47.3	67.4	47.0	62.5	61.3	53.8	-1.13
v82	La proprietà privata	80.6	80.9	80.3	76.2	82.7	84.5	76.9	.16
v83	La realizzazione di sé	91.4	90.1	92.8	96.1	89.2	88.8	93.9	.77
v84	La riflessione (filosofica, intellettuale)	71.9	66.9	76.8	78.3	68.7	65.5	77.8	-.32
v85	La salute	98.6	97.7	99.5	98.1	98.8	98.5	98.6	1.17
v86	La serenità interiore	96.1	93.0	99.2	96.9	95.7	93.9	98.1	1.03
v87	La sicurezza internazionale	86.4	84.5	88.3	85.8	86.7	87.0	85.8	.49
v88	La solidarietà tra i popoli	88.0	85.0	91.1	88.9	87.6	84.9	91.0	.58
v89	La spiritualità	67.7	59.7	75.6	62.9	70.0	65.7	69.5	-.56
v90	La squadra del cuore	31.9	43.5	20.3	30.8	32.4	36.1	28.0	-2.55

Tabella 3.2 (V"Valori": N=1.152 italiani adulti - Dati ponderati)		TOT	Uo m	Don	18-39 (G)	40-70 (M)	Ist-	Ist+	Z
v91	La tolleranza verso le altre persone	88.5	85.2	91.8	87.6	88.9	86.8	90.0	.60
v92	Le attività di volontariato	70.7	63.3	78.0	70.3	70.8	67.5	73.6	-.39
v93	Le buone maniere, la cortesia	92.5	89.2	95.9	92.1	92.7	91.8	93.2	.83
v94	Le cariche, le responsabilità	70.8	69.3	72.3	76.2	68.2	70.1	71.5	-.38
v95	Le mie capacità personali	93.3	92.3	94.3	94.2	92.8	91.8	94.6	.87
v96	Le mostre, i musei	46.2	41.9	50.5	50.2	44.2	38.6	53.2	-1.75
v97	Le nuove esperienze, l'avventura, il rischio	54.6	58.0	51.3	64.9	49.6	49.1	59.7	-1.29
v98	Le tradizioni della mia regione	59.0	57.9	60.2	49.7	63.6	65.2	53.3	-1.04
v99	Le vacanze	84.0	82.6	85.3	88.0	82.0	83.2	84.7	.35
v100	Lo shopping, il fare acquisti	53.3	46.4	60.0	61.5	49.2	52.3	54.2	-1.36
v101	Mantenere un aspetto gradevole, curato	92.0	88.9	95.0	93.2	91.4	93.8	90.3	.80
v102	Lo sport da guardare, come spettacolo	47.3	64.9	29.9	48.2	46.9	48.1	46.6	-1.69
v103	Lo sport da praticare, come esercizio fisico	57.7	63.1	52.3	70.8	51.3	49.3	65.5	-1.11
v104	Ottenere il successo	57.2	64.1	50.4	68.8	51.6	57.0	57.5	-1.14
v105	Ottenere risultati concreti	92.5	91.3	93.7	96.1	90.8	91.2	93.7	.83
v106	Partecipare a un gruppo, a un'organizzazione	50.2	50.4	50.0	55.0	47.9	45.9	54.2	-1.53
v107	Possedere cose belle e lussuose	40.4	42.9	37.9	45.2	38.1	42.3	38.7	-2.08
v108	Potersi comperare quello che ti va	74.1	73.1	75.1	77.5	72.4	75.9	72.3	-.20

Tabella 3.2 (V"Valori": N=1.152 italiani adulti - Dati ponderati)	TOT	Uo m	Don	18- 39 (G)	40- 70 (M)	Ist-	Ist+	Z
v109 Prendersi cura del proprio corpo	86.5	83.8	89.2	87.9	85.8	86.2	86.7	.49
v110 Quando ci si innamora	91.3	89.6	93.0	95.6	89.2	89.4	93.1	.76
v111 Rispettare la legge	94.0	91.7	96.3	90.1	95.9	96.2	92.0	.91
v112 Saper lavorare duramente, con impegno	92.8	91.7	93.9	90.5	93.9	92.1	93.4	.84
v113 Saper prendere decisioni e agire rapidamente	91.6	92.2	91.0	92.1	91.4	90.7	92.5	.78
v114 Tenersi fisicamente in forma	80.9	80.4	81.3	87.8	77.5	76.3	85.1	.18
v115 Una alimentazione naturale, biologica	61.2	56.9	65.6	62.4	60.6	57.6	64.6	-.92
v116 Una esistenza tranquilla, senza scosse	78.6	75.0	82.2	73.7	81.0	81.5	75.9	.05
v117 Venire rispettati dagli altri	95.1	93.3	96.9	95.0	95.1	94.5	95.6	.97
v118 Viaggiare, visitare altri paesi	80.5	77.6	83.3	89.2	76.2	73.8	86.6	.16
v119 Sono pieno di idee	76.9	78.5	75.3	82.8	74.0	73.0	80.6	-
v120 Mi piace sognare	78.2	73.1	83.2	86.3	74.2	75.7	80.4	-
v121 Spesso mi sento triste	42.4	32.5	52.3	40.6	43.3	44.2	40.8	-
v122 Nelle cose che faccio, sono un tipo preciso	83.1	82.6	83.6	80.1	84.6	81.5	84.7	-
v123 Cerco di avere sempre una buona parola per tutti	81.9	77.1	86.7	78.6	83.5	84.0	80.0	-
v124 Pratico attività sportive ogni settimana o quasi	35.3	40.9	29.7	49.8	28.2	28.1	42.0	-
v125 Nella vita è importante ottenere risultati concreti	89.2	87.5	90.9	93.5	87.1	89.0	89.4	-
v126 Mi considero una persona religiosa	51.8	46.0	57.5	39.7	57.7	56.4	47.5	-

Tabella 3.2 (V"Valori": N=1.152 italiani adulti - Dati ponderati)		TOT	Uo m	Don	18- 39 (G)	40- 70 (M)	Ist-	Ist+	Z
v127	Mi piace stare per conto mio	55.2	52.2	58.1	54.3	55.6	54.9	55.4	-
v128	Sono orgoglioso di essere Italiano	73.0	72.0	74.0	67.9	75.5	78.5	67.9	-
v129	Mi piace trovare sempre nuove idee e nuovi progetti	76.0	75.0	76.9	81.4	73.3	72.9	78.8	-
v130	Mi lascio andare spesso alla fantasia	67.2	64.7	69.7	74.6	63.6	63.5	70.6	-
v131	Sono perfezionista	64.1	61.3	67.0	60.5	65.9	63.6	64.6	-
v132	Spesse volte mi sento in colpa	37.2	32.9	41.5	37.1	37.2	36.7	37.6	-
v133	Sento grande solidarietà con chi è più povero o sfortunato di me	81.9	77.0	86.9	76.6	84.5	82.4	81.4	-
v134	Mi considero politicamente impegnato/a	16.4	19.3	13.5	18.4	15.4	12.6	19.9	-
v135	La prima cosa che bisogna insegnare ai bambini è la disciplina	67.9	66.0	69.9	62.2	70.7	74.0	62.3	-
v136	Mi piace fare le cose da solo/a	61.2	58.4	64.1	58.6	62.5	62.2	60.3	-
v137	Vado a messa tutte le settimane o quasi	23.1	19.1	26.9	17.5	25.8	23.4	22.8	-
v138	Cerco sempre di fare qualcosa per tenermi in forma fisicamente	43.9	47.5	40.3	55.7	38.1	36.8	50.5	-
v139	Sono orgoglioso di essere Europeo	61.5	59.1	64.0	59.5	62.5	62.8	60.4	-
v140	Mi piacciono le sfide	52.0	57.0	47.1	62.0	47.2	48.0	55.8	-
v141	Ho una vivida immaginazione	66.2	66.9	65.6	72.8	63.1	62.2	70.0	-
v142	Ho frequenti sbalzi di umore	49.4	45.5	53.3	49.2	49.5	52.1	46.9	-

Tabella 3.2 (V"Valori": N=1.152 italiani adulti - Dati ponderati)	TOT	Uo m	Don	18-39 (G)	40-70 (M)	Ist-	Ist+	Z
v143 Prendo tutte le cose molto seriamente	79.2	75.2	83.2	75.7	80.9	79.1	79.2	-
v144 Esprimo le mie opinioni stando attenta/o a non offendere gli altri	82.9	78.3	87.4	82.4	83.1	82.1	83.6	-
v145 Molta gente riceve cose che non merita	82.8	83.5	82.1	85.4	81.5	85.4	80.5	-
v146 Rivelo poco di me stessa/o agli altri	65.0	64.6	65.3	63.6	65.7	65.5	64.5	-
v147 Credo in Dio	70.4	62.9	77.8	61.5	74.6	74.0	67.0	-
v148 Mi tengo sempre al corrente della politica, alla televisione o sui giornali	50.9	56.6	45.1	45.9	53.3	47.5	54.0	-
v149 Mi considero uno/a sportivo/a	39.5	49.8	29.2	52.0	33.4	35.5	43.2	-
v150 Sono un tipo intraprendente	63.8	67.8	59.8	74.6	58.5	57.0	70.1	-
v151 Quando penso a qualcosa, è come se la stessi vivendo	63.3	59.8	66.8	67.8	61.1	61.4	65.1	-
v152 Ci sono molte cose che mi preoccupano	76.0	72.6	79.5	72.9	77.6	79.2	73.1	-
v153 Finisco sempre quello che comincio	80.9	79.4	82.5	80.4	81.2	81.9	80.1	-
v154 Ho un profondo senso di gratitudine per le cose che ricevo dalla vita	87.2	82.7	91.7	84.1	88.8	89.1	85.5	-
v155 Per vivere bene, i soldi sono fondamentali	81.3	82.6	80.0	85.1	79.5	82.2	80.5	-
v156 Di solito, tengo per me le mie emozioni	71.4	74.7	68.2	68.1	73.1	77.0	66.3	-
v157 Mi capita spesso di discutere di politica	29.5	38.4	20.6	27.0	30.7	26.6	32.3	-

Per rendere più immediata la graduatoria valoriale che ne emerge, presentiamo in Tabella 3.2bis gli stessi dati mettendolo però in ordine decrescente sulla base dell'adesione espressa nei loro confronti da parte dell'intero campione avvicinato nella ricerca Itapi-Valori.

L'ordine di rilevanza di ciascun item può essere riscontrato anche dal punteggio Z, rispetto all'insieme degli item valoriali, che viene riportato nell'ultima colonna della Tabella 3.2. Nella Tabella 3.2bis indichiamo altresì anche il numero d'ordine in questa specie di classifica delle priorità esistenziali del campione.

Pur con tutti i limiti dal caso, questa Tabella ci fornisce indizi importanti sulla gerarchia dei valori presenti nella nostra cultura, ovverosia sugli elementi valoriali che caratterizzano la personalità di base degli Italiani.

Tabella 3.2bis - I medesimi dati di cui alla Tabella 3.2, ma messi in ordine decrescente di adesione da parte del campione: Soggetti "completamente" e "abbastanza" d'accordo con le affermazioni contenute negli item della ricerca sui Valori (dati ponderati; % di penetrazione).

N°	Tabella 3.2bis (ordine dei Valori più condivisi)	%	N°	ITEM	%
1	v85 La salute	98.6	60	v55 La buona tavola	84.3
2	v19 I miei genitori	97.6	61	v46 L'immaginazione, la fantasia, la creatività	84.2
3	v21 I sentimenti, le emozioni	96.7	62	v82 La proprietà privata	80.6
4	v22 I valori della famiglia	94.9	63	v45 L'emancipazione delle donne	78.7
5	v8 Essere amati	96.6	64	v118 Viaggiare, visitare altri paesi	80.5
6	v50 L'onestà, la sincerità, la lealtà	97.5	65	v3 Avere molti soldi	75.9
7	v64 La cura nella pulizia e nell'igiene	97.5	66	v25 Il cibo, il mangiare	84.0
8	v72 La libertà	97.5	67	v99 Le vacanze	84.0
9	v20 I piaceri della vita	92.9	68	v116 Una esistenza tranquilla, senza scosse	78.6
10	v33 Il mio partner (compagno, coniuge, fidanzata)	93.8	69	v62 La cucina	78.5
11	v48 L'intelligenza	98.2	70	v27 Il divertimento	76.6
12	v61 La crescita interiore	91.9	71	v60 La considerazione da parte degli altri	79.2
13	v112 Saper lavorare duramente, con impegno	92.8	72	v76 La musica	73.8
14	v24 Il benessere economico	90.9	73	v53 L'unità della nazione	76.4

N°	Tabella 3.2bis (ordine dei Valori più condivisi)	%	N°	ITEM	%
15	v47 L'indipendenza, l'autonomia personale	96.3	74	v84 La riflessione (filosofica, intellettuale)	71.9
16	v67 La famiglia	95.4	75	v29 Il matrimonio	79.0
17	v73 La mia casa	95.4	76	v74 La mia comunità	78.1
18	v13 Gli affetti	98.0	77	v78 La passione per lo studio e la lettura	74.5
19	v34 Il mio senso di responsabilità	93.5	78	v94 Le cariche, le responsabilità	70.8
20	v38 Il riposo, il relax	89.9	79	v18 I libri, la lettura	72.5
21	v41 L'altruismo, la generosità	92.6	80	v57 La capacità di dirigere, di guidare gli altri	73.4
22	v42 L'amore	95.3	81	v68 La fede in Dio	72.5
23	v65 La determinazione, la perseveranza, la pazienza	90.8	82	v92 Le attività di volontariato	70.7
24	v5 Avere un posto di lavoro sicuro e garantito	91.6	83	v36 Il prestigio personale	70.6
25	v77 La pace	95.2	84	v108 Potersi comperare quello che ti va	74.1
26	v86 La serenità interiore	96.1	85	v12 Gli affari, le attività economiche	73.1
27	v93 Le buone maniere, la cortesia	92.5	86	v49 L'obbedienza	68.6
28	v105 Ottenere risultati concreti	92.5	87	v89 La spiritualità	67.7
29	v113 Saper prendere decisioni e agire rapidamente	91.6	88	v31 Il mio Paese, la mia Patria	71.2
30	v70 La giustizia	90.6	89	v54 La bellezza	69.2

N°	Tabella 3.2bis (ordine dei Valori più condivisi)	%	N°	ITEM	%
31	v95 Le mie capacità personali	93.3	90	v4 Avere un bel corpo	69.1
32	v117 Venire rispettati dagli altri	95.1	91	v79 La permissività, la libertà sessuale	63.7
33	v14 Gli amici, le relazioni	93.2	92	v9 Essere liberi da obblighi e doveri	63.6
34	v63 La cultura, lo studio, la conoscenza	90.5	93	v10 Fare carriera	64.4
35	v75 La mia sicurezza personale	95.0	94	v69 La forza fisica	66.1
36	v83 La realizzazione di sé	91.4	95	v43 L'arte	57.8
37	v17 I diritti dei lavoratori	89.5	96	v103 Lo sport da praticare, come esercizio fisico	57.7
38	v40 Il mio tempo libero	87.7	97	v115 Una alimentazione naturale, biologica	61.2
39	v52 L'uguaglianza	91.3	98	v81 La preghiera	57.4
40	v110 Quando ci si innamora	91.3	99	v58 La capacità di sfruttare le situazioni a proprio favore	57.3
41	v111 Rispettare la legge	94.0	100	v97 Le nuove esperienze, l'avventura, il rischio	54.6
42	v2 Avere figli, crescerli	86.7	101	v98 Le tradizioni della mia regione	59.0
43	v28 Il lavoro	92.1	102	v104 Ottenere il successo	57.2
44	v91 La tolleranza verso le altre persone	88.5	103	v15 I bei vestiti, essere eleganti	57.0
45	v44 L'efficienza fisica	88.4	104	v26 Il cinema, i film	55.1
46	v71 La legalità, la legge	88.4	105	v59 La competitività, l'ambizione	56.0

N°	Tabella 3.2bis (ordine dei Valori più condivisi)	%	N°	ITEM	%
47	v101 Mantenere un aspetto gradevole, curato	92.0	106	v100 Lo shopping, il fare acquisti	53.3
48	v66 La difesa dell'ambiente, della natura	90.1	107	v6 Conoscere persone influenti, che contano	54.0
49	v109 Prendersi cura del proprio corpo	86.5	108	v106 Partecipare a un gruppo, a un'organizzazione	50.2
50	v51 L'ordine	82.8	109	v102 Lo sport da guardare, come spettacolo	47.3
51	v56 La capacità di autocontrollo, di non perdere la calma	88.2	110	v96 Le mostre, i musei	46.2
52	v87 La sicurezza internazionale	86.4	111	v16 I concerti	36.9
53	v1 Aiutare gli altri, l'impegno sociale	84.5	112	v107 Possedere cose belle e lussuose	40.4
54	v11 Fare sesso	85.4	113	v80 La politica, l'impegno	36.7
55	v39 Il saper risparmiare, l'attenzione al denaro	81.8	114	v35 Il potere	42.0
56	v114 Tenersi fisicamente in forma	80.9	115	v90 La squadra del cuore	31.9
57	v30 Il mio fiuto nel capire le cose per istinto	83.5	116	v23 Il ballo	35.4
58	v37 Il progresso scientifico	85.3	117	v32 Il mio partito politico di riferimento	29.7
59	v88 La solidarietà tra i popoli	88.0	118	v7 Diventare famosi	24.4

4. La ricerca Itapi-Comportamenti (N=2.138)

DI FELICE PERUSSIA E RENATA VIANO

Le ricerche Itapi sui comportamenti sono nate con l'obiettivo di realizzare delle rilevazioni attraverso cui saggiare, accanto alle dimensioni di personalità e valoriali, anche alcuni aspetti della persona che si collegano in un senso più ampio alle opinioni ed ai comportamenti della vita quotidiana.

Quella che presentiamo qui è solo una prima fase dell'indagine, che affronta un campione di comportamenti e di opinioni relativamente circoscritto. Sono attualmente in fase di realizzazione anche altri passaggi, che sviluppano ulteriormente il tipo di approccio.

Di questa particolare ricerca non abbiamo ancora pubblicato fino ad oggi nessuna presentazione sistematica, benché alcune analisi trasversali, relative a nuclei circoscritti di dati, siano già apparse in riviste scientifiche.

E' dunque questo capitolo a fare da presentazione, posto che il principale obiettivo di questa fase della ricerca non è quello di realizzare un test psicologico standardizzato (come è invece accaduto per Itapi-G, Itapi-Valori e le altre scale derivate), bensì piuttosto quello di costituire una solida e sistematica banca dati, fondata su di una rilevazione oggettiva a campione, attraverso cui esaminare più in dettaglio una serie di temi relativi ad alcuni aspetti psicologici della vita della persone.

Argomenti simili a quelli affrontati in questa fase del Programma Itapi sono a volte presenti in ricerche d'opinione o in indagini di psicologia sociale applicata, ma solo di rado vengono pubblicati in forma completa da chi realizza le rilevazioni. Si tratta infatti spesso di indagini messe in atto su commissione, i cui risultati appartengono a committenti privati che spesso non desiderano vengano divulgati a terzi.

Inoltre: è ben poco frequente che tali rilevazioni cerchino di collegare i comportamenti con i tratti di personalità o con i valori della persona. Inoltre: le variabili prese in esame, pur possedendo per certi aspetti una valenza anche psicologica, sono spesso determinate più dagli interessi (tipicamente: commerciali) di chi commissiona la ricerca che non dalla curiosità scientifica del ricercatore di base.

Le poche quanto brillanti eccezioni, almeno nello scenario italiano, di cui abbiamo parlato nel capitolo introduttivo a questa monografia, si sono peraltro notevolmente diradate nel tempo, per cui è da tempo che non compaiono quasi più in letteratura contributi dettagliati di questo genere.

La realizzazione della ricerca, che qui abbiamo chiamato per convenzione dei "Comportamenti", ha comunque fatto riferimento anch'essa alle varie fasi preliminari, sviluppate all'interno del Laboratorio di Ricerca sulle Personalità e sul Counseling presso il Dipartimento di Psicologia dell'Università degli Studi di Torino, attraverso cui sono stati sviluppati anche tutti gli altri test del Programma Itapi.

A questo insieme di lavori, abbiamo affiancato un'ampia analisi della letteratura, basata in larga parte sui lavori che abbiamo analizzato per la realizzazione dei Test. Abbiamo tenuto conto soprattutto di quanto, nell'ambito delle varie ricerche, andava al di là della dimensione dei tratti e dei valori, per affrontare altri aspetti significativi della vita quotidiana delle persone.

Abbiamo dunque identificato un campione di item che, in termini di opinioni e di comportamenti, offrisse la possibilità di un primo approfondimento sui modi di essere degli italiani. Abbiamo quindi definito un insieme di complessivi 196 item.

Gli item identificati, anche in questo caso (come d'abitudine nel Programma Itapi) sono stati verificati affinché, in linea di massima, rispondessero il più possibile a semplici criteri di affidabilità psicologica: che si presentassero sotto forma di frasi il più possibile vicine al parlato italiano; che in uno stesso item non fossero contenute delle doppie affermazioni; che all'interno dell'item non ci fossero delle comparazioni; che non ci fossero item contenenti una negazione ambigua (né tanto meno una doppia negazione) ecc.

Seguendo, relativamente alla forma, alla somministrazione ecc tutti i criteri metodologici generali presentati nel primo capitolo di questo rapporto, abbiamo dunque inserito i 196 item in un questionario, somministrandoli ad un campione molto ampio.

Il campione era composto, all'inizio del 2008, di oltre quattromila protocolli validi, forniti da altrettanti italiani adulti. Dall'insieme di tali protocolli originali è stato ricavato il campione descritto qui oltre.

Campione

Conformemente alle scelte descritte nella prima parte di questo rapporto: il campione è stato selezionato mediante estrazione casuale dei protocolli a partire dal pool complessivo dei questionari disponibili, in modo da essere distribuito in modo fedelmente rappresentativo (dal punto di vista delle variabili età e sesso) della popolazione italiana adulta. L'età media dei soggetti è risultata essere di 41.9 anni, stante che l'età media della popolazione italiana tutta (anche oltre i 70 anni) è di 42.6 anni (Istat, 2006).

La selezione dei protocolli è stata operata mediante computer attraverso il programma statistico SPSS, sui protocolli validi (sono stati cioè eliminati tutti i protocolli che mancavano anche solo di una risposta ad un singolo item, dei 196 presenti).

Anche altre variabili (livello di istruzione, stato civile, professione ecc) sono sufficientemente distribuite e incrociate tra loro all'interno del campione, con percentuali che si avvicinano, benché senza coincidere con esso, al profilo della popolazione adulta. I soggetti risultano dunque rappresentativi della popolazione italiana in generale (come ripartizione delle variabili sesso ed età, anche incrociate tra loro).

In termini di residenza geografica, il campione è rappresentativo soprattutto del nord-ovest (Piemonte, Liguria, Valle d'Aosta). Dal punto di vista della distribuzione geografica non vi è dunque coincidenza tra l'area di residenza dei soggetti e la totalità della popolazione nazionale, ma si tratta comunque di un campione dislocato sul territorio (a differenza di quanto spesso avviene nella ricerca scientifica in psicologia, che solitamente utilizza campionamenti molto più circoscritti).

Per praticità espositiva: definiamo tale campione rappresentativo, relativamente alla indagine su comportamenti e opinioni, con il riferimento sintetico di Campione "C" (Comportamenti). La sigla "c" precede infatti il numero dell'item quando viene citato, nell'ambito della monografia, così che è sempre facile ritrovare ciascun item (con le relative descrizioni analitiche delle risposte fornite) attraverso tutto il volume.

Tale campione è descritto qui di seguito in Tabella 4.1.

Tabella 4.1 - Campione Rappresentativo "C" ("Comportamenti"): 2.138 italiani adulti (i dati con asterisco* indicano una distribuzione, rispetto al campione complessivo, che è esattamente proporzionale ai dati Istat sulla popolazione italiana nel 2005).

Tabella 4.1	Campione Itapi-Comportamenti	Valori assoluti	Percentuali valide
TOTALE		2.138	100.0
Sesso	Uomini	1.063*	49.7
	Donne	1.075*	50.3
Età	18/30	481* (246* M; 235* F)	22.5
	31/45	729* (368* M; 361* F)	34.1
	46/70	928* (449* M; 479* F)	43.4
Istruzione	Elementari	103	4.8
	Medie Inferiori	429	20.1
	Medie Superiori	1098	51.4
	Università	508	23.8
	Non indica	-	
Stato civile	Coniugato/a	1141	53.4
	Celibe/Nubile	797	37.3
	Separato/a	132	6.2
	Vedovo/a	68	3.2
	Non indica	-	
Professione	Impiegato	786	36.8
	Studente	285	13.4
	Operaio	251	11.8
	Pensionato	226	10.6
	Professionista	205	9.6
	Casalinga	120	5.6
	Imprenditore	88	4.1
	Quadro	75	3.5
	Disoccupato	68	3.2
	Dirigente	30	1.4

Tabella 4.1	Campione Itapi-Comportamenti	Valori assoluti	Percentuali valide
	Non indica	4	
Residenza	Torino	1.068	49.9
	Cuneo	294	13.8
	Genova	155	7.2
	Aosta	123	5.8
	Asti	47	2.2
	Milano	42	2.0
	Savona	37	1.7
	Alessandria	24	1.1
	Altre province	348	16.3

Risultati

Presentiamo qui di seguito, in Tabella 4.2, i risultati originali dell'indagine in cui sono stati somministrati gli item che affrontano temi relativi ad alcuni comportamenti e opinioni, facendo riferimento al campione rappresentativo di adulti.

I dati, nessuno dei quali è mai stato pubblicato in questa forma analitica, vengono per la maggior parte presentati qui per la prima volta. Alcuni risultati circoscritti, relativi a singoli item, sono apparsi in nostre pubblicazioni precedenti, ma si tratta di un insieme di elementi decisamente minimo se confrontato con il rapporto completo pubblicato in questa monografia.

Nella Tabella vengono riportate, successivamente al numero d'ordine dell'item (preceduto dalla sigla della rilevazione) e all'item stesso, le percentuali di accordo (derivate dalla somma delle risposte 3 e 4, ovverosia "abbastanza" e "molto", d'accordo con l'affermazione contenuta nell'item). Le colonne dei risultati fanno riferimento rispettivamente a: 1. Campione totale delle persone cui il protocollo è stato somministrato; 2. Uomini; 3. Donne; 4. Persone di età compresa fra tra i 18 e i 35 anni; 5. Persone di età compresa fra tra i 36 e i 70 anni; 6. Persone con un livello di Istruzione relativamente più basso (titolo di studio: elementare e medie inferiori); 7. Persone con un livello di Istruzione relativamente più alto (titolo di studio: medie superiori e università).

Tabella 4.2 - Soggetti "completamente" e "abbastanza" d'accordo con le affermazioni contenute negli item della ricerca sui Comportamenti (dati ponderati; % di penetrazione).

Tabella 4.2 (C "Comportamenti": N=2.138 italiani adulti - Dati ponderati)		TOT	Uom	Don	18-35	36-70	Ist-	Ist+
c1	Sono pieno/a di idee	78.2	78.9	77.4	82.9	75.8	74.2	81.8
c2	Spesso mi sento triste	33.5	27.2	39.8	35.9	32.3	32.9	34.0
c3	Cerco di avere sempre una buona parola per tutti	82.8	77.3	88.3	76.0	86.1	84.8	81.0
c4	Nelle cose che faccio. sono un tipo preciso	83.3	83.6	83.0	77.6	86.1	86.5	80.3
c5	Mi piace sognare	72.8	71.2	74.4	86.3	66.2	67.7	77.7
c6	Nella vita è importante ottenere risultati concreti	93.1	92.5	93.7	93.6	92.8	94.0	92.2
c7	Mi piace stare per conto mio	54.0	54.6	53.4	56.6	52.7	48.2	59.4
c8	Mi piace trovare sempre nuove idee e nuovi progetti	75.7	76.3	75.1	80.7	73.2	72.0	79.1
c9	Spesse volte mi sento in colpa	34.2	27.5	41.0	34.1	34.3	32.6	35.8
c10	Sento grande solidarietà con chi è più povero o sfortunato di me	81.2	75.7	86.7	77.0	83.3	81.4	81.0
c11	Sono perfezionista	59.9	62.2	57.7	57.1	61.3	61.6	58.4
c12	Mi lascio andare spesso alla fantasia	61.5	61.7	61.3	74.2	55.3	57.7	65.0
c13	La prima cosa che bisogna insegnare ai bambini è la disciplina	74.2	74.8	73.5	67.8	77.2	82.0	66.9
c14	Mi piace fare le cose da solo/a	61.6	62.4	60.8	57.1	63.8	62.4	60.8
c15	Mi piacciono le sfide	53.0	63.3	42.7	62.2	48.5	49.2	56.5
c16	Ho frequenti sbalzi di umore	47.2	41.7	52.6	52.4	44.6	50.6	44.0
c17	Esprimo le mie opinioni stando attenta/o a non offendere gli altri	79.2	75.4	83.1	71.6	83.0	79.9	78.6
c18	Prendo tutte le cose molto seriamente	83.7	80.1	87.3	77.1	86.9	85.6	81.8
c19	Ho una vivida immaginazione	64.9	66.1	63.8	75.5	59.8	60.4	69.2

Tabella 4.2 (C "Comportamenti": N=2.138 italiani adulti - Dati ponderati)		TOT	Uom	Don	18-35	36-70	Ist-	Ist+
c20	Per vivere bene. i soldi sono fondamentali	70.5	73.3	67.6	68.4	71.5	72.7	68.4
c21	Rivelo poco di me stessa/o agli altri	56.1	55.7	56.5	59.3	54.6	55.2	57.0
c22	Sono un tipo intraprendente	59.7	64.3	55.1	67.2	56.0	56.7	62.5
c23	Ci sono molte cose che mi preoccupano	71.2	65.1	77.3	68.3	72.6	73.3	69.3
c24	Ho un profondo senso di gratitudine per le cose che ricevo dalla vita	84.7	80.9	88.5	78.7	87.6	85.6	83.8
c25	Finisco sempre quello che comincio	77.5	74.9	80.0	70.1	81.1	80.2	75.0
c26	Quando penso a qualcosa. è come se la stessi vivendo	62.5	60.1	65.0	64.8	61.4	62.0	63.0
c27	Molta gente riceve cose che non merita	78.3	79.9	76.7	76.1	79.4	82.0	74.8
c28	Di solito. tengo per me le mie emozioni	64.0	66.4	61.6	60.7	65.7	66.0	62.2
c29	Ho una speciale simpatia per i cani	63.5	64.8	62.3	67.1	61.8	65.9	61.3
c30	Mi considero una persona religiosa	54.3	47.9	60.7	44.8	58.9	58.7	50.2
c31	Per principio. acquisto prodotti poco reclamizzati	44.1	40.5	47.7	32.9	49.6	46.7	41.8
c32	Mangio più di quanto dovrei	54.0	57.4	50.7	53.8	54.1	54.2	53.8
c33	Quando compro un indumento. preferisco che sia alla moda	39.8	34.0	45.6	40.8	39.4	41.1	38.7
c34	Dedicarsi allo studio è uno dei modi migliori per vivere la propria vita	62.2	60.2	64.2	50.0	68.1	62.8	61.7
c35	Nel lavoro. una delle cose più importanti è poter fare carriera	43.6	50.0	37.3	47.8	41.6	47.8	39.7
c36	Mi piacciono la pioggia e le giornate grigie	25.1	27.7	22.5	27.1	24.1	25.0	25.2
c37	Penso che l'anima sopravviva dopo la morte	59.9	53.7	66.0	60.2	59.7	56.5	63.0
c38	In generale. preferisco acquistare prodotti di marche ben conosciute	44.2	43.6	44.9	44.2	44.3	45.5	43.1

	Tabella 4.2 (C "Comportamenti": N=2.138 italiani adulti - Dati ponderati)	TOT	Uom	Don	18-35	36-70	Ist-	Ist+
c39	Ci tengo ad un'alimentazione sana ed equilibrata	76.4	71.3	81.4	68.1	80.4	76.4	76.4
c40	Se appena possibile. mi piace fare vacanze al mare	69.7	67.3	72.0	73.6	67.8	69.5	69.8
c41	Gli immigrati extra-comunitari dovrebbero tornare a casa loro	42.5	41.9	43.2	40.0	43.7	51.9	33.8
c42	Sono molto interessato/a ai problemi dell'ambiente	72.9	72.6	73.2	66.9	75.8	69.8	75.7
c43	Nel lavoro. una delle cose più importanti è poter guadagnare molto denaro	57.7	63.7	51.6	55.8	58.6	65.8	50.1
c44	Mi piacciono i pettegolezzi	20.4	19.4	21.5	27.6	16.9	18.3	22.4
c45	La chiesa cattolica è stata un elemento negativo nella storia dell'uomo	35.8	35.0	36.5	41.2	33.1	33.4	37.9
c46	Mi diverte provare. almeno ogni tanto. prodotti nuovi e diversi dal solito	64.4	61.6	67.1	70.9	61.2	60.4	68.0
c47	Ci tengo a vestirmi in un modo che. per me. è elegante	67.0	65.5	68.4	64.5	68.2	71.3	63.0
c48	Mi piacciono i cibi saporiti. indipendentemente dagli ingredienti di cui sono fatti	64.7	70.0	59.4	64.8	64.6	68.7	61.0
c49	Mi considero politicamente impegnato/a	19.9	23.8	16.0	20.7	19.5	15.3	24.2
c50	L'istruzione è essenziale per avere soddisfazioni nella vita	86.4	85.7	87.2	81.0	89.1	87.3	85.7
c51	Mi sento attratto/a dalle persone con i capelli rossi	16.6	22.2	11.0	24.3	12.8	13.9	19.1
c52	Nel lavoro. una delle cose più importanti è poter aiutare gli altri	72.8	70.0	75.6	68.2	75.1	75.2	70.5
c53	Credo che il diavolo esista	42.0	38.5	45.4	45.0	40.5	43.8	40.3
c54	Quando faccio la spesa. sto molto attento/a al prezzo di ciascun prodotto	73.6	70.2	77.0	73.9	73.5	73.5	73.7
c55	Mi capita di mangiare cibi già pronti (freschi o surgelati)	36.4	37.6	35.1	43.2	33.0	32.8	39.6

Tabella 4.2 (C "Comportamenti": N=2.138 italiani adulti - Dati ponderati)		TOT	Uom	Don	18-35	36-70	Ist-	Ist+
c56	Sono orgoglioso/a di essere italiano/a	79.5	79.1	79.8	77.2	80.6	84.2	75.0
c57	Solo mettendo su famiglia un uomo o una donna trova la sua realizzazione	61.7	64.4	59.0	57.2	63.9	68.3	55.6
c58	Ci sono persone che hanno capacità medianiche	37.8	35.2	40.4	37.9	37.8	37.1	38.5
c59	Cerco sempre di tenermi al corrente di come vanno le faccende politiche	47.8	55.0	40.6	41.6	50.9	38.3	56.6
c60	Ho una speciale simpatia per i gatti	47.1	46.3	47.9	51.7	44.9	45.4	48.7
c61	Nel lavoro. è essenziale poter avere un buon rapporto con i colleghi	94.6	93.0	96.1	91.8	95.9	95.5	93.7
c62	Prego tutti i giorni o quasi	39.1	30.5	47.6	33.0	42.0	43.8	34.7
c63	La civiltà dei consumi ci ha fatto dimenticare i veri valori dell'uomo	85.6	83.7	87.5	82.8	87.0	86.6	84.7
c64	Gli immigrati extra-comunitari sono. più o meno. uguali a noi	64.8	63.5	66.0	64.9	64.7	57.4	71.6
c65	Non faccio caso a come mi vesto: mi va bene tutto quello che capita	35.9	40.5	31.2	31.9	37.8	38.0	33.8
c66	Mi piace la cucina italiana tradizionale	95.1	95.7	94.6	92.6	96.4	96.7	93.6
c67	Mi imbarazza l'idea di portare gli occhiali	18.4	18.4	18.5	18.6	18.3	19.7	17.2
c68	Il bello della vita è poter imparare sempre nuove cose	94.6	94.0	95.2	94.0	94.9	94.7	94.6
c69	Mi capita spesso di discutere di politica	34.2	40.5	27.9	37.5	32.5	24.9	42.8
c70	Nel lavoro. è essenziale la soddisfazione di poter fare una cosa che ti piace	94.9	94.4	95.4	94.5	95.1	94.1	95.7
c71	Dedicarsi a Dio è uno dei modi migliori per vivere la propria vita	48.7	44.1	53.3	38.0	53.9	55.7	42.2
c72	Mi piace guardare le vetrine. curiosare nei negozi. andare per shopping	55.3	41.3	69.3	57.9	54.0	57.1	53.6

Tabella 4.2 (C "Comportamenti": N=2.138 italiani adulti - Dati ponderati)	TOT	Uom	Don	18-35	36-70	Ist-	Ist+
$c73$ Mi piace la cucina esotica (straniera. etnica)	37.1	36.0	38.2	56.3	27.8	28.3	45.3
$c74$ Mi piace sentire il vento quando soffia	45.7	43.6	47.7	54.0	41.6	39.0	51.8
$c75$ Sono abituato/a rinunciare alle vacanze	40.0	40.1	39.9	32.2	43.8	44.3	36.0
$c76$ I fantasmi esistono davvero	13.7	12.8	14.7	17.9	11.7	14.8	12.7
$c77$ La politica mi disgusta	53.2	51.3	55.1	51.1	54.2	55.3	51.3
$c78$ Sono sostanzialmente ateo/a	22.3	25.2	19.5	30.3	18.5	17.6	26.8
$c79$ Faccio solo acquisti molto ragionati	66.3	65.1	67.5	54.3	72.1	71.1	61.8
$c80$ Sono vegetariana/o	9.3	6.6	11.9	9.6	9.1	7.6	10.8
$c81$ Qualche volta parlo da sola/o con me stesso/a (ad alta voce)	38.6	31.0	46.2	44.9	35.5	37.1	39.9
$c82$ Una persona può dirsi completa solo se ha generato dei figli nella sua vita	44.4	45.0	43.8	43.5	44.8	48.9	40.1
$c83$ Le centrali nucleari mi fanno paura	61.5	51.3	71.7	56.4	64.0	67.3	56.1
$c84$ Gli immigrati extra-comunitari rendono insicura la vita nelle nostre città	55.0	54.1	56.0	50.3	57.3	65.0	45.8
$c85$ Lascio volentieri la politica a persone che hanno più competenza di me	76.3	70.9	81.6	72.4	78.1	83.8	69.2
$c86$ La terra e l'ambiente fisico sono il prodotto di un disegno divino	58.9	54.3	63.5	57.7	59.5	63.3	54.8
$c87$ Ogni tanto mi piace comprare qualche cosa solo per togliermi un capriccio	55.0	54.7	55.3	63.4	50.9	52.8	57.0
$c88$ Sono orgogliosa/o di essere europea/o	75.3	73.8	76.7	73.3	76.2	78.5	72.2
$c89$ Quando mi viene fame. mangio qualsiasi cosa che mi capita sottomano	50.7	51.4	50.0	55.0	48.6	54.5	47.2
$c90$ Mi piace andare sulle montagne russe (ottovolanti o rollercoaster)	26.3	31.3	21.4	42.7	18.3	22.6	29.8

Tabella 4.2 (C "Comportamenti": N=2.138 italiani adulti - Dati ponderati)		TOT	Uom	Don	18-35	36-70	Ist-	Ist+
c91	Se appena possibile. mi piace fare vacanze in montagna	48.8	55.8	41.9	48.4	49.1	45.9	51.6
c92	Talvolta è possibile entrare in contatto con gli spiriti dell'al di là	13.5	11.9	15.1	16.9	11.9	12.1	14.9
c93	Dedicarsi alla politica è uno dei modi migliori per vivere la propria vita	10.1	12.3	7.8	10.2	10.0	6.5	13.4
c94	Mi capita di pensare che anche gli animali hanno un'anima	48.1	46.0	50.1	56.6	43.9	49.4	46.8
c95	Oggi come oggi. molto di quello che compriamo è superfluo o inutile	81.5	78.1	84.9	83.7	80.4	80.3	82.6
c96	Cerco di consumare solo cibi biologici. ecologicamente sicuri	32.6	29.6	35.6	26.5	35.6	34.2	31.0
c97	Il matrimonio è indispensabile per essere felici	34.6	39.7	29.4	34.7	34.5	38.1	31.3
c98	Nel lavoro. una delle cose più importanti è poter avere molto tempo libero	65.6	66.0	65.2	65.2	65.9	67.0	64.3
c99	Quando mi risveglio. di solito ricordo chiaramente i sogni che ho fatto	38.2	32.7	43.6	43.2	35.7	36.2	40.0
c100	Nella vita è importante riuscire a risparmiare sempre qualche cosa	84.3	83.3	85.2	79.3	86.7	89.9	79.1
c101	Le leggi anti-inquinamento hanno riflessi negativi sulla nostra economia	30.4	32.0	28.8	22.6	34.2	36.7	24.5
c102	Valore: La fede in Dio	68.7	64.1	73.2	57.3	74.2	74.7	63.0
c103	Valore: Il cibo. il mangiare	75.9	75.5	76.3	75.1	76.3	79.1	72.9
c104	Valore: L'arte	61.5	60.2	62.8	63.2	60.7	55.2	67.4
c105	Valore: Mantenere un aspetto gradevole, curato	89.3	86.6	92.0	87.2	90.4	91.9	87.0
c106	Valore: Fare carriera	50.4	57.8	43.1	58.2	46.6	52.8	48.2
c107	Valore: Il mio partner (compagno. coniuge. fidanzata)	92.1	93.1	91.2	92.7	91.8	91.8	92.4
c108	Valore: La libertà	97.4	96.5	98.3	97.3	97.5	96.9	97.9
c109	Valore: La preghiera	57.3	47.9	66.7	47.4	62.2	63.4	51.6

Tabella 4.2 (C "Comportamenti": N=2.138 italiani adulti - Dati ponderati)	TOT	Uom	Don	18-35	36-70	Ist-	Ist+
c110 Valore: La buona tavola	80.3	82.2	78.3	78.5	81.1	86.3	74.6
c111 Valore: Le mostre. i musei	54.6	50.4	58.8	53.1	55.3	47.8	60.9
c112 Valore: Prendersi cura del proprio corpo	85.0	82.0	88.0	86.6	84.3	87.6	82.6
c113 Valore: Ottenere il successo	54.5	61.6	47.5	59.7	52.0	58.2	51.2
c114 Valore: L'amore	94.1	93.9	94.4	93.6	94.4	93.9	94.4
c115 Valore: La serenità interiore	97.9	97.0	98.7	96.5	98.5	98.5	97.2
c116 Preoccupazione: La mancanza di lavoro. la disoccupazione	93.1	91.0	95.3	90.2	94.6	95.2	91.2
c117 Preoccupazione: Gli attentati. il terrorismo	81.8	75.7	88.0	73.6	85.9	89.0	75.2
c118 Preoccupazione: Il degrado ambientale	92.0	90.0	94.1	87.9	94.0	93.5	90.6
c119 Preoccupazione: Il futuro in generale	84.4	81.2	87.6	80.9	86.1	90.7	78.5
c120 Preoccupazione: La criminalità	84.4	79.9	88.9	73.5	89.7	92.9	76.5
c121 Preoccupazione: La guerra	88.3	84.6	92.0	79.9	92.4	93.7	83.3
c122 Preoccupazione: Il cibo che mangiamo	74.0	68.8	79.3	64.5	78.7	80.8	67.7
c123 Preoccupazione: La salute	93.5	91.3	95.8	90.3	95.1	95.8	91.4
c124 Preoccupazione: La sicurezza della propria vecchiaia	84.9	82.2	87.6	74.9	89.7	89.8	80.2
c125 Comperare qualche cosa su internet (nella vita)	24.2	28.7	19.7	40.3	16.3	12.9	34.7
c126 Sottoscrivere un'assicurazione sulla vita (nella vita)	40.9	44.3	37.5	24.1	49.1	40.6	41.2
c127 Farsi un tatuaggio permanente (nella vita)	8.5	8.4	8.5	13.5	6.0	7.6	9.2
c128 Fare a botte con qualcuno (nella vita)	31.9	45.9	18.1	41.1	27.5	31.9	32.0
c129 Iscriversi a una palestra o centro fitness (nella vita)	53.8	49.2	58.4	61.2	50.2	47.9	59.3
c130 Andare da uno/a psicologo/a o simile (nella vita)	21.2	17.7	24.7	23.1	20.3	19.5	22.9

Tabella 4.2 (C "Comportamenti": N=2.138 italiani adulti - Dati ponderati)	TOT	Uom	Don	18-35	36-70	Ist-	Ist+
c131 Consultare un/a chiromante (nella vita)	15.1	10.2	19.9	16.4	14.4	16.8	13.4
c132 Leggere la bibbia (nella vita)	56.4	53.0	59.8	58.2	55.5	54.7	57.9
c133 Usare sonniferi o calmanti (nella vita)	33.7	28.2	39.3	27.8	36.6	35.7	31.9
c134 Comprare qualcosa a rate (nella vita)	60.0	62.6	57.5	48.7	65.6	66.2	54.3
c135 Mettersi a dieta (nella vita)	53.4	44.0	62.7	47.8	56.0	53.1	53.6
c136 Fare la comunione cattolica (nella vita)	82.9	81.4	84.3	80.8	83.9	80.7	85.0
c137 Andare a messa (ultime 2 settimane)	42.7	39.2	46.3	30.8	48.6	44.5	41.0
c138 Vedere un film registrato (vhs. dvd) (ultime 2 settimane)	60.9	63.8	58.0	71.4	55.7	59.1	62.5
c139 Leggere un quotidiano sportivo (ultime 2 settimane)	34.0	51.1	17.0	35.9	33.1	34.8	33.2
c140 Leggere un quotidiano d'informazione (ultime 2 settimane)	85.1	86.4	83.9	82.5	86.4	83.3	86.8
c141 Ascoltare musica registrata (cd. mp3) (ultime 2 settimane)	75.3	74.7	75.9	83.7	71.2	71.8	78.5
c142 Andare al supermercato alimentare (ultime 2 settimane)	90.1	86.2	94.1	87.1	91.6	88.9	91.2
c143 Suonare uno strumento musicale (ultime 2 settimane)	14.7	18.8	10.6	22.2	11.1	12.0	17.2
c144 Andare al ristorante o in trattoria (ultime 2 settimane)	61.3	65.1	57.5	70.8	56.6	56.3	65.9
c145 Prendere mezzi pubblici urbani (tram. bus) (ultime 2 settimane)	42.6	40.7	44.6	51.8	38.2	38.5	46.5
c146 Ascoltare la radio (ultime 2 settimane)	87.9	88.0	87.8	89.8	86.9	88.3	87.4
c147 Vedere la televisione (ultime 2 settimane)	96.5	96.4	96.5	94.1	97.6	96.3	96.6
c148 Collegarsi a internet (ultime 2 settimane)	55.7	62.0	49.3	73.7	46.8	35.4	74.5
c149 Andare a ballare (ultime 2 settimane)	18.2	21.0	15.3	26.0	14.3	16.2	20.0

	Tabella 4.2 (C "Comportamenti": N=2.138 italiani adulti - Dati ponderati)	TOT	Uom	Don	18-35	36-70	Ist-	Ist+
$c150$	Cucinare (ultime 2 settimane)	80.1	67.8	92.3	79.2	80.5	79.4	80.7
$c151$	Guidare l'automobile (ultime 2 settimane)	83.2	91.4	75.1	82.2	83.7	79.1	87.0
$c152$	Guidare una moto (scooter) (ultime 2 settimane)	14.4	22.1	6.7	19.3	12.0	15.0	13.9
$c153$	Andare in bicicletta (ultime 2 settimane)	21.9	26.7	17.2	20.0	22.8	23.3	20.6
$c154$	Prendere un taxi (ultime 2 settimane)	8.9	8.4	9.4	9.3	8.7	7.5	10.3
$c155$	Praticare attivamente uno sport (ultimi 12 mesi)	40.3	47.2	33.4	54.6	33.3	31.6	48.3
$c156$	Andare a vedere dal vivo una manifestazione sportiva (ultimi 12 mesi)	35.2	45.1	25.3	42.2	31.7	27.7	42.1
$c157$	Dare qualche soldo in beneficienza (ultimi 12 mesi)	75.7	72.0	79.3	63.8	81.5	76.0	75.3
$c158$	Andare a concerti di musica rock o pop dal vivo (ultimi 12 mesi)	25.7	25.5	25.8	43.4	17.0	17.6	33.2
$c159$	Andare a concerti di musica classica (ultimi 12 mesi)	14.8	13.3	16.3	15.7	14.4	9.6	19.7
$c160$	Andare dal medico di base (della mutua) (ultimi 12 mesi)	78.9	72.7	85.1	67.8	84.3	83.7	74.4
$c161$	Andare da un medico specialista (ultimi 12 mesi)	61.6	54.2	68.9	50.7	66.8	64.6	58.7
$c162$	Giocare al lotto o al superenalotto (ultimi 12 mesi)	38.9	44.7	33.1	33.3	41.6	44.1	34.0
$c163$	Curare le piante (in casa. orto. giardino) (ultimi 12 mesi)	64.1	52.9	75.3	45.6	73.2	66.3	62.1
$c164$	Entrare in una biblioteca pubblica (ultimi 12 mesi)	33.5	28.6	38.4	46.7	27.1	23.3	43.0
$c165$	Comprare un libro (non per cause di studio) (ultimi 12 mesi)	65.3	58.2	72.5	69.9	63.1	52.3	77.5
$c166$	Fare almeno 4 giorni di vacanza fuori casa (ultimi 12 mesi)	75.4	75.6	75.3	80.9	72.7	67.6	82.7
$c167$	Leggere un libro (non per cause di studio) (ultimi 12 mesi)	72.8	65.0	80.6	77.8	70.4	61.9	82.9

Tabella 4.2 (C "Comportamenti": N=2.138 italiani adulti - Dati ponderati)		TOT	Uom	Don	18-35	36-70	Ist-	Ist+
c168	Fare piccole riparazioni in casa (ultimi 12 mesi)	77.8	85.3	70.4	71.2	81.0	79.1	76.6
c169	Prendere un treno (ultimi 12 mesi)	54.4	53.5	55.3	65.9	48.9	44.3	63.9
c170	Prendere un aereo (ultimi 12 mesi)	31.2	32.5	29.8	36.4	28.6	21.8	39.8
c171	Andare al cinema (ultimi 12 mesi)	57.7	58.2	57.3	72.9	50.3	48.1	66.7
c172	Andare a teatro (ultimi 12 mesi)	31.8	28.8	34.8	36.8	29.3	23.1	39.9
c173	Giocare a dei videogiochi (ultimi 12 mesi)	30.5	40.3	20.7	49.6	21.1	27.7	33.1
c174	Visitare mostre o musei (ultimi 12 mesi)	48.2	45.1	51.3	54.9	44.9	36.0	59.5
c175	Confessarsi (da un prete) (ultimi 12 mesi)	26.5	22.1	30.9	25.6	26.9	27.0	25.9
c176	Fare del volontariato (ultimi 12 mesi)	30.6	27.1	34.1	32.6	29.6	27.0	33.9
c177	Farsi fare i tarocchi (ultimi 12 mesi)	7.1	5.6	8.6	12.2	4.6	6.4	7.7
c178	Andare all'estero (ultimi 12 mesi)	42.3	45.5	39.2	53.6	36.8	31.0	52.8
c179	Dormire in un albergo o pensione (ultimi 12 mesi)	58.4	60.7	56.1	66.0	54.7	48.6	67.5
c180	Soffrire di insonnia (ultimi 12 mesi)	42.4	34.5	50.4	40.1	43.6	45.3	39.8
c181	Avere mal di testa (ultimi 12 mesi)	70.3	61.9	78.6	73.2	68.8	71.9	68.8
c182	Avere problemi di digestione (ultimi 12 mesi)	61.1	54.3	67.9	63.6	59.9	62.4	59.8
c183	Videofonino (o cellulare evoluto) (a disposizione personale)	33.7	35.2	32.2	40.0	30.6	36.9	30.8
c184	Telefono cellulare basic(a disposizione personale)	78.4	79.0	77.9	81.3	77.1	74.1	82.5
c185	Computer fisso da tavolo (a disposizione personale)	59.6	63.9	55.3	71.4	53.9	45.3	72.9
c186	Computer portatile (a disposizione personale)	23.7	27.5	19.9	33.8	18.8	14.1	32.6
c187	Palmare-organizer (a disposizione personale)	7.0	8.5	5.6	9.5	5.8	4.9	9.0

Tabella 4.2 (C "Comportamenti": N=2.138 italiani adulti - Dati ponderati)	TOT	Uom	Don	18-35	36-70	Ist-	Ist+
c188 Fotocamera digitale (a disposizione personale)	35.1	39.7	30.7	42.1	31.7	26.2	43.4
c189 Playstation o Cube o simile (a disposizione personale)	20.9	25.4	16.4	31.8	15.6	22.6	19.4
c190 Lettore MP3 (a disposizione personale)	24.6	27.2	21.9	38.7	17.7	18.7	30.0
c191 Videogioco portatile (a disposizione personale)	7.8	8.6	7.1	9.6	7.0	8.4	7.3
c192 Conto corrente (a disposizione personale)	86.6	88.0	85.2	78.3	90.7	84.4	88.7
c193 Tessera del bancomat (a disposizione personale)	78.8	77.5	80.1	75.0	80.7	73.4	83.9
c194 Carta di credito (a disposizione personale)	43.5	45.6	41.3	39.0	45.7	34.1	52.2
c195 Home banking (a disposizione personale)	15.9	20.7	11.1	15.7	16.0	8.6	22.7
c196 Assicurazione sulla vita (a disposizione personale)	31.0	32.9	29.2	21.0	35.9	27.5	34.3

5. Itapi-TIPI: Una sintesi (N=3.290)

DI FELICE PERUSSIA E RENATA VIANO

Alcune delle principali ricerche italiane che identificano sistematicamente delle tipologie di persone attraverso la ricerca sul campo, sono legate ai comportamenti di consumo e generalmente consistono del sottoprodotto di ricerche finanziate privatamente per fini eminentemente commerciali (ad esempio, le già citate indagini di: Calvi, 1977, 1980; Fabris e Mortara, 1986; Siri, 1995; Caprara e Barbaranelli, 2000).

Tale "vizio" d'origine fa sì che con una certa frequenza, benché certo non sempre, le pubblicazioni relative forniscano dati statistici relativamente vaghi; mentre tendono (ovviamente) a sottolineare, nell'analisi delle tipologie, gli aspetti riferiti ai comportamenti di consumo e potenzialmente applicabili alle strategie commerciali e persuasive dei committenti molto più che ai temi scientifici legati alla ricerca psicologica di base. Si tratta però in molti casi di ricerche comunque interessanti anche sul piano scientifico, che merita senz'altro almeno evocare in questa occasione, rimandando alle pubblicazioni disponibili per ogni approfondimento.

Ad esempio: il reiteratamente citato modello originale della psicografia di Calvi (1977), che è basato su una rilevazione del 1976, identificava 9 stili di vita, che possiamo sinteticamente descrivere qui di seguito in poche frasi (a partire dalla sintesi stessa che ne offre Calvi, p.78-89).

Venivano identificati: 1) Lo stile *Denaro, cultura e progetti* (12.1% degli italiani): ricco di interessi e attività, proprio del gruppo istruito e benestante che pensa in modo laico e liberale-progressista; 2) Lo stile *Consumi e divertimenti* (7.9%): caratterizzato da consumi vistosi e assenza di impegno sociale, tipico di un gruppo giovanile benestante e qualunquista; 3) Lo stile *Responsabilita e battaglie civili* (13.2%): dei colletti bianchi impegnati, che elaborano attivamente una cultura sociale di tonalità radicale e hanno aspettative di tipo borghese; 4) Lo stile *Tranquillità e benessere* (10.4%):

dei progressisti "invecchiati", relativamente agiati, che pongono in primo piano le preoccupazioni e le cure per la salute; 5) Lo stile *Casa, chiesa, impegno sociale* (8.9%): dei cattolici evoluti dei ceti medi, con benessere e consumi sviluppati e un gran numero di impegni in attività sociali; 6) Lo stile *Pantofole e lirica* (11.5%): delle persone anziane dei ceti medi, con interessi limitati all'ambito della famiglia, della parrocchia, dei settimanali, della TV; 7) Lo stile *Pavimenti come specchi* (14.1%): tipico delle casalinghe dei ceti medi, macchina d'amore e di servizio domestico, dagli interessi limitati, con pochi sogni in cui rifugiarsi; 8) Lo stile *Tre galline, un frigorifero* (12.5%): degli uomini maturi dei ceti medio-inferiori, con interessi gravitanti, sul lavoro e poi sugli amici, il bar, l'orto, la caccia; 9) Lo stile *Lotterie e cambiali* (6.9%): degli anziani, poveri, residenti in grandi città, che vivono emarginati, immersi nei ricordi e negli ultimi sogni.

Col passare degli anni, la ricerca dell'Istituto Eurisko si è allo stesso tempo raffinata e complicata, indirizzandosi sempre più verso la identificazione di segmenti di consumo o aree psicologiche di mercato, più che con riferimento ai tipi personologici o ai modelli di cultura esistenziali.

Nel 2004 venivano identificati 5 grandi stili-aree di vita, definiti soprattutto in termini di consumo: area dei Lavoratori, rappresentata paradigmaticamente da uomini, giovani-adulti, con reddito e istruzione bassi, orientati a piaceri e divertimento, centrati su lavoro e famiglia, operai e lavoratori autonomi; area delle Elites, uomini e donne, giovani-adulti, con reddito e istruzione elevati, professionisti, imprenditori manager, con impegno culturale e professionale, orientati al successo e alla leadership; Area femminile delle Casalinghe, donne, adulte, di istruzione medio-bassa, centrate sulla casa; area degli Anziani, donne e uomini, con reddito e istruzione bassi, bisognosi, pensionati, tutti casa e tv, con resistenza all'innovazione; area dei Giovani, adolescenti, teenager, studenti centrati sullo sport e il divertimento (Gfk Eurisko, 2004).

Attualmente, sulla base di quanto si può capire dal sito internet che pubblica alcuni elementi, e soprattutto dai rapporti resi ufficialmente pubblici a grandi linee (ma anche presentati con dettaglio in molti seminari privati), tende ad utilizzare espressioni più generali e ulteriormente semplificate che si rifanno, negli stili di vita e di consumo, a quattro grandi aree: Adulta Femminile, Adulta Maschile, Giovanile, Anziana Marginale. I valori vengono a loro volta suddivisi in due grandi capitoli: valori della Realizzazione Personale ovverosia della plasticità, vitalità ed edonismo; valori dell'Integrazione Sociale ovverosia della appartenenza, etica e socialità.

GFK Eurisko (2008) ha recentemente pubblicato, ad esempio, un profilo degli appartenenti a quella tipologia umana che viene definita "Elite"; il che ci permette di cogliere rapidamente il modo in cui è possibile definire una tipologia di persone attraverso questo tipo di ricerche.

Il profilo degli Elite viene rappresentato nella forma di individui: "Con un reddito annuale di almeno 70 mila euro a persona (che supera i 100 mila se lavorano in due), un'istruzione superiore e un'età tra i 30 e i 60 anni: sono due milioni circa gli italiani identificati da Gfk Eurisko nella fascia delle Elite. Concentrate soprattutto al Nord dove dal 2000 al 2007 sono passate dal 38% al 43%) le Elite 2007 esprimono decisamente più timori che ottimismo: - sfiducia nella situazione economica e politica del Paese - preoccupazione per il futuro dei figli, ai quali si cerca di garantire una dotazione tipo survival, fatta di casa, assicurazione, laurea, lingue e master - atteggiamento critico, quando non spaventato, per la globalizzazione e le ondate di immigrazione. In compenso: - intendono il lusso quale disposizione di tempo e risorse di libertà - amano mimetizzarsi, senza esibizioni - si orientano soprattutto sulle grandi marche con storia e tradizione - acquistano volentieri tecnologia e arredamento per la casa - pongono particolare attenzione alla salute, al benessere e alla bellezza: il 20% frequenta un centro estetico, il 45% è iscritto a palestre o circoli sportivi, il 32% possiede attrezzature domestiche per il fitness, il 33% frequenta beauty farm e spa. Obiettivi da raggiungere nell'ordine: - assicurare il benessere alla famiglia (77%) - viaggiare e conoscere il mondo (54%) - godere i piaceri della vita (51%) - migliorare le proprie capacità professionali (40%) - una vita comoda e tranquilla (28%). Solo il 26% sogna di guadagnare di più" (GFK Eurisko, 2008).

Il modello di Gian Paolo Fabris e Vittorio Mortara (1986) costruisce invece, fornendo peraltro solo scarsi dati statistici sui dati della ricerca, una tipologia con otto stili di vita che contempla: il riferimento alla cultura del passato, che caratterizza il tipo Arcaico; il riferimento alla cultura dell'impegno, che caratterizza il tipo Puritano e il tipo Cipputi; il riferimento alla cultura del futuro, che caratterizza il tipo Affluente e il tipo Emergente; il riferimento alla cultura dell'acquario, che caratterizza il tipo Progressista.

Il modello di Giovanni Siri (1995), che preferisce quasi non pubblicare dati statistici o numerici a supporto, si riferisce a quattro grandi "stirpi", ciascuna suddivisa a sua volta in tre "tribù". In sostanza, si tratta di una tipologia a dodici stili, così suddivisi: *Conservatives*, ovverosia Difesi, Autoritari e Conservatori; *Established*, ovverosia Prudenti, Illuministi, Esibitivi; *Aspirers*, ovverosia Imitatori, Pedagoghi, Seguaci; *Progressives*, ovverosia Curiosi, Status, Trend Setters.

Venendo dunque alle ricerche Itapi, ricordiamo come, in seguito alle diverse indagini che abbiamo descritte nei capitoli precedenti (così come anche ad altre ricerche connesse al Programma Itapi, di cui non trattiamo in questa sede), abbiamo potuto raccogliere dati psicologici di base relativi ad aspetti della personalità presso un campione di adulti che, a tutt'oggi, ammonta complessivamente a ben oltre i diecimila soggetti.

Si tratta di una quantità di dati molto ampia e inconsueta per la ricerca psicologica di base presso gli adulti. Che diventa una quantità pressoché unica se ci si riferisce a ricerche pubblicate con ampi dettagli sistematici tanto sui dati grezzi quanto su ogni passaggio delle loro elaborazioni statistiche. Quest'ultimo dato vale naturalmente anche al confronto con pubblicazioni relative alle ricerche applicate commissionate da privati per scopi sostanzialmente commerciali e di marketing.

Avendo dunque a disposizione un campione così ampio, ci è parso interessante partire da una scelta di soggetti estratti da tale vasto data-set per tentare di realizzare una sintesi possibile, tra le altre, di alcuni aspetti di quanto è emerso.

Abbiamo dunque scelto di realizzare una tipologia psicologica degli Italiani a partire dalla definizione di queste tipologie in termini di tratti e di valori. Il che risulta possibile grazie al fatto che, soprattutto in due delle rilevazioni presentate nelle pagine precedenti (Valori e Comportamenti), sono presenti le versioni sintetiche tanto del test Itapi-G quanto del test Itapi-Valori.

Tutte e due le rilevazioni di cui sopra contengono infatti tanto i 28 item di Itapi-S (Perussia e Viano, 2004, 2006a) quanto i 14 item di Itapi-Valori - S (Perussia e Viano, 2006b). Mettendo assieme tali segmenti di protocollo, compresenti nelle due rilevazioni, ci troviamo dunque di fronte ad una grande quantità di reperti che contengono l'insieme di tutti questi 42 item, altamente rappresentativi ai fini della possibilità di segmentare il campione in una tipologia personologica.

In precedenza avevamo già sviluppato degli esempi di analisi tipologiche, pubblicate in particolare nel Manuale di Itapi-G (Perussia, 2005d) così come nel Manuale di Itapi-Valori (Perussia e Viano, 2006b). In entrambi i casi, la suddivisione più efficace era risultata essere quella a 4 cluster.

Nel caso di Itapi-G (Perussia, 2005d), i tipi-Cluster emersi erano stati: Tipo-Cluster 1, pari al 38.0% del campione, detto dei "Pragmatici-Individualisti"; Tipo-Cluster 2, pari al 22.1% del campione, detto dei "Sofferenti-Isolati"; Tipo-Cluster 3, pari al 20.1% del campione, detto degli

"Idealisti-Socievoli"; Tipo-Cluster 4, pari al 19.9% del campione, detto dei "Remissivi-Autocentrati".

Nel caso di Itapi-Valori (Perussia e Viano, 2006b), i Tipi-Cluster erano stati: Tipo-Cluster 1, pari al 29.3% del campione, definibili come "Intellettuali"; Tipo-Cluster 2, pari al 25.1% del campione, definibili come "Ambiziosi"; Tipo-Cluster 3, pari al 25.6% del campione, definibili come "Credenti"; Tipo-Cluster 4, pari al 20.0% del campione, definibili come "Delusi".

In questa sede sviluppiamo invece un'analisi pilota per identificare una possibile segmentazione che tenga conto contemporaneamente di entrambe le dimensioni: quella dei tratti e quella dei valori. Lo strumento per la segmentazione è una scala che contiene un pool di item sicuramente molto rappresentativi da un punto di vista psicometrico, vista la solidità del procedimento di ricerca attraverso cui sono stati selezionati. Si tratta però di una scala dalle dimensioni quantitative piuttosto contenute (32 item) e tale quindi da poter essere utilizzata agilmente in molte situazioni di ricerca, sia di base sia applicata, specie come strumento di approfondimento per indagini che si propongono di indagare aspetti diversi della personalità e del comportamento.

Campione

L'insieme delle persone avvicinate nei termini appena descritti assomma dunque i campioni rappresentativi di due diverse rilevazioni (Valori e Comportamenti) per cui arriva ad un totale di 3.290 casi.

Come avviene per i due sub-campioni di cui si compone: tale campione di complessivi 3.290 soggetti può essere considerato ben rappresentativo rispetto alla distribuzione della popolazione italiana fra i 18 e i 70 anni di età, secondo i dati Istat (2006) relativi al 2005, almeno per quanto riguarda tre principali fasce di età (18-30 anni; 31-45 anni; 46-70 anni) e la ripartizione tra uomini e donne all'interno di ciascuna di tali fasce d'età. Nell'insieme: il campione indagato presenta un'età media di 42.0 anni (uomini: 41.9; donne: 42.1), stante che l'età media della popolazione italiana tutta (anche oltre i 70 anni) è di 42.6 anni (Istat, 2006).

Anche altre variabili (quali: il livello di istruzione, lo stato civile, la professione) risultano sufficientemente distribuite e incrociate tra loro all'interno del campione, con percentuali che si avvicinano, benché senza coincidere con esso, al profilo della popolazione nazionale.

I soggetti risultano rappresentativi della popolazione italiana in generale, ma soprattutto di quella del nord-ovest in quanto residenti soprattutto in Piemonte e in Liguria. Dal punto di vista della distribuzione geografica non vi è dunque coincidenza esatta con il profilo geografico nazionale, ma si tratta comunque di un campione molto più dislocato sul territorio di quanto normalmente avviene nella ricerca scientifica in psicologia.

Per praticità espositiva: definiamo tale campione rappresentativo, relativamente alla indagine sui valori, con la sigla sintetica di Campione "T" (Tipi). Tale campione è descritto qui di seguito in Tabella 5.1.

Tabella 5.1 - Campione Rappresentativo per l'analisi tipologica: 3.290 italiani adulti (i dati con asterisco* indicano una distribuzione, rispetto al campione complessivo, che è esattamente proporzionale ai dati Istat sulla popolazione italiana nel 2005).

Tabella 5.1	*Campione Itapi-Tipi*	*Valori assoluti*	*Percentuali valide*
TOTALE		3.290	100.0
Sesso	Uomini	1.635*	49.7
	Donne	1.655*	50.3
Età	18/30	740* (M:378*; F:362*)	22.5
	31/45	1.122* (M:566*; F:556*)	34.1
	46/70	1.428* (M:691*; F:737*)	43.4
Istruzione	Elementari	175	5.3
	Medie Inf.	738	22.5
	Medie Sup.	1.674	50.9
	Università	699	21.3
	Non indica	4	
Stato civile	Coniugato/a	1.739	53.0
	Celibe/Nubile	1.206	36.7
	Separato/a	246	7.5
	Vedovo/a	93	2.8
	Non indica	6	
Professione	Impiegato	1.145	34.9

Tabella 5.1	Campione Itapi-Tipi	Valori assoluti	Percentuali valide
	Pensionato/a	426	13.0
	Professionista	387	11.8
	Operaio	334	10.2
	Studente	321	9.8
	Casalinga	222	6.8
	Imprenditore	187	5.7
	Quadro	109	3.3
	Disoccupato	98	3.0
	Dirigente	55	1.7
	Non indica	6	
Residenza	Torino	1.493	45.4
(Provincia di)	Genova	414	12.6
	Cuneo	398	12.1
	Imperia	125	3.8
	Aosta	124	3.8
	Asti	100	3.0
	Milano	76	2.3
	Alessandria	71	2.2
	Savona	37	1.1
	Altre province	452	13.7

Risultati

I complessivi 3.290 protocolli del campione rappresentativo Itapi-Tipi sono stati elaborati utilizzando il pacchetto statistico Spss. L'analisi dei cluster è stata condotta attraverso la procedura Cluster Two-Step (misura di distanza: verosimiglianza; variabili: categoriali; criterio bayesano di Schwarz: BIC), che ha estratto la ripartizione nei 4 cluster descritti in queste pagine. Numerose verifiche di costrutto, realizzate utilizzando altri numeri predeterminati di cluster da estrarre (anche con metodologie differenti), hanno confermato l'efficacia epistemologica di tale ripartizione.

L'analisi attuata sull'insieme del campione permette di identificare diverse variabili che caratterizzano ciascun tipo personologico. La *cluster analysis* è stata infatti condotta su tutti i 3.290 soggetti, attribuendo a ciascuna persona una sua specifica identità di appartenenza al singolo Tipo-Cluster.

Ai 2 campioni di soggetti sono stati però sottoposte anche altre serie di item, che sono in parte differenti per ciascuno dei 2 campioni. Ai fini della identificazione approfondita delle caratteristiche dei Tipi-Cluster è tuttavia possibile fare riferimento a tutti gli item utilizzati, benché alcuni siano stati sottoposti ai 1.152 soggetti del campione Valori (Capitolo 3), mentre altri siano stati sottoposti ai 2.138 soggetti del campione Comportamenti (Capitolo 4). Si tratta infatti di 2 campioni differenti, ma che abbiamo visto essere strutturalmente simili ed entrambi affidabili dal punto di vista della corrispondenza statistica con la popolazione italiana adulta.

Abbiamo dunque ottenuto di fatto un profilo più ricco, in termini di item utilizzati, rispetto a quello che sarebbe derivato da uno solo dei due campioni, in quanto è come se lo stesso test tipologico (Itapi-S con Itapi-Valori -S) fosse stato sottoposto a due campioni fortemente analoghi per studiare due diverse serie di variabili.

Si tratta insomma di dati di approfondimento del profilo che valgono più che altro in via indiziaria, e che potranno essere verificati in ricerche successive diversamente organizzate sul piano metodologico, ma che ci offrono comunque attualmente una opportunità epistemologicamente interessante.

Presentiamo in questo paragrafo alcune tabelle relative alle diverse modalità di risposta fornite da ciascuno dei 4 Tipi-Cluster rilevati.

Le proponiamo così come sono, in tutti i loro dettagli, per permettere a ciascun ricercatore di sviluppare le proprie analisi e le proprie conclusioni sulla base dei dati nella loro immediata assolutezza. Nel paragrafo successivo tenteremo invece di fornire una descrizione sintetica, in una forma più discorsiva, delle caratteristiche che risultano essere tipiche di ciascuna delle 4 tipologie.

Tabella 5.2 - Analisi dei Cluster: profilo anagrafico (% di composizione), seguito dai profili di personalità (medie delle risposte a Itapi-S) e valoriali (medie delle risposte a Itapi-Valori -S), con riferimento a ciascun Tratto, per ciascun Cluster.

Tabella 5.2	*Caratteristiche dei Cluster Itapi-Tipi*	*TOT* (3.290)	*C1* 29.6% (974)	*C2* 25.4% (835)	*C3* 21. 6% (711)	*C4* 23.4% (770)
Sesso	Uomini	49.7	54.0	32.0	61.0	53.0
	Donne	50.3	46.0	68.0	39.0	47.0
Età	18/39	43.3	47.9	39.9	47.5	41.7
	40/70	56.7	52.1	60.1	52.5	58.3
Istruzione	Bassa	27.0	21.8	22.4	29.4	39.7
	Alta	73.0	78.2	77.6	70.6	60.3
Stato civile	Coniugato/a	53.0	57.4	54.0	47.5	51.2
	Celibe/Nubile	36.7	35.3	34.3	43.5	34.9
	Separato/a	7.5	5.6	8.5	7.3	9.0
	Vedovo/a	2.8	1.7	3.2	1.7	4.8
Professione	Impiegato	34.9	38.3	41.7	33.1	24.9
	Pensionato	13.0	11.6	8.4	14.5	18.2
	Professionista	11.8	10.2	11.5	14.8	11.3
	Operaio	10.2	12.0	10.2	6.6	11.1
	Studente	9.8	8.4	8.5	11.8	10.9
	Casalinga	6.8	3.9	10.9	4.9	7.6
	Imprenditore	5.7	6.0	3.2	4.8	8.9
	Quadro	3.3	4.6	2.8	3.2	2.3
	Disoccupato	3.0	2.8	2.0	4.9	2.5
	Dirigente	1.7	2.2	.7	1.4	2.3
Tratti	T1 - Dinamicità	11.33	11.93	10.55	9.89	12.86
	T2 - Vulnerabilità	9.96	8.79	11.11	10.01	10.49
	T3 - Empatia	12.44	12.48	13.37	10.84	13.05
	T4 - Coscienziosità	11.86	12.22	11.55	10.40	13.28

Tabella 5.2	Caratteristiche dei Cluster Itapi-Tipi	TOT (3.290)	C1 29.6% (974)	C2 25.4% (835)	C3 21.6% (711)	C4 23.4% (770)
	T5 - Immaginazione	11.51	11.44	12.15	10.01	12.61
	T6 - Difensività	12.16	12.34	11.22	11.59	13.75
	T7 - Introversione	10.76	10.36	10.45	10.87	11.69
Valori	V1 - Successo	5.15	6.39	4.79	4.26	5.25
	V2 - Cultura	5.31	5.46	5.92	4.92	4.49
	V3 - Fisicità	6.34	7.21	6.04	6.15	5.76
	V4 - Fede	5.53	5.91	3.69	6.62	4.76
	V5 - Amore	7.23	7.51	7.37	7.49	6.12
	V6 - Autonomia	7.57	7.72	7.85	7.79	6.62
	V7 - Tavola	6.05	6.77	5.94	5.86	5.68

Tabella 5.3 - Distribuzione, tra i 4 Tipi-Cluster delle risposte ai 42 item di Itapi-S e di Itapi-Valori (% di penetrazione dei "completamente" e "abbastanza" d'accordo).

	Tabella 5.3 Distribuzione delle risposte in base ai Cluster	TOT (3.290)	C1 29.6% (974)	C2 25.4% (835)	C3 21.6% (711)	C4 23.4% (770)
T1	Sono pieno/a di idee	79.2	91.5	78.4	53.9	87.8
T2	Spesso mi sento triste	36.5	13.0	51.5	41.5	45.5
T3	Cerco di avere sempre una buona parola per tutti	81.7	89.2	91.5	57.9	83.5
T4	Nelle cose che faccio. sono un tipo preciso	82.4	91.0	78.1	66.0	91.4
T5	Mi piace sognare	76.2	81.8	82.0	58.8	79.0
T6	Nella vita è importante ottenere risultati concreti	91.3	97.5	83.6	85.5	97.1
T7	Mi piace stare per conto mio	56.3	47.3	57.8	61.5	61.0
T8	Mi piace trovare sempre nuove idee e nuovi progetti	77.1	92.6	72.5	48.1	89.2
T9	Spesse volte mi sento in colpa	36.1	19.4	56.0	33.8	37.8

TIPOLOGIE : Personalità, tratti, tipi - 101

Tabella 5.3 Distribuzione delle risposte in base ai Cluster	TOT (3.290)	C1 29.6% (974)	C2 25.4% (835)	C3 21. 6% (711)	C4 23.4% (770)
T10 Sento grande solidarietà con chi è più povero o sfortunato di me	81.3	83.1	92.2	66.8	80.6
T11 Sono perfezionista	60.8	69.4	53.1	41.5	76.2
T12 Mi lascio andare spesso alla fantasia	64.5	65.7	69.9	45.1	75.1
T13 La prima cosa che bisogna insegnare ai bambini è la disciplina	69.1	74.0	55.6	60.2	85.6
T14 Mi piace fare le cose da solo/a	61.4	55.0	57.6	60.9	74.2
T15 Mi piacciono le sfide	54.2	65.9	34.5	42.1	71.8
T16 Ho frequenti sbalzi di umore	46.6	24.9	58.4	54.4	53.8
T17 Esprimo le mie opinioni stando attenta/o a non offendere gli altri	80.5	85.0	87.2	67.7	79.5
T18 Prendo tutte le cose molto seriamente	81.5	88.8	83.6	63.3	86.6
T19 Ho una vivida immaginazione	66.7	73.8	66.6	46.4	76.8
T20 Per vivere bene. i soldi sono fondamentali	73.6	77.9	58.1	72.4	85.8
T21 Rivelo poco di me stessa/o agli altri	59.5	54.9	56.9	62.2	65.5
T22 Sono un tipo intraprendente	62.6	78.9	46.5	43.3	77.3
T23 Ci sono molte cose che mi preoccupano	71.9	55.6	83.0	74.4	78.1
T24 Ho un profondo senso di gratitudine per le cose che ricevo dalla vita	85.2	91.5	89.7	69.2	87.3
T25 Finisco sempre quello che comincio	77.8	87.2	75.2	59.8	85.3
T26 Quando penso a qualcosa. è come se la stessi vivendo	62.9	58.5	72.5	41.9	77.7
T27 Molta gente riceve cose che non merita	78.6	79.3	74.9	72.6	87.3
T28 Di solito. tengo per me le mie emozioni	65.6	62.1	59.3	68.5	74.2

Tabella 5.3 Distribuzione delle risposte in base ai Cluster	TOT (3.290)	C1 29.6% (974)	C2 25.4% (835)	C3 21. 6% (711)	C4 23.4% (770)
T29 Valore: La fede in Dio	68.0	67.5	72.8	56.0	74.7
T30 Valore: Il cibo. il mangiare	77.3	80.4	70.3	72.3	85.7
T31 Valore: L'arte	62.9	67.2	74.6	40.8	64.9
T32 Valore: Mantenere un aspetto gradevole. curato	89.2	95.9	87.3	77.6	93.6
T33 Valore: Fare carriera	54.8	62.9	29.5	48.4	77.9
T34 Valore: Il mio partner (compagno. coniuge. fidanzata)	92.7	97.6	96.8	83.5	90.5
T35 Valore: La libertà	97.7	98.7	98.8	96.2	96.8
T36 Valore: La preghiera	55.5	54.1	64.8	38.4	63.0
T37 Valore: La buona tavola	79.4	84.1	73.9	72.2	86.1
T38 Valore: Le mostre. i musei	54.3	57.8	65.6	35.7	54.8
T39 Valore: Prendersi cura del proprio corpo	84.6	90.1	82.4	72.4	91.2
T40 Valore: Ottenere il successo	54.3	64.4	29.8	44.3	77.1
T41 Valore: L'amore	94.7	99.0	98.3	83.4	95.8
T42 Valore: La serenità interiore	97.2	99.1	99.4	91.3	98.1

Tabella 5.4 - Confronto, tra i 4 Tipi-Cluster e il campione totale, nelle risposte a ciascuno dei 42 item di Itapi-S e di Itapi-Valori (differenze tra le % di penetrazione). Gli item sono in ordine decrescente rispetto alla distanza media dell'accordo tra i Tipi-Cluster.

	Tabella 5.4 Confronto tra Cluster e media del campione	*TOT* *(3.290)*	*C1* *29.6%* *(974)*	*C2* *25.4%* *(835)*	*C3* *21. 6%* *(711)*	*C4* *23.4%* *(770)*	*Dist media*
T40	Valore: Ottenere il successo	54.3	10.1	-24.5	-10.0	22.8	27.0
T33	Valore: Fare carriera	54.8	8.1	-25.3	-6.4	23.1	26.6
T8	Mi piace trovare sempre nuove idee e nuovi progetti	77.1	15.5	-4.6	-29.0	12.1	25.0
T22	Sono un tipo intraprendente	62.6	16.3	-16.1	-19.3	14.7	22.9
T15	Mi piacciono le sfide	54.2	11.7	-19.7	-12.1	17.6	22.6
T1	Sono pieno/a di idee	79.2	12.3	-.8	-25.3	8.6	20.4
T26	Quando penso a qualcosa. è come se la stessi vivendo	62.9	-4.4	9.6	-21.0	14.8	20.2
T11	Sono perfezionista	60.8	8.6	-7.7	-19.3	15.4	20.1
T2	Spesso mi sento triste	36.5	-23.5	15.0	5.0	9.0	19.9
T9	Spesse volte mi sento in colpa	36.1	-16.7	19.9	-2.3	1.7	19.0
T3	Cerco di avere sempre una buona parola per tutti	81.7	7.5	9.8	-23.8	1.8	17.8
T13	La prima cosa che bisogna insegnare ai bambini è la disciplina	69.1	4.9	-13.5	-8.9	16.5	17.3
T31	Valore: L'arte	62.9	4.3	11.7	-22.1	2.0	17.3
T16	Ho frequenti sbalzi di umore	46.6	-21.7	11.8	7.8	7.2	16.8
T19	Ho una vivida immaginazione	66.7	7.1	-.1	-20.3	10.1	16.4
T12	Mi lascio andare spesso alla fantasia	64.5	1.2	5.4	-19.4	10.6	15.7

Tabella 5.4 Confronto tra Cluster e media del campione	TOT (3.290)	C1 29.6% (974)	C2 25.4% (835)	C3 21. 6% (711)	C4 23.4% (770)	Dist media
T38 Valore: Le mostre. i musei	54.3	3.5	11.3	-18.6	.5	15.5
T25 Finisco sempre quello che comincio	77.8	9.4	-2.6	-18.0	7.5	15.4
T4 Nelle cose che faccio. sono un tipo preciso	82.4	8.6	-4.3	-16.4	9.0	14.9
T20 Per vivere bene. i soldi sono fondamentali	73.6	4.3	-15.5	-1.2	12.2	14.8
T36 Valore: La preghiera	55.5	-1.4	9.3	-17.1	7.5	14.7
T23 Ci sono molte cose che mi preoccupano	71.9	-16.3	11.1	2.5	6.2	14.3
T18 Prendo tutte le cose molto seriamente	81.5	7.3	2.1	-18.2	5.1	13.3
T10 Sento grande solidarietà con chi è più povero o sfortunato di me	81.3	1.8	10.9	-14.5	-.7	13.1
T5 Mi piace sognare	76.2	5.6	5.8	-17.4	2.8	12.1
T24 Ho un profondo senso di gratitudine per le cose che ricevo dalla vita	85.2	6.3	4.5	-16.0	2.1	11.5
T17 Esprimo le mie opinioni stando attenta/o a non offendere gli altri	80.5	4.5	6.7	-12.8	-1.0	10.7
T39 Valore: Prendersi cura del proprio corpo	84.6	5.5	-2.2	-12.2	6.6	10.7
T14 Mi piace fare le cose da solo/a	61.4	-6.4	-3.8	-.5	12.8	10.2
T29 Valore: La fede in Dio	68.0	-.5	4.8	-12.0	6.7	10.2
T32 Valore: Mantenere un aspetto gradevole. curato	89.2	6.7	-1.9	-11.6	4.4	10.2
T30 Valore: Il cibo. il mangiare	77.3	3.1	-7.0	-5.0	8.4	9.0
T6 Nella vita è importante ottenere risultati concreti	91.3	6.2	-7.7	-5.8	5.8	8.9

	Tabella 5.4 Confronto tra Cluster e media del campione	TOT (3.290)	C1 29.6% (974)	C2 25.4% (835)	C3 21. 6% (711)	C4 23.4% (770)	Dist media
T37	Valore: La buona tavola	79.4	4.7	-5.5	-7.2	6.7	8.7
T28	Di solito. tengo per me le mie emozioni	65.6	-3.5	-6.3	2.9	8.6	8.5
T41	Valore: L'amore	94.7	4.3	3.6	-11.3	1.1	8.2
T27	Molta gente riceve cose che non merita	78.6	.7	-3.7	-6.0	8.7	8.1
T34	Valore: Il mio partner (compagno. coniuge. fidanzata)	92.7	4.9	4.1	-9.2	-2.2	8.1
T7	Mi piace stare per conto mio	56.3	-9.0	1.5	5.2	4.7	7.6
T21	Rivelo poco di me stessa/o agli altri	59.5	-4.6	-2.6	2.7	6.0	6.2
T42	Valore: La serenità interiore	97.2	1.9	2.2	-5.9	.9	4.2
T35	Valore: La libertà	97.7	1.0	1.1	-1.5	-.9	1.6

Tabella 5.5 - I 10 Valori in cui maggiormente ciascuno dei 4 Tipi-Cluster si discosta, come differenza % di penetrazione, dalla media del campione in senso positivo e i 10 Valori in cui maggiormente si discosta in senso negativo (in ordine decrescente dal primo all'ultimo). Campione: Valori.

Tabella 5.5

CLUSTER 1	CLUSTER 2	CLUSTER 3	CLUSTER 4
v103 - Lo sport da praticare, come esercizio fisico	v92 - Le attività di volontariato	v9 - Essere liberi da obblighi e doveri	v107 - Possedere cose belle e lussuose
v31 - Il mio Paese, la mia Patria	v89 - La spiritualità	v90 - La squadra del cuore	v59 - La competitività, l'ambizione
v94 - Le cariche, le responsabilità	v18 - I libri, la lettura	v7 - Diventare famosi	v35 - Il potere
v53 - L'unità della nazione	v1 - Aiutare gli altri, l'impegno sociale	v3 - Avere molti soldi	v15 - I bei vestiti, essere eleganti
v59 - La competitività, l'ambizione	v45 - L'emancipazione delle donne	v85 - La salute	v100 - Lo shopping, il fare acquisti
v58 - La capacità di sfruttare le situazioni a proprio favore	v78 - La passione per lo studio e la lettura	v6 - Conoscere persone influenti, che contano	v6 - Conoscere persone influenti, che contano
v49 - L'obbedienza	v115 - Una alimentazione naturale, biologica	v13 - Gli affetti	v36 - Il prestigio personale
v99 - Le vacanze	v91 - La tolleranza verso le altre persone	v24 - Il benessere economico	v57 - La capacità di dirigere, di guidare gli altri
v30 - Il mio fiuto nel capire le cose per istinto	v84 - La riflessione (filosofica, intellettuale)	v5 - Avere un posto di lavoro sicuro e garantito	v108 - Potersi comperare quello che ti va
v46 - L'immaginazione, la fantasia, la creatività	v106 - Partecipare a un gruppo, a un'organizzazione	v8 - Essere amati	v58 - La capacità di sfruttare le situazioni a proprio favore
v67 - La famiglia	v90 - La squadra del cuore	v76 - La musica	v92 - Le attività di volontariato
v8 - Essere amati	v12 - Gli affari, le attività economiche	v118 - Viaggiare, visitare altri paesi	v14 - Gli amici, le relazioni

Tabella 5.5

CLUSTER 1	CLUSTER 2	CLUSTER 3	CLUSTER 4
v85 - La salute	v7 - Diventare famosi	v30 - Il mio fiuto nel capire le cose per istinto	v85 - La salute
v7 - Diventare famosi	v3 - Avere molti soldi	v97 - Le nuove esperienze, l'avventura, il rischio	v18 - I libri, la lettura
v107 - Possedere cose belle e lussuose	v58 - La capacità di sfruttare le situazioni a proprio favore	v106 - Partecipare a un gruppo, a un'organizzazione	v17 - I diritti dei lavoratori
v90 - La squadra del cuore	v6 - Conoscere persone influenti, che contano	v46 - L'immaginazione, la fantasia, la creatività	v40 - Il mio tempo libero
v32 - Il mio partito politico di riferimento	v36 - Il prestigio personale	v84 - La riflessione (filosofica, intellettuale)	v91 - La tolleranza verso le altre persone
v6 - Conoscere persone influenti, che contano	v107 - Possedere cose belle e lussuose	v115 - Una alimentazione naturale, biologica	v38 - Il riposo, il relax
v16 - I concerti	v35 - Il potere	v92 - Le attività di volontariato	v56 - La capacità di autocontrollo, di non perdere la calma
v23 - Il ballo	v59 - La competitività, l'ambizione	v89 - La spiritualità	v2 - Avere figli, crescerli

Tabella 5.6 - Le 2 Preoccupazioni in cui maggiormente ciascuno dei 4 Tipi-Cluster si discosta, come differenza % di penetrazione, dalla media del campione in senso positivo; e le 2 Preoccupazioni in cui maggiormente si discosta in senso negativo (in ordine decrescente dal primo all'ultimo). Campione: Comportamenti.

CLUSTER 1	CLUSTER 2	CLUSTER 3	CLUSTER 4
c124 - La sicurezza della propria vecchiaia	c121 - La guerra	c119 - Il futuro in generale	c117 - Gli attentati, il terrorismo
c120- La criminalità	c118 - Il degrado ambientale	c116 - La mancanza di lavoro, la disoccupazione	c120 - La criminalità
c116 - La mancanza di lavoro, la disoccupazione	c124 - La sicurezza della propria vecchiaia	c121 - La guerra	c123 - La salute
c119 - Il futuro in generale	c117 - Gli attentati, il terrorismo	c120- La criminalità	c118 - Il degrado ambientale

Tabella 5.7 - Valutazioni relative ad una selezione di item significativi, tra quelli presenti nel protocollo Itapi-Comportamenti: distanze % tra ciascuno dei 4 Tipi-Cluster e la media del campione (persone "Completamente" o "Abbastanza" d'accordo; % di penetrazione entro ciascun Tipo-Cluster). Campione: Comportamenti.

Tabella 5.7 Distanze tra Cluster e media del campione	TOT	C1	C2	C3	C4
c56 - Sono orgoglioso/a di essere italiano/a	77.3	5.8	-4.5	-6.4	3.5
c88 - Sono orgogliosa/o di essere europea/o	73.9	5.0	-2.2	-6.7	2.4
c50 - L'istruzione è essenziale per avere soddisfazioni nella vita	86.0	7.6	-2.1	-11.3	2.7
c34 - Dedicarsi allo studio è uno dei modi migliori per vivere la propria vita	62.5	2.2	2.6	-12.5	6.8

Tabella 5.7 Distanze tra Cluster e media del campione	TOT	C1	C2	C3	C4
c57 - Solo mettendo su famiglia un uomo o una donna trova la sua realizzazione	58.8	4.6	-7.5	-3.7	6.2
c97 - Il matrimonio è indispensabile per essere felici	33.0	1.9	-8.0	.0	7.0
c82 - Una persona può dirsi completa solo se ha generato dei figli nella sua vita	42.2	.0	-5.7	1.0	6.1
c35 - Nel lavoro, una delle cose più importanti è poter fare carriera	41.6	3.9	-21.7	-1.6	22.5
c43 - Nel lavoro, una delle cose più importanti è poter guadagnare molto denaro	54.0	3.5	-19.9	-.4	19.6
c52 - Nel lavoro, una delle cose più importanti è poter aiutare gli altri	71.4	4.5	9.4	-18.8	1.5
c98 - Nel lavoro, una delle cose più importanti è poter avere molto tempo libero	64.6	.7	4.0	-8.2	2.9
c61 - Nel lavoro, è essenziale poter avere un buon rapporto con i colleghi	94.1	3.1	3.3	-8.6	.3
c70 - Nel lavoro, è essenziale la soddisfazione di poter fare una cosa che ti piace	95.3	3.1	.9	-4.4	-.9
c96 - Cerco di consumare solo cibi biologici, ecologicamente sicuri	31.9	-1.9	7.5	-11.5	5.6
c39 - Ci tengo ad un'alimentazione sana ed equilibrata	76.8	5.2	2.2	-13.6	3.6
c48 - Mi piacciono i cibi saporiti, indipendentemente dagli ingredienti di cui sono fatti	62.6	3.6	-3.1	-6.4	5.3
c89 - Quando mi viene fame, mangio qualsiasi cosa che mi capita sottomano	48.7	-3.6	3.7	-3.0	4.3
c32 - Mangio più di quanto dovrei	53.7	.1	3.8	-5.2	.7
c73 - Mi piace la cucina esotica (straniera, etnica)	40.4	1.5	3.9	-3.4	-3.6
c55 - Mi capita di mangiare cibi già pronti (freschi o surgelati)	37.6	-2.9	-1.7	1.3	5.1

Tabella 5.7 Distanze tra Cluster e media del campione	TOT	C1	C2	C3	C4
c80 - Sono vegetariana/o	10.0	-3.4	3.5	-1.5	2.4
c66 - Mi piace la cucina italiana tradizionale	94.4	2.8	1.0	-4.0	-1.2
c38 - In generale, preferisco acquistare prodotti di marche ben conosciute	43.6	1.8	-7.3	-5.3	11.9
c100 - Nella vita è importante riuscire a risparmiare sempre qualche cosa	81.7	3.1	1.5	-11.9	6.1
c63 - La civiltà dei consumi ci ha fatto dimenticare i veri valori dell'uomo	85.2	3.4	5.1	-10.5	-.3
c72 - 72 Mi piace guardare le vetrine, curiosare nei negozi, andare per shopping	54.4	3.1	-.8	-9.3	6.1
c79 - Faccio solo acquisti molto ragionati	64.4	2.6	-.3	-8.9	6.0
c87 - 87 Ogni tanto mi piace comprare qualche cosa solo per togliermi un capriccio	55.9	.5	-.1	-7.2	7.1
c46 - Mi diverte provare, almeno ogni tanto, prodotti nuovi e diversi dal solito	65.9	4.7	.7	-9.3	2.0
c95 - Oggi come oggi, molto di quello che compriamo è superfluo o inutile	81.9	-.4	6.6	-5.3	-1.8
c31 - Per principio, acquisto prodotti poco reclamizzati	43.2	-2.9	5.8	-3.2	.6
c54 - Quando faccio la spesa, sto molto attento/a al prezzo di ciascun prodotto	73.7	1.8	2.2	-5.6	.6
c47 - Ci tengo a vestirmi in un modo che, per me, è elegante	64.8	6.4	-2.8	-16.3	11.0
c33 - Quando compro un indumento, preferisco che sia alla moda	39.4	6.7	-8.7	-7.9	9.1
c65 - Non faccio caso a come mi vesto: mi va bene tutto quello che capita	35.4	-6.1	1.5	8.6	-1.5
c85 - Lascio volentieri la politica a persone che hanno più competenza di me	73.0	-.5	.9	-5.1	4.9

Tabella 5.7 Distanze tra Cluster e media del campione	TOT	C1	C2	C3	C4
c59 - Cerco sempre di tenermi al corrente di come vanno le faccende politiche	52.4	2.4	2.7	-1.3	-5.4
c77 - La politica mi disgusta	52.2	-1.1	-1.5	-2.4	6.3
c93 - Dedicarsi alla politica è uno dei modi migliori per vivere la propria vita	11.8	-2.8	1.5	.3	2.0
c69 - Mi capita spesso di discutere di politica	38.4	-.9	2.3	-.5	-.9
c49 - Mi considero politicamente impegnato/a	22.2	-1.5	.6	-.1	1.5
c101 - Le leggi anti-inquinamento hanno riflessi negativi sulla nostra economia	27.8	-5.5	-5.7	.9	14.6
c83 - Le centrali nucleari mi fanno paura	59.0	-4.3	9.4	-8.1	3.5
c42 - Sono molto interessato/a ai problemi dell'ambiente	74.6	3.1	7.3	-9.9	-3.5
c84 - Gli immigrati extra-comunitari rendono insicura la vita nelle nostre città	50.5	-5.4	-14.9	4.0	22.4
c41 - Gli immigrati extra-comunitari dovrebbero tornare a casa loro	38.1	-5.0	-14.0	2.1	22.6
c64 - Gli immigrati extra-comunitari sono, più o meno, uguali a noi	68.2	3.0	12.8	-6.7	-13.3

Stili italici

Riportiamo in questo capitolo un profilo specifico e relativamente analitico, benché sempre sintetico, per ciascuno dei 4 possibili Tipi-Cluster di personalità, sulla base delle risultanze statistiche che sono emerse e che compaiono nella loro evidenza quantitativa all'interno delle tabelle pubblicate nelle pagine precedenti.

Tipo-Cluster 1: Ottimisti-Concreti

Il Tipo-Cluster 1 (Tabella 5.2), che rappresenta il 30% circa del campione, da un punto di vista anagrafico, è quello con la maggiore presenza di uomini, di giovani, di persone con istruzione elevata. Tendono, un po' più spesso della media, ad essere sposati e lavoratori in attività.

Dal punto di vista dei tratti, presentano tipicamente: in misura massima, il tratto di Dinamicità; in misura moderatamente elevata, il tratto di Coscienziosità; in misura minima, i tratti di Vulnerabilità e di Introversione. Dal punto di vista dei Valori, apprezzano specificamente: in misura massima, il valore del Successo, della Tavola e della Fisicità; con gli altri valori nella media o leggermente superiori.

Nell'ambito del campione totale (Tabelle 5.3 e 5.4), tra gli item che riscuotono le maggiori adesioni presso il Tipo-Cluster 1, possiamo evidenziare ad esempio: Sono un tipo intraprendente; Mi piacciono le sfide; Valore: Ottenere il successo; Sono perfezionista; Valore: Fare carriera; Cerco di avere sempre una buona parola per tutti; Prendo tutte le cose molto seriamente; Ho una vivida immaginazione; Valore: Mantenere un aspetto gradevole, curato; Ho un profondo senso di gratitudine per le cose che ricevo dalla vita; Nella vita è importante ottenere risultati concreti.

Tra gli item che invece appaiono chiaramente meno condivisi dagli appartenenti al Tipo-Cluster 1, possiamo evidenziare ad esempio: Spesso mi sento triste; Spesse volte mi sento in colpa; Ci sono molte cose che mi preoccupano; Mi piace stare per conto mio; Mi piace fare le cose da solo/a; Di solito, tengo per me le mie emozioni; Valore: La preghiera; Valore: La fede in Dio.

Con riferimento al campione Valori (Tabella 5.5), i temi maggiormente apprezzati dal Tipo-Cluster 1 risultano essere, ad esempio: Lo sport da praticare, come esercizio fisico; Il mio Paese, la mia Patria; Le cariche, le responsabilità; La competitività, l'ambizione; La capacità di sfruttare le situazioni a proprio favore; L'obbedienza.

Quelli invece che sembrano essere tenuti in minore considerazione attuale sono, ad esempio: La famiglia; Essere amati; La salute; Diventare famosi; La squadra del cuore; Il mio partito politico di riferimento; Conoscere persone influenti, che contano.

Con riferimento al campione Comportamenti (Tabella 5.6), le preoccupazioni più sentite dal Tipo-Cluster 1 riguardano la sicurezza e la criminalità, mentre quelle meno sentite si riferiscono al lavoro e al futuro in genere.

Con riferimento al campione Comportamenti, le valutazioni fornite rispetto ad una selezione di item significativi (Tabella 5.7), permettono di evidenziare tra l'altro, da parte del Tipo-Cluster 1: forte identificazione con una identità nazionale e internazionale; fiducia nell'istruzione; fiducia nella famiglia, ma in termini moderati; apprezzamento per un po' tutti gli aspetti del proprio lavoro; una cura (moderata) dell'alimentazione; cautela nello shopping, ma con un certo gusto per la possibilità di avere cose anche nuove e diverse; una certa attenzione nel vestire con proprietà; un sostanziale non-disgusto per la politica; scarso interesse per l'ecologismo militante; una moderata disposizione all'accoglienza degli stranieri.

TIPO-CLUSTER 2: INTROVERSI-APPARTATI

Il Tipo-Cluster 2 (Tabella 5.2), che rappresenta il 25% circa del campione, da un punto di vista anagrafico, è quello che vede di gran lunga la presenza di donne, tendenzialmente meno giovani, con istruzione elevata. Sono nella media in termini di distribuzione dei profili di stato civile; ma molto più spesso impiegati e casalinghe.

Dal punto di vista dei tratti, presentano tipicamente: in misura massima i tratti di Vulnerabilità e di Empatia; in misura moderatamente elevata il tratto di Immaginazione; in misura modesta il tratto di Introversione; in misura minima il tratto di Difensività. Dal punto di vista dei Valori, apprezzano specificamente: in misura massima il valore dell'Autonomia, della Cultura e dell'Amore; in misura limitata il valore del Successo; in misura minima il valore della Fede.

Nell'ambito del campione totale (Tabelle 5.3 e 5.4), tra gli item che riscuotono le maggiori adesioni presso il Tipo-Cluster 2, possiamo evidenziare ad esempio: Spesse volte mi sento in colpa; Ho frequenti sbalzi di umore; Valore: L'arte; Ci sono molte cose che mi preoccupano; Sento grande solidarietà con chi è più povero o sfortunato di me; Valore: La preghiera; Esprimo le mie opinioni stando attenta/o a non offendere gli altri; Mi piace sognare

Tra gli item che invece appaiono chiaramente meno condivisi dagli appartenenti al Tipo-Cluster 2, possiamo evidenziare ad esempio: Valore: Fare carriera; Mi piacciono le sfide; Sono un tipo intraprendente; Per vivere bene, i soldi sono fondamentali; La prima cosa che bisogna insegnare ai bambini è la disciplina; Nella vita è importante ottenere risultati concreti; Sono perfezionista; Valore: Il cibo. il mangiare; Mi piace trovare sempre nuove idee e nuovi progetti; Mi piace fare le cose da solo/a; Molta gente riceve cose che non merita; Rivelo poco di me stessa/o agli altri; Valore: Mantenere un aspetto gradevole. curato; Sono pieno/a di idee.

Con riferimento al campione Valori (Tabella 5.5), i temi maggiormente apprezzati dal Tipo-Cluster 2 risultano essere, ad esempio: Le attività di volontariato; La spiritualità; I libri, la lettura; Aiutare gli altri, l'impegno sociale; L'emancipazione delle donne; Una alimentazione naturale, biologica; La tolleranza verso le altre persone; La riflessione (filosofica, intellettuale).

I temi che invece sembrano essere tenuti in minore considerazione sono, ad esempio: La squadra del cuore; Gli affari, le attività economiche; Diventare famosi; Avere molti soldi; La capacità di sfruttare le situazioni a proprio favore; Il prestigio personale; Possedere cose belle e lussuose; Il potere.

Con riferimento al campione Comportamenti (Tabella 5.6), le preoccupazioni più sentite dal Tipo-Cluster 2 sono molto generali, come avviene per la guerra e per l'ecologia, mentre le preoccupazioni meno sentite riguardano il terrorismo o la vecchiaia.

Con riferimento al campione Comportamenti, le valutazioni fornite rispetto ad una selezione di item significativi (Tabella 5.7), permettono di evidenziare tra l'altro, da parte del Tipo-Cluster 2: scarsa disposizione al nazionalismo; qualche interesse per lo studio; una disposizione solo minima verso la famiglia; una limitata simpatia per il lavoro in sé e nessun interesse per la sua dimensione di arricchimento materiale e di carriera; preoccupazione per l'alimentazione e per le sue effettive qualità biologiche; anticonsumismo dichiarato; esplicito disinteresse per il proprio abbigliamento; moderato coinvolgimento nella politica; simpatie ecologiste; esplicita simpatia per gli extra-comunitari.

TIPO-CLUSTER 3: DESIDEROSI-RASSEGNATI

Il Tipo-Cluster 3 (Tabella 5.2), che rappresenta il 22% circa del campione, da un punto di vista anagrafico, è quello con la presenza assolutamente maggiore di uomini, tendenzialmente giovani, con istruzione leggermente più bassa. Sono molto più spesso single e studenti, ma un poco anche pensionati e disoccupati.

Dal punto di vista dei tratti, presentano tipicamente: una moderata tendenza all'Introversione; una Coscienziosità limitata; una propensione assai scarsa alla Dinamicità, all'Immaginazione e all'Empatia. Dal punto di vista dei Valori, apprezzano specificamente: in misura massima i valori della Fede, dell'Amore e dell'Autonomia; in scarsa misura i valori del Successo e della Tavola.

Nell'ambito del campione totale (Tabelle 5.3 e 5.4), tra gli item che riscuotono le adesioni relativamente maggiori presso il Tipo-Cluster 3, possiamo evidenziare ad esempio: Ho frequenti sbalzi di umore; Mi piace stare per conto mio; Spesso mi sento triste; Di solito. tengo per me le mie emozioni; Rivelo poco di me stessa/o agli altri; Ci sono molte cose che mi preoccupano; Mi piace fare le cose da solo/a; Per vivere bene. i soldi sono fondamentali; Valore: La libertà; Valore: Il cibo. il mangiare; Nella vita è importante ottenere risultati concreti.

Tra gli item che invece appaiono chiaramente meno condivisi dagli appartenenti al Tipo-Cluster 3, possiamo evidenziare ad esempio: Mi piace trovare sempre nuove idee e nuovi progetti; Cerco di avere sempre una buona parola per tutti; Valore: L'arte; Mi lascio andare spesso alla fantasia; Sono perfezionista; Finisco sempre quello che comincio; Mi piace sognare; Valore: La preghiera; Ho un profondo senso di gratitudine per le cose che ricevo dalla vita; Esprimo le mie opinioni stando attenta/o a non offendere gli altri; Valore: Prendersi cura del proprio corpo; Valore: Mantenere un aspetto gradevole. curato; Valore: L'amore.

Con riferimento al campione Valori (Tabella 5.5), i temi maggiormente apprezzati dal Tipo-Cluster 3 risultano essere, ad esempio: Essere liberi da obblighi e doveri; La squadra del cuore; Diventare famosi; Avere molti soldi; La salute; Conoscere persone influenti, che contano; Gli affetti; Il benessere economico; Avere un posto di lavoro sicuro e garantito.

Quelli invece che sembrano essere tenuti in minore considerazione sono, ad esempio: La musica; Viaggiare, visitare altri paesi; Le nuove esperienze, l'avventura, il rischio; Partecipare a un gruppo, a un'organizzazione; L'immaginazione, la fantasia, la creatività; La riflessione (filosofica, intellettuale); Una alimentazione naturale, biologica; Le attività di volontariato.

Con riferimento al campione Comportamenti (Tabella 5.6), le preoccupazioni più sentite dal Tipo-Cluster 3 sono riferite al futuro specie lavorativo, con scarso timore della criminalità o della guerra.

Con riferimento al campione Comportamenti, le valutazioni fornite rispetto ad una selezione di item significativi (Tabella 5.7), permettono di evidenziare tra l'altro, come caratteristiche salienti del Tipo-Cluster 3: minimo orgoglio nazionale ed europeo; minima fiducia nell'istruzione; simpatia media per la famiglia; interesse limitato per il lavoro e minimo per i suoi aspetti sociali e relazionali; nessun particolare interesse per un'alimentazione ragionata; una certa disposizione all'acquisto immediato e senza grandi riflessioni; quasi nessun interesse per il proprio abbigliamento; qualche curiosità per la politica; tendenza al disinteresse per l'ecologia; leggera diffidenza verso gli stranieri.

TIPO-CLUSTER 4: ISOLATI-DIFFIDENTI

Il Tipo-Cluster 4 (Tabella 5.2), che rappresenta il 23% circa del campione, da un punto di vista anagrafico, è vicino alla media in termini di sesso e di età, benché con una leggera maggiore presenza di uomini appena meno giovani, ma con il livello di istruzione assolutamente più basso di tutti. Rispetto alla media, sono leggermente più spesso separati o vedovi; con una maggiore presenza di pensionati e una molto minore presenza di impiegati.

Dal punto di vista dei tratti, presentano una generale maggiore radicalizzazione verso l'alto di un po' tutte le variabili considerate, nel senso che tendono a presentarle tutte in forma un po' elevata, benché la loro gerarchia sia differente da quella del campione complessivo, per cui si può dire che dimostrano tendenzialmente una maggiore Difensività e una minore Empatia rispetto agli altri. Dal punto di vista dei Valori, presentano una generale maggiore radicalizzazione verso il basso di un po' di tutte le variabili, nel senso che tendono a presentarle tutte in forma un po' bassa, salvo una moderata propensione per il Successo, con una gerarchia valoriale che è molto simile a quella della media del campione.

Nel campione totale (Tabelle 5.3 e 5.4), tra gli item che riscuotono le adesioni relativamente maggiori presso il Tipo-Cluster 4, possiamo evidenziare ad esempio: Valore: fare carriera; Valore: ottenere il successo; Mi piacciono le sfide; La prima cosa che bisogna insegnare ai bambini è la disciplina; Sono perfezionista; Mi piace fare le cose da solo/a; Per vivere bene. i soldi sono fondamentali; Mi lascio andare spesso alla fantasia; Ho una vivida immaginazione; Nelle cose che faccio. sono un tipo preciso; Spesso mi sento triste; Molta gente riceve cose che non merita; Di solito. tengo per me le mie emozioni; Valore: Il cibo. il mangiare; Finisco sempre quello che comincio; Valore: La preghiera; Ho frequenti sbalzi di umore.

Tra gli item che invece appaiono chiaramente meno condivisi dagli appartenenti al Tipo-Cluster 4, possiamo evidenziare ad esempio: Valore: Il mio partner (compagno. coniuge. fidanzata); Esprimo le mie opinioni stando attenta/o a non offendere gli altri; Valore: La libertà; Sento grande solidarietà con chi è più povero o sfortunato di me; Valore: Le mostre. i musei; Valore: La serenità interiore; Valore: L'amore; Spesse volte mi sento in colpa; Cerco di avere sempre una buona parola per tutti; Mi piace sognare; Valore: Mantenere un aspetto gradevole. curato.

Con riferimento al campione Valori (Tabella 5.5), i temi maggiormente apprezzati dal Tipo-Cluster 4 risultano essere, ad esempio: Possedere cose belle e lussuose; La competitività, l'ambizione; Il potere; Lo shopping, il fare acquisti; Conoscere persone influenti, che contano; Il prestigio personale; Potersi comperare quello che ti va; La capacità di sfruttare le situazioni a proprio favore.

Gli aspetti che invece sembrano essere tenuti in minore considerazione sono, ad esempio: Le attività di volontariato; Gli amici, le relazioni; I libri, la lettura; I diritti dei lavoratori; La tolleranza verso le altre persone; Il riposo, il relax; Avere figli, crescerli.

Con riferimento al campione Comportamenti (Tabella 5.6), le preoccupazioni più sentite dal Tipo-Cluster 4 riguardano il terrorismo, con minima preoccupazione per l'ambiente.

Con riferimento al campione Comportamenti, le valutazioni fornite rispetto ad una selezione di item significativi (Tabella 5.7), permettono di evidenziare tra l'altro, da parte del Tipo-Cluster 4: un leggero senso di identità collettiva; un certo interesse per lo studio; decisa attenzione per la famiglia; interesse per il lavoro e soprattutto per le possibilità di crescita economica e sociale che offre; attenzione per l'alimentazione, ma senza per questo limitarsi particolarmente; gusto esplicito per lo shopping, pur cercando di evitare gli eccessi; evidente attenzione per il proprio abbigliamento; tendenza al rifiuto della politica; elevate preoccupazioni ecologiche; un sentimento quasi di terrore verso gli extra-comunitari.

6. Attaccamenti genitoriali: Sicuri e Incerti

DI RENATA VIANO

Premessa

Il tema dell'attaccamento ricorre in psicologia per lo più nella versione offerta dal ben noto costrutto, affrontato in modo sistematico dal pediatra John Bowlby (1969, 1973), che, specie nelle sue versioni più divulgative, ha ottenuto un notevole successo di pubblico.

Nella tradizione psicologica, si intende generalmente per attaccamento il modo in cui l'interazione tra madre e bambino può dare luogo, nella mente del bambino, ad una rappresentazione emotivo-cognitiva delle relazioni, che viene definita a volte come sistema di attaccamento, la cui struttura guiderebbe poi la persona, come una specie di copione prescrittivo e ricorrente sia cognitivo-comportamentale sia emotivo, in tutte le relazioni interpersonali e gli scambi affettivi della sua vita adulta.

Il medium principale della relazione di attaccamento viene generalmente descritto nei termini di una variabile di natura in primo luogo meccanico-comportamentale, che consiste principalmente nella vicinanza fisica e nel contatto materiale tra il corpo della madre e il corpo del bambino, nonché dalle loro relazioni reciproche specialmente in termini di comportamenti manifesti.

Da questo punto di vista, la teoria dell'attaccamento discende in primo luogo dai ben noti studi di Harlow (1958) attraverso i quali si evidenzia il fatto che il piccolo della scimmia Rhesus non abbraccia il feticcio metallico che lo nutre ma che gli comunica un senso di freddezza (o qualcosa del genere) bensì rimane abbarbicato al morbido feticcio che non lo nutre ma che gli comunica un senso di rassicurazione (o qualcosa del genere).

Più in generale: il motivo del successo della teoria di Bowlby è dovuto, oltre che alla sua formulazione molto elementare, anche al fatto di rappresenta una conferma delle teorie comportamentiste del rinforzo, che viene fornito dalla possibilità di attaccamento fisico alla madre, ma mediate da una dimensione meccanica e affettiva (il rapporto tattile, la pressione dell'abbraccio ecc) che può tradursi interiormente in rappresentazione cognitiva.

Gli stili possibili che la madre può mettere in atto nel trattare il bambino sarebbero sostanzialmente tre: Sicuro, quando il supporto-contatto c'è sempre (la madre rimane a completa disposizione del bambino); Insicuro-ansioso-ambivalente, quando la madre alterna, secondo una sequenza discontinua di rinforzi, momenti di attaccamento con momenti di assenza; Insicuro-evitante, quando la madre mantiene costantemente una certa cautela o riserbo nel rapporto col bambino.

L'esito delle esperienze relazionali con la madre potrebbe comunque essere, in linea di massima e secondo una lettura più semplice, di due tipi molto generali: Sicuro, quando il bambino ha l'impressione di ricevere protezione e affetto in modo sufficiente; Insicuro, quando il bambino viene frustrato in questa sua esigenza.

L'esperienza della relazione con la madre, la cui rilevanza si lega verosimilmente anche alla funzione biologica di protezione che permette la sopravvivenza del bambino, rappresenterebbe dunque un apprendimento che condiziona anche i rapporti interpersonali amicali, amorosi, professionali e quant'altro nella vita adulta.

La struttura dell'attaccamento viene generalmente concepita come una forma di imprinting da socializzazione, attivato dalla presunta predisposizione innata nel bambino ad attaccarsi a chi si prende cura di lui, la quale fornirebbe uno dei pilastri costitutivi della personalità di ciascuno. Il modello appreso nella relazione con la madre verrebbe poi anche riproposto nel rapporto con gli eventuali futuri figli, proponendo dunque una forma di eredità psico-sociale che si trasferisce di generazione in generazione.

La teoria dell'attaccamento si colloca ai confini della psicologia scientifica, in virtù della connotazione socio-biologica ed etologica che le viene generalmente attribuita, pur permettendo divagazioni psicodinamiche che vengono molto apprezzate dalla pop psychology a-sperimentale, la quale suscita il massimo interesse soprattutto tra gli studenti dei corsi universitari. La teoria dell'attaccamento ha ricevuto particolari attenzioni anche nell'ambito di quella che viene detta psicoanalisi delle relazioni oggettuali.

Si tratta di una teoria il cui successo è dipeso solo molto parzialmente da riscontri oggettivi. La ricerca in materia, quando c'è, ha infatti nella maggior parte dei casi un carattere descrittivo e di osservazione etologica, la quale appare certo interessante ma anche si presta più ad ipotesi interpretative che non a verifiche sperimentali. Sono state realizzate tuttavia anche diverse interessanti ricerche, che sviluppano la possibilità di studiare l'attaccamento in contesti di ricerca specie utilizzando la procedura definita della "strange situation".

Il costrutto dell'attaccamento, tra l'altro, è anche più circolare della media di quelli che ricorrono in psicologia, visto che la relazione "insicura" viene spesso definita come nient'altro che l'inverso della relazione "sicura"; e viceversa.

La teoria dell'attaccamento contiene inoltre decise connotazioni ideologiche nel suo fornire un supporto para-scientifico alle più tradizionali visioni della donna come elemento costitutivo della vera famiglia tradizionale, nel suo proporre un ideale di vita dove la madre è in sostanza l'unica responsabile del focolare affettivo familiare. Da cui risulta evidente e biologicamente certificato che, se vuole essere una buona madre (ed evitare le colpe che conseguono ad un rapporto snaturato con i figli), è necessario che non si dedichi ad altro che alla sana cura del bambino, con cui deve vivere il più possibile in osmosi, ed eviti in tutti i modi le assenze, e meno che mai si impegni in carriere extra- familiari che porterebbero solo, come nelle stampe di Hogart sulla decadenza che segue alla crisi delle famiglie operaie settecentesche, alla distruzione dell'armonia relazionale. Mentre il padre, che nella teoria dell'attaccamento brilla in genere per la sua assenza, può senza problemi rendersi assente del tutto, dedicandosi a tutte le altre attività della vita a parte quella (materna) di seguire i bambini.

Il costrutto appare comunque teoreticamente e scientificamente stimolante, per cui ha dato luogo anche ad una vasta letteratura (Ainsworth, 1969; Ainsworth et Al, 1978; Bretherton, 1985, 1992; Parkes, Stevenson-Hinde e Marris, 1991; Baldwin et Al, 1996; Colin, 1996; Carli, 1999; Cassidy e Shaver, 1999; Cozarelli, Hoekstra e Bylsma, 2000; Crittenden e Claussen, 2000; Simonelli e Calvo, 2002; Sica, Turchi e Ghisi, 2004; Ortu, Pazzagli e Williams, 2005; Hertbnstein et Al, 2006; Prior e Glaser, 2006; Attili, 2007; Nuvoli e Uccula, 2007).

Lo stile di attaccamento genitoriale vissuto nell'infanzia, come si è detto, viene generalmente collegato, spesso anche sulla base di dati di ricerca, con gli stili relazionali che la persona realizza in età adulta (Hazan e Shaver, 1987, 1990; Simpson e Rholes, 1988, 1998; Feeney-Noller, 1990; Simpson, 1990; Mikulincer e Erev, 1991; Bartholomew e Perlman, 1994; Kirkpatrick e Hazan, 1994; Carli, 1995; Fuller e Fincham, 1995; Frazier et Al, 1996; Fraley e Shaver, 2000, 2008; Schneider, Atkinson e Tardif, 2001; Attili, 2004; Mikulincer e Goodman, 2005; Cozolino, 2006).

Il tema dell'attaccamento è stato frequentemente messo in relazione anche con le dinamiche psicologiche sottese ad eventuali disagi e sofferenze
esistenziali e in genere ad alcuni esiti detti partologici nell'età adulta
(Fishier, Sperling e Carr, 1990; Atkinson e Zucker, 1997; Platts, Tyson e
Mason, 2002; Pfafflin e Adshead, 2003; Atkinson e Goldberg, 2004; Rholes e Simpson, 2004; Grossman, Grossman e Waters, 2005; Masterson,
2006). E' stato poi discusso ampiamente se considerare lo stile di attaccamento come una dimensione legata ad un tratto oppure come un effetto
maggiormente connesso allo strutturarsi delle relazioni attuali (Kobak,
1994; Lewis, 1994; Davila, Burge e Hammen, 1997; La Guardia et Al,
2000; Fraley, 2002).

Col passare del tempo, la ricerca che utilizza il concetto di attaccamento
ha altresì preso a considerare sempre di più la formulazione classica di questo costrutto come un po' troppo elementare. Per cui si tende volentieri, nei
contesti di ricerca attuali, a parlare di concetti in effetti più classici come ad
esempio gli stili interpersonali e i modi di allevamento messi in atto dai genitori, mettendoli in relazione agli effetti che questi hanno sulla personalità
e sul benessere dei figli, anche al di là del fatto di stare fisicamente attaccati
più o meno di frequente (Bornstein, 2002; Gallagher, 2002; Bogels e Brechman-Toussaint, 2006; De Clercq et Al, 2008; Hampson, 2008).

Sono state realizzate anche varie scale per la misurazione oggettiva del
costrutto di attaccamento, come ad esempio: il *Parental Bonding Instrument* (Parker, Tupling e Brown (1979); lo *Object Relations and Reality Testing Inventory* (Bell, Billington e Becker, 1986; Bell, 1995); lo *Attachment
Style Questionnaire* (West, Sheldon e Reiffer, 1987); lo *Inventory of Parent
and Peer Attachment* (Armsden e Greenberg, 1987); il test definibile come
Four Category Model (Bartholomew e Horowitz, 1991; la *Adult Attachment Interview* (Shaver, Belsky e Brennan, 2000; Roisman et Al, 2007); il
Vulnerable Attachment Style Questionnaire (Bifulco et Al, 2003); e varie
altre (Shaver e Brennan, 1992). Sul tema sono disponibili anche delle rassegne critiche di carattere generale (Lyddon, Bradford e Nelson, 1993; Ló-
pez e Gover, 1993; Griffin e Bartholomew, 1994; Crowell e Treboux, 1995;
Carver, 1997; Simpson e Rholes, 1998; Stein et Al, 1998; Barone e Del
Corno, 2007; Fraley e Shaver, 2008).

A questi lavori ci siamo dunque ispirati per definire uno strumento di
misura molto sintetico ma, se possibile, di qualche efficacia per rilevare
almeno alcuni aspetti significativi del costrutto relativo all'attaccamento
genitoriale.

Metodologia

Per una descrizione analitica dell'impianto metodologico della ricerca, rimandiamo al Capitolo 2 che presenta l'indagine Itapi-Personalità nell'ambito della quale è stato introdotto l'approfondimento sul costrutto dell'Attaccamento (che era catalogato come Costrutto 57 nei capitoli preliminari di Itapi-G; Perussia, 2005d).

Per rilevare degli elementi utili a meglio comprendere il tema dell'attaccamento abbiamo dunque definito una piccola Scala composta di 3 item, relativi alla rappresentazione soggettiva del proprio rapporto con i genitori. Per la definizione di tale rapporto coi genitori, non abbiamo circoscritto un momento preciso cui fare riferimento, ma abbiamo preferito proporre una definizione di carattere generale.

I tre item, selezionati e rifiniti tenendo conto della letteratura di ricerca cui abbiamo accennato più sopra, si proponevano di raccogliere indizi sugli eventuali stili di attaccamento: "sicuro" (Item: p172); "ambivalente" (Item: p196); "evitante" (Item: p149).

Risultati

Dai dati emersi attraverso la ricerca (Tabella 6.1) si può in primo luogo notare, come si evidenzia nel Capitolo 3 (per cui rimandiamo alla Tabella 3.2bis), che il valore "I miei genitori" (Item: v19) è il secondo assoluto, in ordine di importanza attribuita, di tutti i valori rilevati. Viene infatti preceduto soltanto dal valore della salute.

Non altrettanto accade per la soddisfazione relativa al rapporto con i propri genitori in concreto. Nel complesso, gli adulti testimoniati dal campione sembrano essere abbastanza soddisfatti di tale relazione, ma non oltre la misura di 3 su 4 (Item: p72). Circa un terzo del campione ha percepito invece la presenza di una certa attitudine di cautela emotiva da parte dei propri genitori (Item: p196). Solo un quinto ha però vissuto un senso di costante e radicale distanza dai propri genitori (Item: p149). Si può dunque sinteticamente concludere che il rapporto con i genitori sembra esser nel complesso abbastanza buono, ma non senza ombre e con qualche punta di vera problematicità, almeno nella nostra cultura.

Tabella 6.1 - Soggetti "completamente" + "abbastanza" d'accordo con ciascuna delle affermazioni contenute in alcuni item riconducibili al tema dell'Attaccamento (% di penetrazione).

	ATTACCAMENTO	TOT	M	F	'8-30	'1-45	'6-70	Ele	Med	Sup	Uni
p172	Sono soddisfatto del rapporto che ho (ho avuto) con i miei genitori	74.0	75.6	72.4	77.1	71.2	74.0	80.3	74.2	73.1	74.6
p196	I miei genitori hanno sempre avuto difficoltà a manifestarmi i loro veri sentimenti	37.2	36.7	37.7	25.7	35.8	37.2	45.5	44.3	34.7	34.3
p149	I miei genitori sono sempre stati piuttosto freddi e scostanti	20.2	19.4	21.1	16.4	16.8	20.2	31.8	23.6	18.9	17.2
v19	Valore: I miei genitori	97.4	96.7	98.1	97.7	98.5	96.4	98.6	97.7	97.4	96.3

Sul totale delle risposte fornite dal campione agli item specifici, abbiamo applicato un'analisi fattoriale con: metodo di estrazione, analisi delle componenti principali; metodo di rotazione: Varimax con normalizzazione di Kaiser; il programma non ha attuato la rotazione, in quanto è emerso immediatamente un solo fattore. La varianza totale spiegata da tale singolo fattore è del 67.2%.

Dall'insieme di quanto emerso a seguito di tale analisi fattoriale, sembrano potersi ricavare indizi significativi sul fatto che quello dell'attaccamento, almeno nella versione rilevata in questa ricerca, potrebbe essere un costrutto bipolare lineare, che va dalla soddisfazione all'insoddisfazione per il rapporto che si è avuto occasione di sperimentare (Tabella 6.2).

Tabella 6.2 - Analisi fattoriale sulla base delle risposte relative ad alcuni item riconducibili al tema dell'Attaccamento.

ATTACCAMENTO	*F1 Attacca-mento*
p196 - I miei genitori hanno sempre avuto difficoltà a manifestarmi i loro veri sentimenti	.84
p149 - I miei genitori sono sempre stati piuttosto freddi e scostanti	.84
p172 - Sono soddisfatto del rapporto che ho (ho avuto) con i miei genitori	-.78

Abbiamo quindi condotto un'analisi dei cluster (metodo: K-medie; itera e classifica; iterazione corrente: 2) che è stata sviluppata utilizzando le valutazioni fornite rispetto ai 3 item (Tabella 6.3).

Ne è derivata una segmentazione che definisce 2 Tipi psicologici principali, rispetto all'attaccamento genitoriale.

C'è una maggioranza di persone che possono essere definite come "Sicure" (75.3%), le quali si ritengono ampiamente soddisfatte del rapporto che hanno sperimentato con i propri genitori, non hanno quasi percepito sentimenti di distanza nelle loro interazioni, mentre solo raramente hanno rilevato chiaramente la presenza di cautele emotive da parte loro.

C'è invece una minoranza di persone che possono essere definite come "Incerte" (24.7%), le quali sembrano avere vissuto nella costante impressione che i genitori non riuscissero a mostrare l'affetto che pure forse provavano, tenendo per lo più emotivamente a distanza i figli e fornendo solo marginalmente motivi di soddisfazione nel rapporto.

Tabella 6.3 - Profilo dei Tipi-Cluster sulla base delle risposte relative ad alcuni item riconducibili al tema dell'Attaccamento (% di penetrazione).

ATTACCAMENTO		TOT	Tipo 1 Sicuri (75.3%)	Tipo 2 Incerti (24.7%)	Sicuri - Incerti
p172	Sono soddisfatto del rapporto che ho (ho avuto) con i miei genitori	74.0	90.1	24.9	+65.2
p149	I miei genitori sono sempre stati piuttosto freddi e scostanti	20.2	3.8	70.3	-66.5
p196	I miei genitori hanno sempre avuto difficoltà a manifestarmi i loro veri sentimenti	37.2	18.1	95.5	-77.4

Abbiamo quindi analizzato le caratteristiche dei due Tipi emersi, incrociandole con le variabili, sia anagrafiche sia personologiche, che sono a nostra disposizione grazie al complesso delle indagini presentate in questo volume (Tabella 6.4).

Dai dati rilevati, si vede come non vi siano grandi differenze, nel vissuto dell'attaccamento genitoriale, tra gli uomini e le donne, sostanzialmente rappresentati in modo analogo in entrambe le tipologie.

Sembra avere invece un peso notevole la variabile legata all'età, per cui il tipo Incerto risulta essere molto più presente (rispetto alla distribuzione complessiva nel campione) tra le persone più mature che non tra le persone più giovani. Gli Incerti sono caratterizzati anche da un livello di istruzione moderatamente più basso rispetto ai Sicuri.

Per quanto riguarda le variabili di personalità emerse dall'insieme delle rilevazioni Itapi, possiamo notare come gli Incerti, rispetto ai Sicuri e all'insieme del campione, sembrano essere, in particolare, decisamente: molto più Invidiosi e molto più Sofferenti di salute, così come un poco più Irascibili e un poco più Solitari.

Dal punto di vista dei tratti di personalità generale, risultano essere assolutamente più Vulnerabili, Introversi e Difensivi, oltre che un poco meno Empatici e meno Dinamici, ma dotati di maggiore Immaginazione.

Tabella 6.4 - Profilo dei Tipi-Cluster sulla base delle risposte relative agli item riconducibili al tema dell'Attaccamento (dati originali; % di composizione; differenze espresse nelle scale di Tratto rispetto alla media del campione, per 100).

	ATTACCAMENTO	TOT	Tipo 1 Si-curi (75.3%)	Tipo 2 In-certi (24.7%)
Sesso	Uomini	49.7	50.4	47.7
	Donne	50.3	49.6	52.3
Età	18/39	43.3	45.6	36.2
	40/70	56.7	54.4	63.8
Istruzione	Bassa	27.0	25.2	32.5
	Alta	73.0	74.8	67.5
Attaccamento	Sicuri	75.3		
	Incerti	24.7		
Invidia	Invidiosi	60.6	59.9	62.7
	Grati	39.4	40.1	37.3
Aggressività	Garbati	62.3	66.9	48.3
	Irascibili	37.7	33.1	51.7
Relativismo	Relativisti	47.6	48.0	46.3
	Autoritari	52.4	52.0	53.7
Socialità	Solitari	49.2	45.9	59.0
	Socievoli	50.8	54.1	41.0
Salute	Sereni	47.8	51.7	35.9
	Sofferenti	52.2	48.3	64.1
Sessualità	Sesso e Matrimonio	22.1	20.9	25.7
	Sesso e Amore	38.4	39.4	35.3
	Sesso e Sesso	39.5	39.6	39.0
Giustizia	Conformisti	21.5	20.4	24.9
	Autoritari	51.7	52.2	50.0
	Idealisti	26.8	27.4	25.1

	ATTACCAMENTO	TOT	Tipo 1 Sicuri (75.3%)	Tipo 2 Incerti (24.7%)
Tratti	T1 - Dinamicità	39,9	11	-21
	T2 - Vulnerabilità	33,0	-95	305
	T3 - Empatia	45,5	27	-82
	T4 - Coscienziosità	43,3	-4	8
	T5 - Immaginazione	41,9	-15	58
	T6 - Difensività	43,1	-33	98
	T7 - Introversione	39,0	-50	144

Commento

In estrema sintesi, e sempre cercando di suggerire punti su cui potrebbe venire sviluppata la ricerca futura, si può notare come la dimensione dell'attaccamento dimostri di rappresentare una variabile potenzialmente efficace nella definizione delle tipologie che distinguono le personalità individuali tra di loro. Il che sembra poter dipendere in primo luogo dalla rilevanza esistenziale che viene attribuita a questo valore, la cui frustrazione appare particolarmente spiacevole proprio per la sua rilevanza.

Si potrebbero rilevare anche indizi del fatto che la percezione positiva del rapporto con i genitori stia migliorando nel tempo, diventando una caratteristica culturalmente più diffusa di quanto non avvenisse in passato; almeno se consideriamo la testimonianza fornita dalle persone più adulte. Il che potrebbe essere indizio di un cambiamento strutturale nella personalità di base e nei modi di rapporto, o forse anche nelle culture e nelle pedagogie, di chi è diventato genitore più di recente.

Si può notare anche la notevole caratterizzazione dei soggetti Insicuri in termini di disagio psicologico, di sofferenza e di difficoltà nelle relazioni, che li propone come portatori di una elevata sensazione di *distress*.

Nel complesso si può infine concludere, tra l'altro, che il costrutto dell'Attaccamento si conferma essere una variabile chiaramente interrelata con il disagio bio-psico-sociale. Sarà compito di ulteriori ricerche studiare se e in che senso si tratti di un rapporto di causa-effetto oppure no.

7. Meritare il mondo: Invidiosi e Grati

DI FELICE PERUSSIA

Premessa

La dicotomia tra invidia e gratitudine è un costrutto che ha raggiunto un elevato livello di popolarità soprattutto nella psichiatria italiana degli anni '60 e '70 del Novecento, secondo una moda legata alla visione psicopatologica della psichiatra austro-britannica Melanie Reizes in Klein, al tempo famosa rivale di Anna Freud.

Secondo la testimonianza riportata in un suo libro di grande successo commerciale, la Klein (1957) vedeva nella primissima infanzia la madre come se fosse stata divisa in due persone (o "seni") di cui l'uno le pareva buono e l'altro cattivo (in base ad una visione che lei stessa definiva "schizo-paranoide"). Successivamente, sempre nella prima infanzia ma un poco più avanti nell'età, le due parti scisse della madre kleiniana venivano riunite in un'unica visione, che però diventava "depressiva" in quanto, per accettare il bene intrinseco al seno della madre, occorreva accettare anche il male (che la Klein percepiva come intrinseco anch'esso) il quale sarebbe rimasto incorporato nella figura unica di una madre buona e cattiva insieme. Da ciò sarebbe derivata anche una certa quale ambivalenza della Klein nei confronti delle persone.

La visione di questo racconto o teoria, dalle connotazioni potenzialmente psicotiche e in cui la figura maschile-paterna non pare rivestire nessun ruolo di qualche rilievo, si basava su vari concetti anche metafisici, come: oggetti parziali, identificazioni proiettive, sentimenti di persecuzione, sensi di colpa, varie posizioni psico-sessuali e quant'altro.

Comprendeva comunque anche l'idea di una invidia-gelosia di base, per cui il bambino vorrebbe sempre la madre tutta per sé per amarla intensamente; ma poi, siccome questa necessariamente viene talvolta a mancare almeno per qualche momento, allora la vuole punire e distruggere. Si afferma invece la gratitudine quando la madre è disponibile e gratifica i figli; secondo il solito modello per cui la donna è buona solo se si sacrifica per la figliolanza. Da questo punto di vista, il modello della posizione paranoico-depressiva, o della invidia-gratitudine, proposto da questa teoria si collega brillantemente all'altro costrutto, pure di grande successo nella pop psychology, relativo agli stili di attaccamento, al quale viene dedicato un diverso capitolo del presente rapporto di ricerca.

Un altro filone seguendo il quale compare con qualche frequenza il concetto di invidia è, sempre restando nell'abito della tradizione psichiatrica di un tempo o della pop psychology di tempi più recenti, quello della invidia del pene, che secondo Freud (padre di Anna) muoverebbe naturalmente le donne a un senso di inferiorità verso gli uomini, che apparirebbero ai loro occhi come dotati di qualità superiori. Il costrutto risponde soprattutto alla volontà benpensante del suo ideatore di conferire un valore semi-biologico al senso si superiorità che sentiva verso le donne diverse da sua madre e, anche qui, di certificare in termini biologici e scientifici il principio dell'inferiorità della donna che è tipico delle mentalità piccolo-borghesi e integraliste in senso religioso dell'epoca.

I pure interessanti racconti alla maniera di Freud e della Klein, che abbiamo citato in questa sede più che altro a titolo di curiosità, hanno perso ormai quasi ogni interesse anche nell'ambiente psichiatrico che pure li aveva generati, restando ormai confinati eventualmente alla psicologia dei rotocalchi e della televisione.

Tuttavia: il costrutto di un atteggiamento verso l'esistenza di tipo "grato", nel senso di provare sentimenti di gratitudine per quello che la vita o le altre persone possono offrire, piuttosto che "invidioso", quando invece tutto viene dato per scontato e quanto si riceve non pare mai sufficiente a colmare il senso di mancanza che alcuni provano, sembra in effetti corrispondere, almeno sul piano fenomenico, agli atteggiamenti di molte persone reali.

E si pensi, su di un piano più generale, alla grande rilevanza esistenziale e culturale che si collega ad abitudini e tradizioni rituali assai diffuse come il "ringraziamento", importante concetto che è presente in forma di preghiera in molte religioni e che trova una espressione assai notevole anche nel fondamentale rito nazionale statunitense detto appunto del *Thanksgiving* (quello in cui, se possibile, si sacrifica il tacchino).

In una prospettiva più moderna, l'idea di una possibile bipolarità invidia-gratitudine, intesa come tratto di personalità, pare trovare riscontro anche nella ricerca psicologica vera e propria, in particolare con riferimento ad altri concetti, che sono stati ampiamente indagati dalla ricerca, come quello della gelosia e della distruttività, oppure dell'altruismo e della generosità o anche del materialismo e del pensiero machiavellico o dell'autostima e della costruzione del sé in rapporto con i modelli di riferimento o del comportamento organizzativo e della leadership o del rapporto tra fratelli o del perdono e così via.

Da un punto di vista psico-socio-biologico, ad esempio, potrebbe sembrare a prima vista poco adattativo tanto un comportamento "grato" e quindi generoso, in cui si rinuncia a qualcosa a favore di altri individui (si pensi, ad esempio, al caso del volontariato o alla caritatevole donazione di organi in vita), quanto un comportamento "invidioso", in cui eventualmente si cercano di distruggere altri individui senza raggiungere alcun diretto vantaggio di sopravvivenza per sé o per la discendenza, ma anzi finendo magari con l'essere gravemente danneggiati da una punizione di tipo penale o dalla reazione degli aggrediti. Benché ci sia chi sostiene che la gratitudine contiene in sé una rilevante componente adattativa, secondo modalità abbastanza simili a quelle del gene altruista (Trivers, 1971; Emmons, 2008; McCullough, Kimeldorf e Cohen, 2008).

Nella letteratura di ricerca, si è voluto distinguere tra una invidia vera e propria o "maligna", che contiene anche sentimenti aggressivi e distruttivi, e una invidia "benigna", nel senso che manca della componente ostile ma rappresenta più che altro un atteggiamento comparativo potenzialmente anche motivante ad un'emulazione in senso positivo (Smith e Kim, 2007). La gratitudine è stata messa in relazione anche con la propensione al perdono, e l'invidia con la propensione alla vendetta (Berry et Al, 2005; Worthington, 2005; Neto, 2007). Si è spesso insistito anche sulla natura strutturale o di tratto, più che occasionale o di stato, che caratterizzerebbe l'attitudine grata (Wood et Al, 2008).

Il concetto di invidia-gratitudine trova oggi, in una prospettiva di ricerca psicologica, valenze di natura molteplice: economica, biologica, politica, sociologica ecc (Piliavin e Charng, 1990). Nella ricerca psicologica sistematica si è dunque parlato, secondo diverse prospettive, di "envious mind" (Miceli e Castelfranchi, 2007), di "grateful disposition" (McCullough, Emmons e Tsang, 2002), di "grateful people" (Wood, Joseph e Linley, 2007), piuttosto che della possibilità di contrapporre bipolarmente le attitudini di risentimento e di invidia da una parte e quelle di simpatia e di benevolenza dall'altra (Feather e Nairn, 2005).

Lo studio dell'invidia è stato spesso collegato alle caratteristiche di genere, a volte combinandolo con la psicologia dello sviluppo, per cui vi sono diversi studi sulle differenze tra uomini e donne e sul loro evolvere dalla nascita all'età adulta (Navaro e Schwartzberg, 2007). Spesso questo tipo di collegamento viene ricondotto ad una dimensione psicodinamica e clinica, benché quasi mai alla vecchia versione psicoanalitica.

Un altro modo in cui l'invidia viene studiata oggi è sotto la definizione di "Sindrome di Salieri", riferendosi al caso del ben noto collega di Mozart. Con questa figura retorica si intende definire un soggetto che è invidioso nei confronti di un altro personaggio, di cui però capisce che possiede qualità migliori e che quindi cerca di danneggiare non potendolo superare nella qualità della performance.

Talvolta si utilizza anche il termine, una volta tanto di origine tedesca invece che latino-inglese, di "Schadenfreude", intendendo il gusto per la sofferenza o per il danneggiamento altrui, ancorché non nel senso erotico del sadismo quanto piuttosto in un senso interpersonale della vendetta, che può accompagnarsi all'invidia, come pare fosse anche il caso del povero Antonio Salieri.

In qualche occasione, l'invidia è stata collegata invece alla figura letteraria di Madame Bovary. Il che ci conferma nella constatazione del fatto che, al di là delle più o meno fantasiose teorizzazioni che possono accompagnarlo, si tratta evidentemente di un costrutto molto evocativo.

Il tema dell'invidia-gratitudine può collegarsi a tanti costrutti che gli appaiono parenti, come il senso di inferiorità o il senso di ingiustizia, il dono, la riconoscenza, la frustrazione, la rivalità, il risentimento, l'avarizia, il desiderio di rivalsa e di vendetta, il gusto di premiare ecc. Può essere concettualizzato in vari meccanismi di difesa cognitivi ed emotivi. Si può utilizzare per leggere i rapporti tra i colleghi in contesti di lavoro, i rapporti tra gli alunni in contesti scolastici, i rapporti tra fratelli, il credo religioso e i rapporti con le altre religioni, il credo sportivo e i rapporti con le altre tifoserie ecc.

Alcuni hanno affrontato tale costrutto in termini soprattutto di emozioni. Si è rilevato così che il disprezzo e l'invidia possono essere gli antecedenti emotivi del piacere per la cattiva fortuna altrui (Feather e Nairn, 2005). Mentre l'invidia o la simpatia possono collegarsi ad una disposizione o meno verso la comparazione sociale, ovvero alla propensione a confrontare costantemente la propria condizione con quella altrui (Brigham et al, 1997; White et Al, 2006). Si è posta attenzione anche alla distinzione tra l'emozione dell'invidia e quella della gelosia, visto che i due sentimenti paiono spesso avere molti aspetti in comune (Parrott e Smith, 1993).

Sono state prodotte, almeno in prima approssimazione, anche delle scale per rilevare il tratto della gratitudine (Tesser, Gatewood, e Driver, 1968;

Watson, Clark e Tellegen, 1988; Watkins et Al, 2003; Miley e Spinella, 2006; Diessner e Lewis, 2007; Wood et Al, 2008).

Mentre nella letteratura scientifica sono ormai disponibili diversi lavori interessanti che, nell'ambito della psicologia della personalità, ruotano attorno a questi costrutti e alla loro capacità potenziale di descrivere, motivare e segmentare i comportamenti (Bandura, Ross e Ross, 1963; Schoeck, 1966; Foster, 1972; Silver e Sabini, 1978; Smith, Kin e Parrott, 1988; Salovey, 1991; Parrott e Smith, 1993; De Nardis, 2000; Emmons e Crumpler, 2000; Montaldi, 2000; McCullough et Al, 2001; Brissette, Scheier e Carver, 2002; Joyce Kim e Hupka, 2002; Bono, Emmons e McCullough, 2004; Emmons e McCullough, 2004; Peterson e Seligman, 2004; Bartlett e DeSteno, 2006; Polak e McCullough, 2006; Tsang, 2006; Watkins et Al, 2006; Smith e Kim, 2007; Wood, Joseph e Linley, 2007; Algoe, Haidt e Gable, 2008; Smith, 2008).

Tra l'altro: con il passare degli anni, il tema viene affrontato con crescente frequenza ponendo l'accento molto più sulla gratitudine che non sull'invidia (come invece preferiva la psichiatria classica), contribuendo a quella crescente deriva che è in atto verso una psicologia che si propone come modo di sviluppare il lato positivo della vita molto più che di sviscerarne quello negativo, come tendeva ad accadere tempo addietro. Questo nuovo atteggiamento ottimista, che certo non riguarda solo il tema dell'invidia o della gratitudine, sta decisamente emergendo nell'ambito della ricerca psicologica in termini che vengono spesso definiti, anche molto al di là della dimensione clinica, come "psicologia positiva" (Seligman, 1991; Peale, 1996; Folkman e Moskowitz, 2000; Peterson, 2000; Seligman e Csikszentmihalyi, 2000; Fredrickson, 2001; Lyubomirsky, 2001; Snyder e Lopez, 2002; Lazarus, 2003; Linley e Joseph, 2004; Peterson e Seligman, 2004; Martin, 2007; Maddux, 2008).

Abbiamo dunque tentato anche nell'ambito del Programma Itapi di approfondire attraverso la ricerca empirica la questione della eventuale presenza, nonché dei possibili termini in cui si struttura, di un tratto di gratitudine o di invidia.

Metodologia

Per una descrizione analitica dell'impianto metodologico generale della ricerca, rimandiamo al Capitolo 2 che presenta dettagliatamente l'indagine Itapi-Personalità nell'ambito della quale è stato introdotto l'approfondimento sui costrutti dell'Invidia e della Gratitudine (che erano catalogati come Costrutti 37 e 38 nei capitoli preliminari di Itapi-G; Perussia, 2005d).

Per rilevare degli elementi utili a meglio comprendere il tema dell'invidia e della gratitudine, abbiamo dunque definito una scala composta di 4 item, relativi al fatto di sentirsi riconoscenti per quello che si incontra nella vita (Item: p43, p47) o al fatto di eventualmente provare, magari anche in termini proiettivi, un fastidio tendenzialmente invidioso per il fatto che altri ricevono qualche cosa (Item: p10, p212); "evitante" (Item: p149).

Risultati

Dai dati emersi attraverso la ricerca (Tabella 7.1) si può in primo luogo notare come gli atteggiamenti legati all'invidia (Item p10, p212) raccolgono. nel complesso del campione, adesioni decisamente maggiori di quando non avvenga per la gratitudine, benché l'idea generale del ringraziamento (Item p43) trovi un posto notevole nel cuore delle persone che abbiamo avvicinate.

Non sembrano notarsi differenze significative di risposta in base all'età o in base al sesso; pur con una lievemente maggiore propensione femminile alla gratitudine, che però è davvero minima. Riguardo al livello di istruzione, si può solo notare una lieve, ma non sempre presente, maggiore tendenza alla gratitudine con il crescere della cultura.

Nel complesso, comunque, si rilevano indizi piuttosto chiari sul fatto che invidia e gratitudine non sembrano essere collegate che minimamente a variabili di natura anagrafica.

**Tabella 7.1 - Soggetti "completamente" + "abbastanza" d'accordo con ciascu-
na delle affermazioni contenute in alcuni item riconducibili al tema
dell'Invidia e della Gratitudine (% di penetrazione).**

	INVIDIA/ GRATITUDINE	*TOT*	*M*	*F*	*18-30*	*31-45*	*46-70*	*Ele*	*Med*	*Sup*	*Uni*
p10	Molta gente è invidiosa	82.1	82.2	82.0	82.2	83.9	81.4	87.9	85.2	83.4	74.3
p43	Ho un profondo senso di gratitu-dine per le cose che ricevo dalla vita	81.0	79.2	82.8	79.2	74.0	80.2	87.9	78.6	81.1	82.2
p212	Molta gente ri-ceve cose che non merita	74.0	77.0	71.4	76.6	78.6	68.9	83.3	75.2	75.4	67.0
p67	Mi sento sempre un po' in debito per quello che mi trovo ad ave-re	39.7	37.3	42.0	37.3	37.5	36.2	39.4	39.6	40.0	39.6

Sul totale delle risposte fornite dal campione agli item specifici relativi all'invidia e alla gratitudine, abbiamo applicato un'analisi fattoriale (metodo di estrazione: analisi delle componenti principali; metodo di rotazione: Varimax con normalizzazione di Kaiser; la rotazione ha raggiunto i criteri di convergenza in 3 iterazioni). La varianza totale spiegata è risultata essere del 60.6%: F1, 32.0%; F2, 28.6% (Tabella 7.2).

Si evidenzia chiaramente una ripartizione in due fattori, riconducibili: l'uno ad un costrutto di invidia e l'altro ad un costrutto di gratitudine. Il che suggerisce si tratti di due variabili psicologiche non antagoniste bensì separate tra loro.

Tabella 7.2 - Analisi fattoriale sulla base delle risposte relative ad alcuni item riconducibili al tema dell'Invidia e della Gratitudine.

	INVIDIA/GRATITUDINE	F1 Invidia	F2 Gratitudine
p10	Molta gente è invidiosa	.80	
p212	Molta gente riceve cose che non merita	.80	
p43	Ho un profondo senso di gratitudine per le cose che ricevo dalla vita		.76
p67	Mi sento sempre un po' in debito per quello che mi trovo ad avere		.75

Abbiamo quindi condotto un'analisi dei cluster (metodo: K-medie; itera e classifica; iterazione corrente: 7) che è stata sviluppata utilizzando le valutazioni fornite rispetto agli stessi 4 item (Tabella 7.3).

Ne è derivata una segmentazione che definisce 2 Tipi psicologici principali, rispetto ai costrutti dell'invidia e della gratitudine. Non sembra trattarsi però di una contrapposizione drastica, bensì di una tendenza rilevante la quale non pare essere del tutto pervasiva. In altre parole: si evidenzia una tendenza, ma non una netta segmentazione tipologica, verso una attitudine di fondo che è moderatamente invidiosa piuttosto che moderatamente grata, ma con vari indizi di contaminazione tra i due modi di essere.

Si tratta insomma di indicazioni interessanti, almeno per un primo approccio, ma che necessitano certamente di ulteriori approfondimenti di ricerca.

Tabella 7.3 - Profilo dei Tipi-Cluster sulla base delle risposte relative ad alcuni item riconducibili al tema dell'Invidia e della Gratitudine (% di penetrazione).

	INVIDIA/GRATITUDINE	TOT	Tipo 1 Invidiosi (60.6%)	Tipo 2 Grati (39.4%)	Invidiosi - Grati
p212	Molta gente riceve cose che non merita	74.0	93.2	44.4	+48.8
p10	Molta gente è invidiosa	82.1	96.5	59.8	+36.7
p43	Ho un profondo senso di gratitudine per le cose che ricevo dalla vita	81.0	78.8	84.4	-5.6
p67	Mi sento sempre un po' in debito per quello che mi trovo ad avere	39.7	25.8	61.1	-35.3

Abbiamo quindi analizzato le caratteristiche dei due Tipi emersi, incrociandole con le variabili, sia anagrafiche sia personologiche, messe a disposizione dal complesso delle indagini che presentiamo in questo volume (Tabella 7.4).

Come si vede, una moderata propensione all'invidia sembra prevalere, in termini di personalità di base, sulla disposizione alla gratitudine, visto che il tipo Invidioso è rappresentato da una volta e mezzo i casi (60.6%) rispetto al tipo Grato (39.4%). Il tipo Grato appare altresì, rispetto al suo potenziale antagonista Invidioso, moderatamente più dotato di un livello di istruzione elevato e di un'età avanzata, mentre si tratta un poco più spesso di una donna.

Il tipo Grato pare anche essere, in misura moderata: più gentile e meno irascibile; più tollerante e meno autoritario; più idealista nel campo della giustizia. Non si evidenziano invece differenze di rilievo tra i due gruppi per quanto concerne l'attaccamento genitoriale, la socialità, la salute, gli atteggiamenti verso il sesso.

In termini di tratti e di valori, con riferimento ai Test Itapi, il dato più evidente è il fatto che il tipo Invidioso presenta un livello di Difensività drasticamente più elevato, assieme ad una leggera maggiore disposizione alla Vulnerabilità e alla Introversione, rispetto al tipo Grato.

Tabella 7.4 - Profilo dei Tipi-Cluster sulla base delle risposte relative agli item riconducibili al tema dell'Invidia e della Gratitudine (dati originali; % di composizione; differenze espresse nelle scale di Tratto rispetto alla media del campione, per 100).

	INVIDIA/GRATITUDINE	*TOT*	*Tipo 1* *Invidiosi* *(60.6%)*	*Tipo 2* *Grati* *(39.4%)*
Sesso	Uomini	49.7	52.1	46.0
	Donne	50.3	47.9	54.0
Età	18/39	43.3	43.5	43.0
	40/70	56.7	56.5	57.0
Istruzione	Bassa	27.0	29.0	24.0
	Alta	73.0	71.0	76.0
Attaccamento	Sicuri	75.3	74.5	76.6
	Incerti	24.7	25.5	23.4

	INVIDIA/GRATITUDINE	TOT	Tipo 1 Invidiosi (60.6%)	Tipo 2 Grati (39.4%)
Aggressività	Garbati	62.3	58.8	67.8
	Irascibili	37.7	41.2	32.2
Relativismo	Relativisti	47.6	43.0	54.5
	Autoritari	52.4	57.0	45.5
Socialità	Solitari	49.2	48.4	50.3
	Socievoli	50.8	51.6	49.7
Salute	Sereni	47.8	46.8	49.2
	Sofferenti	52.2	53.2	50.8
Sessualità	Sesso e Matrimonio	22.1	21.3	23.4
	Sesso e Amore	38.4	39.4	37.0
	Sesso e Sesso	39.5	39.4	39.6
Giustizia	Conformisti	21.5	20.0	23.7
	Autoritari	51.7	55.6	45.7
	Idealisti	26.8	24.4	30.6
Tratti	T1 - Dinamicità	39,9	29	-37
	T2 - Vulnerabilità	33,0	55	-75
	T3 - Empatia	45,5	-22	34
	T4 - Coscienziosità	43,3	57	-90
	T5 - Immaginazione	41,9	19	-21
	T6 - Difensività	43,1	243	-374
	T7 - Introversione	39,0	30	-52

Commento

Si può concludere provvisoriamente, almeno sulla base dei dati che abbiamo messo qui a disposizione, che la dimensione dell'invidia e quella della gratitudine sembrano rappresentare due fattori separati nella costruzione identitaria delle persone, più che essere un fattore bipolare in cui al crescere dell'una verrebbe automaticamente a diminuire l'altra e viceversa.

Da un punto di vista tipologico, si evidenziano buoni indizi sul fatto che la persona invidiosa e quella grata appartengono a due differenti modalità in base alle quali interpretare l'esistenza.

Si direbbe però che lo strumento di rilevazione utilizzato nella nostra ricerca, pur fornendo indizi significativi, necessita di un perfezionamento per poter meglio evidenziare gli elementi cardine su cui effettivamente si può strutturare tale diversità tipologica di fondo.

8. Governare l'aggressività: Garbati e Irascibili

DI FELICE PERUSSIA

Premessa

Il tema dell'aggressività rappresenta uno dei settori più classici della ricerca in ambito psicologico. Il costrutto dell'aggressività è stato affrontato da diversi punti di vista, producendo una letteratura scientifica ormai molto ricca cui hanno contribuito molti autori della ricerca psicologica internazionale (tra cui: Dollard et Al, 1939; Buss, 1961; Berkowitz, 1962; Lorenz, 1963; Storr, 1968; Bandura, 1973; Milgram, 1974; Baron, 1977; Bonino e Saglione, 1978; Eibl-Eibesfeldt, 1979; Di Maria e Di Nuovo, 1984; Klama, 1988; Huesmann e Eron, 1989; Geen, 1990; Buss e Perry, 1992; Berkowitz, 1993; Tedeschi e Felson, 1994; Krahe, 2001; Anderson, Bushman, 2002; Miller, 2003; Flannery, Vazsonyi e Waldman, 2007).

Il costrutto non è mai stato definito in modo davvero convincente. Benché ricorra costantemente nella letteratura scientifica da ben oltre un secolo. Viene anzi considerato come uno dei casi classici di imprecisione semantica nelle scienze umane.

Cionondimeno: l'aggressività, a partire dalla teoria dell'evoluzione biologica di Charles Darwin, viene considerata (assieme al sesso) come una delle pulsioni universali o degli istinti fondamentali che determinerebbero il comportamento umano. Tali istinti vengono concepiti come elementi assolutamente funzionali alla lotta per la sopravvivenza e li si considera come le variabili principali per comprendere le motivazioni di molte scelte individuali così come di gran parte del comportamento sociale o etologico.

Sono stati realizzati molteplici test psicologici, sia di tipo oggettivo che di tipo proiettivo, per rilevare il tratto di aggressività. Ma, pur avendo tenuto puntualmente conto di tale letteratura psicometrica anche per l'identificazione degli item utilizzati qui, non tentiamo nemmeno di affrontarne un pur breve approfondimento in questa sede, vista la loro notevole quantità.

Ricordiamo però alcune rassegne, o altri volumi di carattere generale, utili per approfondire il tema dell'aggressività in generale e che propongono anche degli strumenti psicologici per evidenziarne eventualmente la presenza (Baron e Richardson, 1994; Goldstein, 1994; Mastroeni, 1997; Geen e Donnerstein, 1998; Van Hasselt e Hersen, 2000; Ramirez e Richardson, 2001; Bani, Giannoni e Miniati, 2002; Craig e Bushman, 2002; Masala, Petretto e Preti, 2002; Fornaro, 2004; Cerruti e Manca, 2006; Morgan, 2006; Kool, 2008; Valcarenghi, 2008).

La materia viene molto studiata anche per via dei pensanti riflessi che questa esercita tanto sulla condizione del benessere individuale quanto sul piano sociale, specie per quanto riguarda il controllo dell'aggressività e la riduzione dei suoi influssi negativi nei rapporti interpersonali e sociali (Lachmann, 2001; Rizzuto, Meissner e Buie, 2004; Goldstein et Al, 2006; Blake e Hamrin, 2007; Cavell e Malcolm, 2007). Si pensi, per capire l'importanza del tema, all'effetto di un inefficace controllo dell'aggressività nelle relazioni tra pari o all'interno della famiglia; o si pensi alla guida automobilistica aggressiva o all'aggressività delle tifoserie sportive o agli scontri politici di piazza. Per cui attualmente la gestione della rabbia è uno dei temi che si trovano maggiormente al centro dell'attenzione, almeno negli Stati Uniti, per quanto riguarda l'intervento terapeutico o riabilitativo.

Lo studio dell'aggressività ha visto costituirsi anche una vera e propria tradizione italiana di ricerca nel campo della personalità, specie grazie all'importante lavoro che da molti anni conducono Gian Vittorio Caprara e il suo gruppo di ricerca (Caprara, 1972, 1976, 1987; Caprara e Renzi, 1986; Caprara e Laeng, 1988; Caprara, Mazzotti e Prezza, 1990; Caprara, Barbaranelli e Comrey, 1992; Caprara et Al, 1994; Caprara, Barbaranelli e Zimbardo, 1996; ecc).

Visto il suo carattere molto generale, il tema dell'aggressività è stato studiato con procedure sperimentali o psicometriche, ma è stato anche fatto oggetto di innumerevoli analisi che lo hanno utilizzato come chiave di lettura generalizzata sul comportamento, seguendo un po' tutte le teorie disponibili: in termini socio-biologici piuttosto che psicoanalitici, in termini pedagogici piuttosto che comportamentisti, in termini psico-sociali piuttosto che esistenzialisti ecc.

Si studia l'aggressività in termini di comportamento aggressivo concreto e visibile, ma anche in termini di pensiero e di reazioni emotive interiori. Spesso la propensione o meno all'aggressività viene concepita come un tratto basale della personalità, benché molti dati di ricerca evidenzino il fatto che questa può essere una risposta situazionale alla frustrazione e che può venire fortemente accentuata o invece frenata da fattori culturali e sociali con i loro relativi rinforzi, specie in termini di socializzazione.

Sulla base delle ricerche disponibili, il fattore dell'aggressività viene spesso scomposto in diverse componenti che concorrono direttamente e indirettamente a definirlo o contestualizzarlo, sulla base di diversi possibili costrutti dalle diverse sfumature concettuali, quali ad esempio: reattività emotiva, impulsività, catarsi, rabbia, distruttività, modi antisociali, valutazione positiva della violenza, invidia, pregiudizi verso l'aggredito, ostilità, ritualità, sport, sublimazione ecc.

Metodologia

Per una descrizione analitica dell'impianto metodologico della ricerca, rimandiamo al Capitolo 2 che presenta l'indagine Itapi-Personalità, nell'ambito della quale è stato introdotto l'approfondimento sul costrutto dell'Aggressività (che era presente con i Costrutti 10, 21, 28, 56 nei capitoli preliminari di Itapi-G; Perussia, 2005d).

Per rilevare degli elementi utili a meglio comprendere il tema dell'aggressività, abbiamo dunque definito una scala composta da 8 item, che evidenziano alcune variabili di atteggiamento le quali possono fornire indizi-spia sulla presenza di attitudini aggressive nella persona.

Risultati

Dai dati emersi attraverso la ricerca (Tabella 8.1) si evidenzia una tendenza piuttosto moderata verso l'aggressività da parte del campione; nel senso che sembra potersi rilevare una certa quale propensione a produrre talvolta risposte impulsive, ma molto meno qualcosa di simile a una vera e propria disposizione a comportamenti in qualche modo violenti.

Emerge cioè una moderata attitudine alla risposta immediata e irriflessiva (Item p18, p208), ma molto meno una disposizione verso l'idea di realizzare atti concreti di aggressione anche solo in senso metaforico (Item p188, p120, p99, p209) o verso l'insorgere di una rabbia vera e propria (Item p177) o verso un sentimento di stabile irritazione (Item p154).

Questi indizi di potenziale aggressività si manifestano secondo una misura che tende decisamente: a diminuire con il crescere del livello di istruzione; a scendere leggermente con l'età; ad essere moderatamente maggiore tra gli uomini che non tra le donne.

Merita notare anche come, dalla rilevazione Itapi-Comportamenti (che, essendo separata rispetto a quella ai cui item facciamo riferimento in questo capitolo, non può ovviamente entrare nelle specifiche analisi dei fattori o dei cluster sviluppate con riferimento alla scala in esame), risulta anche che una condotta apertamente aggressiva, nel senso del venire materialmente alle mani con qualcuno (c138), è stata sperimentata da quasi un terzo del campione. In particolare, hanno fatto a botte nell'arco della propria vita: un quinto delle donne e due quinti degli uomini; un po' più frequentemente tra i giovani, ma senza che si evidenzi una netta differenziazione in base al livello di istruzione.

La Tabella 8.1 permette anche di mettere in evidenza un dato che riesce piuttosto interessante specie da un punto di vista metodologico, e che possiamo rilevare, in varia misura, nella generalità delle rilevazioni psicologiche (come anche in quelle demoscopiche), ritrovandolo pure in altri punti di questo rapporto di ricerca.

Accade infatti che piccole variazioni nelle domande producano relativamente ampie variazioni nelle risposte. Nel caso specifico dell'aggressività, ad esempio, quando l'item pare riferirsi ad una contingenza più incidentale (c128; p120) si ottiene una maggiore adesione da parte del campione rispetto a quando invece l'item sembra forse evocare una condizione più stabile nella persona (p209; p99).[1]

---

[1] Nel caso di c128 e di p209, premesso che comunque risulta sempre necessario condurre le opportune verifiche attraverso nuove ricerche, si direbbe che un occasionale comportamento aggressivo nella vita, che ricorda tra l'altro usi tipicamente infantili, come il "fare a botte" (c128) sia più vicino alla sensibilità delle persone, o socialmente più accettabile, di quanto non accada per una più indefinita (e quindi potenzialmente reiterata o addirittura abitudinaria) disposizione a venire alle mani con la gente.

Tabella 8.1 - Soggetti "completamente" + "abbastanza" d'accordo con ciascuna delle affermazioni contenute in alcuni item riconducibili al tema dell'Aggressività (% di penetrazione).

	AGGRESSIV ITA'	*TO T*	*M*	*F*	*18- 30*	*31- 45*	*46- 70*	*Ele*	*Me d*	*Sup*	*Uni*
p18	Se mi provocano, a volte rispondo molto male	63.4	64.2	62.6	64.1	65.4	63.4	68.2	72.0	60.4	60.7
p208	Tendo ad agire in maniera impulsiva	47.3	43.5	51.0	52.3	45.2	46.3	48.5	50.3	50.7	36.0
p188	In alcuni casi, è giusto farsi giustizia da soli	38.7	43.2	34.3	49.2	45.0	38.7	33.3	42.1	41.1	30.0
p177	Mi arrabbio facilmente	36.7	36.7	36.6	40.6	37.0	36.7	51.5	39.3	36.2	32.7
p120	A volte mi dicono che sono troppo aggressiva/o	31.7	30.2	33.1	31.9	34.4	31.7	34.8	37.1	30.7	28.4
p99	Ho un carattere aggressivo	26.5	27.3	25.7	32.5	29.7	26.5	30.3	30.8	26.0	23.1
p154	Sono spesso di cattivo umore	23.3	26.2	20.4	24.5	19.0	23.3	39.4	26.4	22.7	18.5
p209	Mi è capitato di venire alle mani con altre persone	16.5	22.6	10.4	21.4	19.8	11.3	18.2	19.5	16.2	13.9
c128	Fare a botte con qualcuno (nella vita)	31.6	44.6	18.7	39.0	37.6	23.0	20.4	33.1	34.2	26.8

Sul totale delle risposte fornite dal campione agli item specifici, abbiamo applicato un'analisi fattoriale (metodo di estrazione: analisi delle componenti principali; metodo di rotazione: Varimax con normalizzazione di Kaiser; la rotazione ha raggiunto i criteri di convergenza in 3 iterazioni). La varianza totale spiegata è risultata essere del 52.5%: F1, 32.1%; F2, 20.4% (Tabella 8.2).

Si rileva infatti un Fattore 1 che pare legato ad una dimensione più interiore dell'aggressività, intesa come condizione emotiva, che ricorda più da vicino l'emozione della rabbia. Il Fattore 2 presenta invece connotazioni che si orientano maggiormente al comportamento esteriore, anche solo nella fantasia, e suggeriscono quindi in misura maggiore l'idea della vendetta.

La correlazione tra i due fattori sembra peraltro essere relativamente stretta, visto che, pur non riducendosi ad un fattore solo, vi sono diversi item che presentano un indice di saturazione di qualche rilievo anche all'altro fattore di cui pure non fanno parte in modo primario.

Tabella 8.2 - Analisi fattoriale sulla base delle risposte relative ad alcuni item riconducibili al tema dell'Aggressività.

AGGRESSIVITA'	*F1 Interiore*	*F2 Esteriore*
p177 - Mi arrabbio facilmente	.79	
p120 - A volte mi dicono che sono troppo aggressiva/o	.70	.31
p154 - Sono spesso di cattivo umore	.67	
p99 - Ho un carattere aggressivo	.66	.38
p208 - Tendo ad agire in maniera impulsiva	.53	.30
p18 - Se mi provocano, a volte rispondo molto male	.50	.32
p188 - In alcuni casi, è giusto farsi giustizia da soli		.81
p209 - Mi è capitato di venire alle mani con altre persone		.72

Abbiamo quindi condotto un'analisi dei cluster (metodo: K-medie; itera e classifica; iterazione corrente: 10) che è stata sviluppata utilizzando le valutazioni fornite rispetto a tutti e 8 gli item (Tabella 8.3).

Ne è derivata una segmentazione che definisce 2 tipi psicologici principali, rispetto al costrutto dell'aggressività. Sembra trattarsi altresì di due tipologie personologiche abbastanza chiaramente separate tra di loro, pur mantenendo alcuni elementi di sovrapposizione.

Il tipo Irascibile tende infatti, in una misura nettamente superiore al tipo Gentile, a percepire come aggressivo il proprio modo di essere (p99; p120) ed a tradurre in atti tale disposizione caratteriale (p209). Il tipo Aggressivo tende anche, con molta maggiore facilità rispetto al tipo Gentile: ad irritarsi (p177); ad agire impulsivamente (p208; p18); ad essere di cattivo umore (p154); ad immaginare di mettere in atto eventuali vendette (p188).

Tabella 8.3 - Profilo dei Tipi-Cluster sulla base delle risposte relative ad alcuni item riconducibili al tema dell'Aggressività (% di penetrazione).

AGGRESSIVITA'		*TOT*	*Tipo 1 Garbati (62,3%)*	*Tipo 2 Irascibili (37,7%)*	*Garbati - Irascibili*
p120	A volte mi dicono che sono troppo aggressiva/o	31,7	7,6	71,5	-63,9
p177	Mi arrabbio facilmente	36,7	15,7	71,5	-55,8
p99	Ho un carattere aggressivo	26,5	5,7	60,9	-55,2
p208	Tendo ad agire in maniera impulsiva	47,3	29,6	76,5	-46,9
p18	Se mi provocano, a volte rispondo molto male	63,4	48,0	88,9	-40,9
p188	In alcuni casi, è giusto farsi giustizia da soli	38,7	26,4	59,1	-32,7
p154	Sono spesso di cattivo umore	23,3	12,8	40,7	-27,9
p209	Mi è capitato di venire alle mani con altre persone	16,5	6,5	33,0	-26,5

Abbiamo quindi analizzato le caratteristiche dei due tipi emersi, incrociandole con le variabili, sia anagrafiche sia personologiche, messe a disposizione dal complesso delle indagini presentate in questo volume (Tabella 8.4).

In primo luogo si rileva come i tipi Garbati rappresentino quasi i due terzi del campione, contro un terzo rappresentato dagli Irascibili. Gli Irascibili si distinguono dai Garbati in quanto risultano essere un poco più spesso: uomini, di età giovane e di istruzione inferiore. Ma si tratta di variazioni decisamente molto contenute.

Gli Irascibili tendono anche a presentare, con maggiore frequenza dei Garbati: una condizione di disagio per quanto riguarda la salute; un attaccamento incerto verso i genitori; una tendenza all'invidia; un maggiore conformismo negli atteggiamenti verso il sesso; una disposizione più tradizionale o autoritaria verso la giustizia. Risultano altresì leggermente meno relativisti.

Per quanto riguarda i tratti di personalità, i tipi Irascibili si distinguono soprattutto per alcune drastiche differenze rispetto ai tipi Garbati. Gli Irascibili sono infatti caratterizzati da molto maggiore Vulnerabilità, Difensività e Dinamicità; mentre risultano essere relativamente meno caratterizzati dalla Empatia.

Tabella 8.4 - Profilo dei Tipi-Cluster sulla base delle risposte relative agli item riconducibili al tema dell'ggressività (dati originali; % di composizione; differenze espresse nelle scale di Tratto rispetto alla media del campione, per 100).

	AGGRESSIVITA'	TOT	Tipo 1 Garbati (62.3%)	Tipo 2 Irascibili (37.7%)
Sesso	Uomini	49.7	48.2	52.2
	Donne	50.3	51.8	47.8
Età	18/39	43.3	39.6	49.4
	40/70	56.7	60.4	50.6
Istruzione	Bassa	27.0	24.1	31.8
	Alta	73.0	75.9	68.2
Attaccamento	Sicuri	75.3	80.9	66.1
	Incerti	24.7	19.1	33.9
Invidia	Invidiosi	60.6	57.2	66.3
	Grati	39.4	42.8	33.7
Relativismo	Relativisti	47.6	49.4	44.4
	Autoritari	52.4	50.6	55.6
Socialità	Solitari	49.2	47.8	51.5
	Socievoli	50.8	52.2	48.5
Salute	Sereni	47.8	53.7	38.0
	Sofferenti	52.2	46.3	62.0
Sessualità	Sesso e Matrimonio	22.1	19.7	26.1
	Sesso e Amore	38.4	41.2	33.9

	AGGRESSIVITA'	TOT	Tipo 1 Garbati (62.3%)	Tipo 2 Irascibili (37.7%)
	Sesso e Sesso	39.5	39.1	40.0
Giustizia	Conformisti	21.5	20.2	23.5
	Autoritari	51.7	50.0	54.4
	Idealisti	26.8	29.8	22.0
Tratti	T1 - Dinamicità	39.9	-126	217
	T2 - Vulnerabilità	33.0	-210	358
	T3 - Empatia	45.5	64	-104
	T4 - Coscienziosità	43.3	11	-21
	T5 - Immaginazione	41.9	-79	140
	T6 - Difensività	43.1	-136	225
	T7 - Introversione	39.0	6	-15

Commento

I dati raccolti permettono di evidenziare come si possa correttamente parlare di un tratto aggressivo di personalità, il quale risulta essere scarsamente correlato con variabili anagrafiche.

Tale tratto pare essere scomponibile abbastanza nettamente, quanto meno, in una forma di irritazione interiorizzata, da una parte, e in una disposizione esteriorizzata a reagire in termini di *acting-out*, dall'altra.

Il tratto di Irritabilità si collega altresì abbastanza chiaramente ad una condizione di disagio generalizzato, tanto dal punto di vista bio-psicologico quanto nella prospettiva interpersonale.

Si potrebbe ipotizzare anche che un tratto di Irritabilità possa comunque contenere connotazioni di forte reattività, anche al di là del fatto di tradurre tale vivacità comportamentale in potenziale aggressione. Da questo punto di vista, meriterebbe indagare meglio quanto la reazione d'ira possa in effetti rappresentare un potenziale eventualmente utile a motivare la persona verso comportamenti più produttivi e magari più soddisfacenti del generico irritarsi o dell'aggredire.

9. Il colore della realtà: Dogmatici e Relativisti

DI FELICE PERUSSIA

Premessa

La percezione soggettiva della realtà può realizzarsi seguendo criteri molto diversi da parte di ciascuno. Si può dire anzi che uno dei costrutti principali su cui si fonda da sempre l'epistemologia della ricerca psicologica è proprio il rapporto costruttivo e soggettivo che ciascun individuo sviluppa individualmente nei confronti del suo ambiente.

Tra i molti modi in cui la letteratura psicologica ha affrontato questi temi, possiamo ricordare, a puro titolo di esempio, costrutti ormai molto classici come quello di psicologia delle visioni del mondo in Karl Jaspers (1919) o la già citata teoria dei costrutti personali di Kelly (1955), la *open-closed mind* di Rokeach (1960), la costruzione sociale della realtà di Berger e Luckmann (1966). Ve ne sono poi tanti altri, che a volte consistono di una elaborazione ulteriore a partire da quegli spunti iniziali, come ad esempio il bisogno di relativismo (Kagan, 1967), l'idea degli assiomi psicosociali nella rappresentazione del mondo (Bond et Al, 2002) fino ad una forma di rinascita della *psychology of worldviews* che è stata riproposta in un primo tempo nella prospettiva della psicologia ambientale (Altman e Rogoff, 1987) e poi secondo tanti altri modi di analisi (Ibrahim, Roysircar-Sodowsky e Ohnishi, 2001; Koltko-Rivera, 2004; Leontiev, 2007).

Tra le molte categorie concettuali, più o meno a priori o derivate dall'esperienza, il cui studio può presentare qualche potenziale euristico per la ricerca sulla strutturazione delle visioni del mondo, in generale: una può essere approssimativamente definita in termini di maggiore o minore rigidità del modo in cui ciascuno si rappresenta la realtà nel suo insieme.

Sin dalle prime fasi in cui è esistita la versione moderna della ricerca in psicologia, ci si è dunque chiesti, in particolare, se abbia senso ragionare di uno o più tratti generali della personalità, dai contenuti sia cognitivi sia emotivi, che definiscono le modalità generali in base alle quali il soggetto percepisce il mondo in termini tendenzialmente più elastici e dinamici piuttosto che in termini tendenzialmente più rigidi e meccanici.

Il senso di un costrutto del genere non è mai stato chiaramente definito, benché una sua formulazione generica suoni abbastanza efficace nel rendere l'idea di polarità nei modi di pensiero che sembrano effettivamente presentarsi nell'esperienza quotidiana con le persone. Per cui nella pratica psicologica si parla normalmente di personalità più rigide e di personalità più elastiche, anche se poi risulta difficile, anche in questo caso, fornire una definizione precisa ed univoca delle caratteristiche di tali attitudini personologiche.

A partire da tali constatazioni impressionistiche, la letteratura di ricerca sulla personalità si è riempita di riferimenti a costrutti dalle forti connotazioni filosofico-ideologico-epistemologiche, nella maggior parte dei casi a carattere più o meno esplicitamente bipolare, quali, nelle loro molteplici sfumature e variazioni sul tema, i concetti di tratti di personalità variamente definibili utilizzando concetti quali: perseverazione (Lankes, 1915; Pinard, 1932; Sandson e Albert, 1984); intolleranza dell'ambiguità (Frenkel-Brunswick, 1949; Budner, 1962; Norton, 1975; Sidanius, 1978); rigidità (Oliver e Ferguson, 1951; Schaie, 1955; Luchins e Luchins, 1959; Muhar, 1974; Vollhardt, 1990); *category width* (Pettigrew, 1958; Bieri, 1969); complessità e flessibilità (Scott, 1962; Anderson, 1986; Cheng e Cheung, 2005); sicurezza-insicurezza (Ramamurti e Gnanakannan, 1972); *need for cognition* (Cacioppo e Petty, 1982); *self-righteousness* (Falbo e Belk, 1985); direttività (Ray e Lovejoy, 1986); sistema di pensiero (Quackenbush, 1989; Schommer-Aikins, 2004); orientamento epistemologico (Wilkinson e Schwartz, 1991); *everyday cognition* (Schliemann, Carraher e Ceci, 1997); visione filosofica del mondo (Babbage e Ronan, 2000); bisogno di chiusura (Webster e Kruglanski, 1994; Chirumbolo, 2002); bisogno di struttura (Neuberg e Newsom, 1993); apertura all'esperienza (McCrae e Costa, 1996); relativismo (Raskin, 2001a); autoritarismo o fascismo (Adorno et Al, 1950; De Grada et Al, 1975); etnocentrismo (Rokeach, 1948); dogmatismo (Rokeach, 1954); conservatorismo (Wilson, 1973); fiducia nella giustizia del mondo o *just-world* (Lerner, 1980; Furnham, 1993; Begue e Fumey, 2000); ragionamento post-formale (Sinnott, 1989); pensiero post-critico (Fontaine et Al, 2003); moderno e post-moderno (Gergen, 1990; Martin e Sugarman, 2000; Raskin, 2001b; Smith, 2001; Rychlak, 2003); autonomia; creatività e quant'altro.

Si tratta in effetti di temi che percorrono trasversalmente ttuo il dibattito culturale e filosofico in genere, ma che trovano nell'ambito della psicologia, e particolarmente in quello della psicologia della personalità, una elaborazione tutta propria. Tanto che la definizione delle categorie generali di strutturazione delle visioni del mondo rappresenta ormai un solido filone specifico di ricerca.

Sono state sviluppate anche delle scale per la misurazione dei diversi costrutti, con riferimenti sia cognitivi sia comportamentali, che sono presenti in molti dei contributi appena citati. Sul tema esistono pure numerose rassegne, spesso con carattere anche di analisi critica, che si propongono di approfondire la complessa questione portando esempi di indagini possibili e talvolta affiancando anche ricostruzioni storiche o filosofiche del tema (Werner, 1946; Chown, 1959; Leach, 1967; Zigler e Balla, 1982; Stewin, 1983; Overton, 1984; Johnson et al, 1988; Kruglanski, 1989; Kramer e Melchior, 1990; Christie, 1991; Eckhardt, 1991; Slife e Williams, 1995; Koltko-Rivera, 2000; Shafran e Mansell, 2001; Bieling, Israeli e Antony, 2004; Broman-Fulks, Hill e Green, 2008).

Tra i concetti più frequentemente visitati, in questa specie di psicologia della epistemologia quotidiana, occupa un posto particolare il riferimento all'idea di "chiusura" o di "apertura" mentale, o qualcosa del genere. Qualsiasi siano i termini che vengono usati di volta in volta per definirlo, il bipolarismo apertura-chiusura è stato indicato spesso come uno dei costrutti psicologi più "venerabili", in quanto viene accompagnato da una continua e sistematica attività di ricerca sin dai primordi ottocenteschi della Nuova Psicologia Scientifica e fino ai giorni nostri. Sul tema sono stati prodotti infatti contributi importanti da parte, tra gli altri, di personaggi del calibro di Raymond Cattell, Else Frenkel-Brunswik, William James, Kurt Lewin, Abraham Luchins, Milton Rokeach, Charles Spearman, Louis Thurstone e tanti altri (per un quadro generale: Schultz e Searleman, 2002).

Accade peraltro attualmente che molte di quelle ricerche, e soprattutto quelle sulla personalità autoritaria contrapposta alla personalità tollerante, vengano messe in discussione. Ciò sembra dipendere soprattutto dal fatto che, come è stato ampiamente messo in luce da vari studi successivi, non di rado queste ricerche sono state condotte sulla base di evidenti pregiudizi politico-idologici, magari vissuti dai ricercatori nella massima buona fede, ma dove era evidente l'obiettivo di negare ogni origine storica e politica dei regimi autoritari per sostituirla con una vago momento di pazzia, che peraltro si riferisse quasi sempre ad alcuni di questi regimi e quasi mai ad altri pure loro molto somiglianti (Christie e Jahoda, 1954; Baars e Scheepers, 1993; Stone, Lederer e Christie, 1993; Martin, 2001).

Ancora oggi, nella letteratura psicologica: al concetto della "chiusura" vengono generalmente addossate varie connotazioni negative e disprezzabili, mentre al concetto della "apertura" vengono generalmente attribuite varie connotazioni positive ed apprezzabili. Lo stile cognitivo aperto-elastico piace insomma molto più dello stile cognitivo chiuso-rigido.

Il che potrebbe dipendere anche, almeno in parte, dal fatto che in tutta la retorica del meraviglioso progresso scientifico-industriale l'idea del cambiamento e della creatività viene attualmente considerata come economicamente molto più produttiva di quanto non avvenga per il conformismo e la chiusura. Mentre qualche diecina di anni fa con il taylorismo, o nel pieno della rivoluzione industriale ottocentesca, la rigidità-chiusura veniva spesso preferita per via della sua propensione a produrre senza porsi troppe domande, mentre l'apertura tendeva piuttosto a venire proposta come potenziale insubordinazione delinquenziale e sabotatrice.

Il tema della rigidità-dogmaticità è stato spesso indagato anche con riferimento a patologie mentali e neurologiche, come le psicosi e il Parkinson, ma anche nel caso di altre modalità comportamentali, meno invalidanti, che vengono appunto definite rigide, come i comportamenti ossessivi e compulsivi. Capita dunque che, nella tradizione psichiatrica, il pensiero più cauto e sistematico venga collegato, quanto meno, a meccanismi di difesa nevrotici, mentre la fantasia e l'immaginazione, anche spinte, vengono collegate all'idea di una specie di magia buona.

Più di recente, la questione dei modi generali, o anche strategie cognitive o qualche volta copioni esistenziali o quant'altro, attraverso cui la persona struttura la propria rappresentazione del mondo, è stata studiata anche alla luce di alcuni grandi filoni della psicologia quali i modelli cognitivo-comportamentali nella induzione del cambiamento o la ormai classica prospettiva socio-cognitiva o *social cognition* (Kelly 1955; Festinger, 1957; Heider, 1958; Fiske, 1993; Kunda, 1999; Higgins, 2000; Macrae e Bodenhausen, 2000; Castelli, 2004; Arcuri e Zogmaister, 2007; Banse e Greenwald, 2007; Uhlmann, Pizarro e Bloom, 2008).

Alla luce di tanta tradizione, e di una letteratura così vasta e interessante, abbiamo dunque ritenuto utile di approfittare delle rilevazioni Itapi per tentare un approfondimento anche di questo aspetto.

Metodologia

Per una descrizione analitica dell'impianto metodologico della ricerca, rimandiamo al Capitolo 2, che descrive l'indagine Itapi-Personalità nell'ambito della quale è stato introdotto l'approfondimento sul tema del Dogmatismo-Relativismo (che veniva avvicinato nei Costrutti 23 e 24 all'interno dei capitoli preliminari di Itapi-G; Perussia, 2005d).

Per raccogliere elementi utili a meglio comprendere il tema della rigidità piuttosto che della elasticità cognitivo-ideologica, abbiamo dunque definito una scala di 7 item che evidenziano variabili di atteggiamento le quali possono fornire indizi sulla presenza di particolari attitudini della persona nella strutturazione generale della propria visione del mondo.

Risultati

Dai dati emersi attraverso la ricerca (Tabella 9.1) sembra potersi dedurre abbastanza chiaramente che, nella cultura italiana quale viene rappresentata dal campione preso in esame, i valori connessi al Dogmatismo-Rigidità-Autoritarismo (Item 207, 161, 183, 135) sembrano essere meno condivisi di quanto non accade per i valori connessi al Relativismo-Elasticità-Tolleranza (Item 61, 15, 86).

Nel complesso: le donne, rispetto agli uomini, tendono ad essere più tolleranti-relativiste con riferimento ai comportamenti e alla morale, benché siano leggermente più legaliste (p207) e più convinte della monoliticità del reale (p135). La propensione al Dogmatismo-Rigidità-Autoritarismo tende anche leggermente a crescere con l'età, ma di poco.

La variabile forse più significativa nel definire i diversi modi di rapportarsi al mondo è però il livello di istruzione. Al crescere delle conoscenze culturali cresce infatti nettamente anche la sfiducia verso la natura univoca della realtà (p135), verso la disciplina (p183), verso la legge (p207), verso le tradizioni (p161); mentre aumenta, ancorché di poco, la tolleranza in genere (p61). Cresce però, al crescere del livello di istruzione, anche la diffidenza verso l'assoluta libertà di comportamento (p86), di cui forse si temono derive troppo anarchiche o liberiste o creative.

**Tabella 9.1 - Soggetti "completamente" + "abbastanza" d'accordo con ciascu-
na delle affermazioni contenute in alcuni item riconducibili al tema del Relativismoe e del Dogmatismo (% di penetrazione).**

	DOGMATISMO	TOT	M	F	18-30	31-45	46-70	Ele	Med	Sup	Uni
p61	Bisogna garanti- re i diritti dei "diversi" in tutti i modi	81.0	77.4	84.5	82.4	80.4	81.0	72.7	78.9	82.3	81.2
p15	Non esistono un bene e un male assoluti, ma solo tante variazioni sul tema	73.6	70.4	76.7	69.0	75.7	73.6	66.7	73.9	75.4	70.3
p86	Ognuno deve essere il più libe- ro possibile di fare quello che gli va	77.0	74.2	79.8	81.4	77.7	77.0	89.4	79.2	78.0	68.6
p207	Seguire sempre la legge è il pri- mo dovere di ogni persona	69.7	66.2	73.2	58.5	62.4	81.4	86.4	75.2	68.3	63.7
p161	Tutte le tradizio- ni devono essere rispettate	56.7	57.1	56.3	57.0	53.8	56.7	65.2	59.4	57.4	50.5
p183	La prima cosa che bisogna in- segnare ai bam- bini è la discipli- na	59.2	59.5	58.9	60.4	55.0	59.2	84.8	70.1	59.0	43.6
p135	La verità è una sola	54.2	54.0	54.4	46.1	52.1	54.2	77.3	64.8	54.1	39.3

Sul totale delle risposte fornite dal campione ai 7 item specifici, abbiamo applicato un'analisi fattoriale (metodo di estrazione: analisi delle componenti principali; metodo di rotazione: Varimax con normalizzazione di
Kaiser; la rotazione ha raggiunto i criteri di convergenza in 3 iterazioni). La
varianza totale spiegata è risultata essere del 46.0%: F1, 27.3%; F2, 18.7%

(Tabella 9.2).

Dai dati emersi sembrano evidenziarsi due fattori abbastanza chiaramente separati: l'uno riferibile all'autoritarismo e alla rigidità di pensiero o di comportamento; l'altro riferibile ad una maggiore tolleranza ed elasticità.

Tra l'altro: gli item contenuti nei due fattori emersi, corrispondono esattamente ai due costrutti preliminari (23 e 24) identificati durante la preparazione di Itapi-G (Perussia, 2005d).

Tabella 9.2 - Analisi fattoriale sulla base delle risposte relative ad alcuni item riconducibili al tema del Relativismo e del Dogmatismo.

DOGMATISMO	*F1 Autorità*	*F2 Elasticità*
p183 - La prima cosa che bisogna insegnare ai bambini è la disciplina	.72	
p135 - La verità è una sola	.68	
p207 - Seguire sempre la legge è il primo dovere di ogni persona	.68	
p161 - Tutte le tradizioni devono essere rispettate	.63	
p15 - Non esistono un bene e un male assoluti, ma solo tante variazioni sul tema		.67
p61 - Bisogna garantire i diritti dei "diversi" in tutti i modi		.65
p86 - Ognuno deve essere il più libero possibile di fare quello che gli va		.63

Abbiamo quindi condotto un'analisi dei cluster (metodo: K-medie; itera e classifica; iterazione corrente: 9) che è stata sviluppata utilizzando le valutazioni fornite rispetto tutti e 7 gli item presi in considerazione (Tabella 9.3).

La segmentazione che ne è derivata propone due tipi psicologici principali, che sembrano però rappresentare due tendenze relativamente contenute e non due modi contrapposti di strutturare l'atteggiamento verso il mondo.

I due tipi possono essere indicativamente definiti come tendenzialmente Rigidi e come tendenzialmente Relativisti. I due stili cognitivi hanno molto in comune, ma il tipo Rigido si propone secondo una modalità che pare essere pressoché opposta rispetto al tipo Relativista, per cui il tipo Rigido crede decisamente nella unicità della realtà, nella importanza del fare rispettare la disciplina sin da bambini e nella deferenza verso le tradizioni, mentre il tipo Relativista tende a credere nel contrario.

Tabella 9.3 - Profilo dei Tipi-Cluster sulla base delle risposte relative ad alcuni item riconducibili al tema del Relativismoe della Rigidità (% di penetrazione).

	RIGIDITA'	TOT	Tipo 1 Rigidi (52.4%)	Tipo 2 Relativisti (47.6%)	Rigidi - Relativisti
p135	La verità è una sola	54.2	89.0	15.8	+73.2
p183	La prima cosa che bisogna insegnare ai bambini è la disciplina	59.2	80.2	36.1	+44.1
p161	Tutte le tradizioni devono essere rispettate	56.7	75.3	36.2	+39.1
p207	Seguire sempre la legge è il primo dovere di ogni persona	69.7	86.6	51.2	+35.4
p86	Ognuno deve essere il più libero possibile di fare quello che gli va	77.0	81.4	72.1	+9.3
p61	Bisogna garantire i diritti dei "diversi" in tutti i modi	81.0	80.2	81.8	-1.6
p15	Non esistono un bene e un male assoluti, ma solo tante variazioni sul tema	73.6	68.0	79.8	-11.8

Abbiamo quindi analizzato le caratteristiche dei due Tipi emersi, incrociandole con le variabili, sia anagrafiche sia personologiche, messe a disposizione dal complesso delle indagini presentate in questo volume (Tabella 9.4).

Dai dati emerge che il tipo Rigido risulta essere rappresentato in maggiore misura da donne, di età avanzata e di istruzione bassa.

Il tipo Rigido tende ad appartenere in misura leggermente maggiore, rispetto al tipo Relativista, alle tipologie degli: Invidiosi, Sofferenti di salute, portati alla famiglia tradizionale, Conformisti riguardo alla giustizia.

In termini di tratti personologici, il tipo Rigido risulta anche essere caratterizzato da molta maggiore Difensività, oltre che da un livello elevato di Coscienziosità, di Introversione e di Vulnerabilità.

Tabella 9.4 - Profilo dei Tipi-Cluster sulla base delle risposte relative agli item riconducibili al tema del Relativismoe e del Dogmatismo (dati originali; % di composizione; differenze espresse nelle scale di Tratto rispetto alla media del campione, per 100).

	RIGIDITA'	*TOT*	*Tipo 1 Rigidi (52.4%)*	*Tipo 2 Relativisti (47.6%)*
Sesso	Uomini	49.7	38.4	48.7
	Donne	50.3	61.6	51.3
Età	18/39	43.3	38.4	48.7
	40/70	56.7	61.6	51.3
Istruzione	Bassa	27.0	34.5	18.7
	Alta	73.0	65.5	81.3
Attaccamento	Sicuri	75.3	74.7	76.0
	Incerti	24.7	25.3	24.0
Invidia	Invidiosi	60.6	65.8	54.8
	Grati	39.4	34.2	45.2
Aggressività	Garbati	62.3	60.1	64.8
	Irascibili	37.7	39.9	35.2
Socialità	Solitari	49.2	48.3	50.1
	Socievoli	50.8	51.7	49.9
Salute	Sereni	47.8	41.6	54.5
	Sofferenti	52.2	58.4	45.5
Sessualità	Sesso e Matrimonio	22.1	25.7	18.2
	Sesso e Amore	38.4	37.2	39.7
	Sesso e Sesso	39.5	37.1	42.1
Giustizia	Conformisti	21.5	27.4	15.0
	Autoritari	51.7	48.9	54.7
	Idealisti	26.8	23.7	30.4
Tratti	T1 - Dinamicità	39.9	32	-29
	T2 - Vulnerabilità	33.0	101	-104

RIGIDITA'	TOT	Tipo 1 Rigidi (52.4%)	Tipo 2 Relativisti (47.6%)
T3 - Empatia	45.5	97	-106
T4 - Coscienziosità	43.3	180	-200
T5 - Immaginazione	41.9	33	-30
T6 - Difensività	43.1	322	-356
T7 - Introversione	39.0	105	-120

Commento

In base agli indizi raccolti attraverso questa ricerca, si potrebbe ipotizzare che l'attitudine di fondo del campione, tendenzialmente più tollerante che autoritaria, faccia sì che la separazione in tipologie personologiche, con riferimento al modo basale di strutturare le visioni del mondo, rappresenti più una tendenza relativa che non una contrapposizione frontale.

I soggetti pi Rigidi sembrano del resto appartenere a tipologie di persone moderatamente più emarginate sul piano delle relazioni sociali e più arretrate culturalmente, almeno rispetto ai soggetti che appaiono propensi ad un maggiore relativismo.

Vi sono anche indizi che paiono confermare qualche maggiore disposizione dei tipi Rigidi, rispetto ai tipi Relativisti, verso un pensiero più autoritario e conservatore, ma in termini che appaiono più indiziari che non effettivamente probanti.

In conclusione: la contrapposizione tra Dogmatismo o Rigidità o Autoritarismo e Relativismo o Elasticità o Tolleranza mantiene una certa quale efficacia nel segmentare le diverse tipologie di persone rispetto ad alcuni temi di base nella rappresentazione del mondo. Sembra trattarsi però, in modo evidente, di costrutti piuttosto complessi e sfumati, che non possono certo essere ridotti, come invece è stato fatto con qualche frequenza anche nella letteratura scientifica di maggiore successo, ad una bipartizione manichea tra elastici-progressisti-buoni e rigidi-reazionari-cattivi.

I dati raccolti permettono così di delineare alcune possibili linee di tendenza per verifiche e sviluppi nella ricerca futura.

10. Stili di relazione: Solitari e Socievoli

DI FELICE PERUSSIA

Premessa

Il tema delle relazioni, del modo in cui queste si strutturano e delle emozioni che suscitano, rappresenta uno dei cardini su cui si struttura tutta la psicologia sin dalle origini della sua rifondazione moderna. Il concetto stesso di personalità viene ormai frequentemente collegato, oltre che alle dinamiche intrapsichiche, alla dialettica delle relazioni tra persone e alla psicologia sociale nel suo insieme.

Il tema della socialità è stato tradizionalmente preso in considerazione soprattutto considerando la sua dimensione problematica legata al disagio che può creare nell'individuo. Tale approccio è più tipico della psicologia clinica e della psichiatria, ma ha avuto notevoli sviluppi anche nell'ambito della ricerca in psicologia generale, dove si è cercato di studiare con strumenti oggettivi anche l'ansia sociale o la fobia sociale o la timidezza o il disagio sociale o comunque si voglia chiamare il tema delle emozioni collegate alla immagine altrui (Zimbardo, 1977-1998; Cheek e Buss, 1981; Schlenker e Leary, 1982; Jones, Cheek e Briggs, 1986; Zimbardo e Radl, 1986; Leitenberg, 1990; Heimberg ert Al, 1995; Leary e Kowalski, 1995; Paulhus e Trapnell, 1998; Carducci, 1999; Crozier e Alden, 2001; Beer, 2002; Chavira, Stein e Malcarne, 2002).

Il tema della socialità è stato spesso definito, conformemente alla vecchia visione pessimista che informa tanta parte della psicologia applicata, attraverso il suo opposto, ovvero come tema della solitudine o della difficoltà a farsi degli amici ed a stabilire relazioni intime, sia amorose-erotiche sia amicali-solidaristiche, con altre persone, pur desiderando di farlo (Weiss, 1973; Hartog, Audy e Cohen, 1980; Peplau e Perlman, 1982; Langston e Cantor, 1989; Crozier, 2000, 2005).

Nell'ambito di tali interventi si è cercato in primo luogo di definire l'ansia da timidezza, o da presenza più o meno simbolica dell'altro, di rilevarne le eventuali variazioni, di inquadrarla in un tratto di personalità oppure di collegarla a particolari esperienze infantili, da una parte, o situazioni attuali di contesto, dall'altra parte.

Un tema rilevante della ricerca è rappresentato dal tentativo di identificazione differenziale tra i diversi livelli di problematicità sociale, i quali si possono presentare in tanti modi. La ricerca ha infatti evidenziato un gradiente che può andare da una generica timidezza, la quale si ritiene venga sperimentata in pratica dalla totalità delle persone almeno saltuariamente nella vita, fino alla timidezza come tratto stabile del carattere, fino all'ansia sociale vera e propria o alla fobia sociale, fino a raggiungere i più drammatici livelli di reazione autistica o paranoica.

L'interesse per la socialità nell'ambito della ricerca di base sulla psicologia della personalità non è però certo ristretto al solo ambito in qualche modo patologico. Basti ricordare, giusto per indicare un esempio tra i molti possibili, che nella fondamentale raccolta curata da Robinson, Shaver e Wrightsman sugli-sulle *personality and social psychological attitudes* (1991): dei dieci argomenti trattati come fondativi della psicologia almeno per gli anni '90, a parte il capitolo dedicato all'alienazione e all'anomia (Seeman, 1991) che pure si riferisce in larga parte a temi di carattere interpersonale, almeno altri tre capitoli (appunto: su dieci) sono dedicati a questioni connesse con la socialità di cui due, riferiti l'uno all'ansia sociale (Leary, 1991) e l'altro alla solitudine (Shaver e Brennan, 1991), hanno un taglio più legato alla sofferenza, mentre il terzo, riferito alla fiducia negli altri (Wrightsman, 1991), è forse un poco più rivolto ad una dimensione positiva della socievolezza.

Di solito la presenza di relazioni interpersonali, in psicologia, viene messa in collegamento con una situazione di benessere e di salute mentale, mentre uno stile di vita solitario viene generalmente collegato ad uno stato di disagio, depressione e tendenzialmente di malattia mentale. In sostanza: la socialità viene considerata una specie di normalità bio-psico-sociale, mentre la relazione viene considerata una devianza ad effetto negativo.

Molta ricerca e molte analisi sono state dunque dedicate alla personalità, alle relazioni interpersonali e particolarmente a quelle ad interesse intrinseco, o affettive o *close relationships* (Kelley e Thibaut, 1978; Huston e Levinger, 1978; Berscheid e Al, 1983; Kelley et Al, 1983; Duck e Perlman, 1985; Clark e Reis, 1988; Duck et Al, 1988; Duck, 1990; Berscheid, 1994; Perussia e Grohrock, 1997; Manusov e Harvey, 2001; Cooper e Sheldon,

2002; Hendrick e Hendrick, 2002; Rusbult e Van Lange, 2003; Guerrero, Andersen e Afifi, 2007).

Sul tema della socialità esistono anche molte scale di misurazione, per le quali rimandiamo ai testi appena citati. Tra le scale di rilevazione più note e maggiormente presenti nella letteratura scientifica possiamo comunque rapidamente richiamare, avendone tenuto conto in modo particolare nella realizzazione nella presente ricerca, la *Social Avoidance and Distress Scale* (Watson and Friend, 1969), la *UCLA Loneliness Scale* (Russell, Peplau e Ferguson, 1978; Russell, Peplau e Cutrona, 1980), la *State versus Trait Loneliness Scale* (Gerson e Perlman, 1979), la *Shyness Scale* (Cheek e Buss, 1981; Hopko et Al, 2005), la *Social Reticence Scale* (Jones e Russell, 1982; Jones, Briggs e Smith, 1986), la *Interaction Anxiousness Scale* (Leary, 1983).

Anche qui: vista le rilevanza e la ricorrente presenza del costrutto di solitudine-socialità nella letteratura di ricerca prodotta nell'ambito della psicologia della personalità, abbiamo pensato di realizzare un piccolo approfondimento con riferimento alla popolazione italiana.

Metodologia

Per una descrizione analitica dell'impianto metodologico di questa ricerca, rimandiamo al Capitolo 2, in cui viene presentata l'indagine Itapi-Personalità dove è stato introdotto l'approfondimento sul tema della Socialità (che veniva proposto nell'ambito dei Costrutti 1, 2, 39, 44, 45, 46, 49 e 53 nei capitoli preliminari di Itapi-G; Perussia, 2005d).

Per rilevare degli elementi utili a meglio comprendere il tema della solitudine e della socialità, abbiamo dunque definito un complesso di 26 item che si riferiscono ad alcune variabili di atteggiamento le quali possono fornire indicazioni sulla presenza o meno di tali attitudini nella persona.

Risultati

Dai dati emersi attraverso la ricerca (Tabella 10.1) si evidenzia una certa quale ambivalenza nei confronti della "gente" genericamente intesa. Tra le prime affermazioni più condivise, si trovano infatti, per un verso, alcune espressioni di grande diffidenza (Itam p116, p70, p1mal) e, per un altro verso, anche talune dichiarazioni di simpatia (Item p168, p119, p185).

Per quanto riguarda le differenze di atteggiamento, non sembrano esservi variazioni molto rilevanti in base al sesso. Anche se gli uomini tendono a considerarsi più abili nella manipolazione degli altri (p27) e tendono a mostrare un minore interesse se non proprio una diffidenza nei confronti delle persone (p46, p157, p25, p93). Le donne si considerano invece molto più sensibili (p159, p132) e maggiormente in grado di affidarsi agli altri e di socializzare (p193, p144); benché tutto sommato la compagnia non piaccia loro più di tanto (p143, p168).

Non sembrano invece esservi chiare differenziazioni in connessione con l'età. Mentre appare abbastanza evidente, in base alle rispose fornite ad una molteplicità di item, che l'interesse e la disponibilità verso gli altri tende a venire manifestata in misura tendenzialmente crescente con il crescere del livello di istruzione.

Tabella 10.1 - Soggetti "completamente" + "abbastanza" d'accordo con ciascuna delle affermazioni contenute in alcuni item riconducibili al tema della Socialità (% di penetrazione).

	SOCIALITA'	TOT	M	F	18-30	31-45	46-70	Ele	Med	Sup	Uni
p27	So bene come utilizzare gli altri per fare quello che voglio io	23.5	19.1	27.9	26.0	24.5	23.5	16.7	25.8	23.4	23.4
p46	Spesso, occuparsi degli altri è solo una perdita di tempo	15.8	12.2	19.4	13.3	14.3	15.8	25.8	20.4	14.3	11.9
p157	Mi fido poco degli altri	43.5	40.4	46.7	44.0	41.1	43.5	56.1	54.4	40.0	37.6
p25	Cerco sempre di prendere le mie decisioni per conto mio	73.6	70.6	76.6	70.3	72.6	73.6	74.2	74.5	73.2	73.6
p151	Sono timido/a	45.0	43.3	46.8	47.1	40.5	45.0	53.0	44.7	46.9	38.9
p5	Mi piace stare per conto mio	58.3	56.7	59.9	52.6	61.3	58.3	59.1	56.0	59.9	55.8

	SOCIALITA'	TOT	M	F	18-30	31-45	46-70	Ele	Med	Sup	Uni
p162	Mi trovo bene a discutere con persone di opinione diversa dalla mia	70.7	69.3	72.1	80.5	71.8	70.7	56.1	71.4	71.3	72.3
p70	Le persone tendono solamente a curare i propri interessi	79.6	78.2	80.9	78.0	78.5	79.6	89.4	86.2	80.3	69.0
p128	Di solito tengo gli altri a distanza	25.7	24.5	26.9	22.0	28.4	25.7	33.3	30.5	23.0	25.4
p141	A volte le persone cercano di manipolarti per ottenere i loro scopi	74.1	73.2	75.0	78.0	75.3	74.1	71.2	78.0	74.1	71.3
p217	Mi piace fare le cose da solo/a	66.1	65.2	67.0	58.5	66.3	69.9	75.8	65.7	64.4	68.3
p198	E' difficile fare amicizia con gli altri	33.1	32.3	33.8	25.4	30.9	33.1	39.4	40.9	29.4	31.7
p179	Mi riesce facile prendere la gente così com'è	69.9	70.0	69.8	69.3	67.1	69.9	71.2	70.4	70.2	68.3
p102	Faccio fatica a conoscere nuove persone	30.8	30.9	30.7	24.8	27.0	30.8	34.8	38.4	28.4	27.7
p119	Di solito, la gente è a suo agio con me	86.9	88.3	85.4	88.2	87.5	86.9	89.4	86.2	87.5	85.8
p191	Sono un tipo dalla parlantina facile	51.3	53.0	49.5	54.5	56.2	51.3	45.5	48.1	51.3	55.4
p116	Spesso la gente ti mostra una faccia diversa da quella sua vera	89.9	91.7	88.1	91.0	91.6	89.9	92.4	92.1	89.4	88.8

	SOCIALITA'	TOT	M	F	18-30	31-45	46-70	Ele	Med	Sup	Uni
p185	Le altre persone mi interessano molto	73.4	75.5	71.2	80.5	75.1	73.4	54.5	66.0	77.0	75.9
p215	Attacco facilmente discorso anche con quelli che non conosco	52.9	55.2	50.6	56.7	54.4	49.8	56.1	51.6	53.2	53.5
p168	E' bello stare a contatto con le persone	88.1	90.6	85.7	92.0	88.3	88.1	93.9	89.9	87.2	87.1
p144	Tutto sommato: ho fiducia negli altri	68.6	71.4	65.8	64.1	69.9	68.6	62.1	64.2	69.0	74.3
p143	Stare in mezzo alla gente mi dà energia	70.6	73.4	67.7	72.8	70.1	70.6	81.8	71.4	70.7	67.7
p93	Certe volte ho l'impressione che la gente ce l'abbia con me	27.3	30.7	23.8	35.0	24.5	27.3	30.3	33.6	28.0	19.1
p193	Nelle situazioni di gruppo, spesso rimango sullo sfondo	33.8	38.1	29.5	27.9	32.1	33.8	42.4	39.3	33.3	27.7
p132	Sono in grado di sentire le emozioni degli altri	57.5	63.5	51.5	55.4	58.3	57.5	47.0	56.9	17.1	63.0
p159	Sono molto sensibile alle emozioni altrui	73.2	82.8	63.4	69.7	73.2	73.2	71.2	74.5	72.9	73.3

Sulle risposte fornite dal campione agli item specifici, abbiamo applicato due diverse analisi fattoriali, entrambe secondo i medesimi criteri (metodo di estrazione: analisi delle componenti principali; metodo di rotazione: Varimax con normalizzazione di Kaiser).

La prima analisi fattoriale (in cui la rotazione ha raggiunto i criteri di convergenza in 6 iterazioni) è stata realizzata sull'insieme degli item presi in considerazione con riferimento alla Socialità (Tabella 10.2a). Tale analisi ha prodotto 5 fattori, la cui varianza totale spiegata è del 48.3%; suddivisa in: F1, 12.4%; F2, 10.9%; F3, 8.8%; F4, 8.6%; F5, 7.6%.

I 5 fattori evidenziati, i quali presentano altresì alcuni elementi di sovrapposizione fra di loro (in termini di saturazione fattoriale), suggeriscono che la socialità, quale abbiamo rilevato con questi strumenti, si componga quanto meno di 5 elementi principali, definibili tentativamente come: F1, Gusto per la gente; F2, Tenere le distanze; F3, Facilità di contatto; F4, Gli altri manipolatori; F5, Agire per conto proprio.

Tabella 10.2a - Analisi fattoriale sulla base delle risposte relative all'insieme degli item riconducibili al tema della Socialità.

SOCIALITA'	F1	F2	F3	F4	F5
p144 - Tutto sommato: ho fiducia negli altri	.70			-.26	
p185 - Le altre persone mi interessano molto	.65				
p168 - E' bello stare a contatto con le persone	.65				
p143 - Stare in mezzo alla gente mi dà energia	.64				
p179 - Mi riesce facile prendere la gente così com'è	.50				
p162 - Mi trovo bene a discutere con persone di opinione diversa dalla mia	.44				
p119 - Di solito, la gente è a suo agio con me	.39	-.34			
p102 - Faccio fatica a conoscere nuove persone		.66			
p198 - E' difficile fare amicizia con gli altri		.64			
p193 - Nelle situazioni di gruppo, spesso rimango sullo sfondo		.59	-.29		
p128 - Di solito tengo gli altri a distanza		.55			
p93 - Certe volte ho l'impressione che la gente ce l'abbia con me		.52		.34	
p191 - Sono un tipo dalla parlantina facile			.76		
p215 - Attacco facilmente discorso anche con quelli che non conosco	.34		.66		
p151 - Sono timido/a			.45	-.60	

SOCIALITA'	F1	F2	F3	F4	F5
p116 - Spesso la gente ti mostra una faccia diversa da quella sua vera				.73	
p141 - A volte le persone cercano di manipolarti per ottene-re i loro scopi				.66	
p70 - Le persone tendono solamente a curare i propri inte-ressi				.63	
p157 - Mi fido poco degli altri	-.28	.36	.26	.44	
p217 - Mi piace fare le cose da solo/a					.74
p5 - Mi piace stare per conto mio					.65
p25 - Cerco sempre di prendere le mie decisioni per conto mio					.62

A scopi esplorativi, abbiamo quindi condotto anche varie altre analisi, utilizzando diverse selezioni degli item di partenza, al fine di identificare una struttura fattoriale più snella e in cui gli item utilizzati rappresentassero meglio il costrutto in esame, essendo anche meglio separati dal punto di vista della non-sovrapposizione tra fattori.

Siamo dunque giunti alla scelta che viene presentata nella seconda analisi fattoriale (in cui la rotazione ha raggiunto i criteri di convergenza in 5 iterazioni) che è stata realizzata solo su una selezione degli item presi in considerazione con riferimento alla solitudine e alla socialità (Tabella 10.2b). La varianza totale spiegata, in questo caso, è stata del 55.5%: F1, 14.8%; F2, 14.5%; F3, 13.3%; F4, 12.9%.

I 4 fattori evidenziati qui si riferiscono, in sostanza, a costrutti definibili tentativamente come: F1, Difficoltà a interagire nelle relazioni; F2, Piacere della vicinanza altrui; F3, Diffidenza egoistica; F4, Individualismo.

Questa seconda struttura fattoriale potrebbe forse risultare più efficace anche per utilizzarla eventualmente, con tutti gli item o solo con una parte di essi, come base di una scala di socialità da utilizzare in ricerche future.

Tabella 10.2b - Analisi fattoriale sulla base delle risposte relative solo ad una selezione degli item riconducibili al tema della Socialità.

SOCIALITA'	F1	F2	F3	F4
p151 - Sono timido/a	.77			
p193 - Nelle situazioni di gruppo, spesso rimango sullo sfondo	.73			
p102 - Faccio fatica a conoscere nuove persone	.69			
p185 - Le altre persone mi interessano molto		.76		
p144 - Tutto sommato: ho fiducia negli altri		.74		
p168 - E' bello stare a contatto con le persone		.71		
p116 - Spesso la gente ti mostra una faccia diversa da quella sua vera			.76	
p141 - A volte le persone cercano di manipolarti per ottenere i loro scopi			.70	
p70 - Le persone tendono solamente a curare i propri interessi			.64	
p217 - Mi piace fare le cose da solo/a				.76
p5 - Mi piace stare per conto mio	.26			.69
p25 - Cerco sempre di prendere le mie decisioni per conto mio				.67

Abbiamo quindi condotto un'analisi dei cluster (Metodo: Two-Step; misura di distanza: verosimiglianza; variabili: continue; criterio bayesano di Schwarz: BIC), che è stata sviluppata utilizzando le valutazioni fornite ai primi tre item, in termini di saturazione fattoriale, di ciascuno dei 5 fattori emersi nell'ambito della prima elaborazione (Tabella 10.2a).

Ne è derivata una segmentazione (Tabella 10.3) che definisce 2 tipi psicologici principali, che possono essere chiamati sinteticamente: Socievoli e Solitari. I due tipi sono rappresentati in misura pressoché identica nel campione, che viene dunque segmentato in due metà equivalenti.

La differenza fra i due tipi di persone appare definita in termini piuttosto chiari e lineari. Sembra cioè che il campione si divida piuttosto equamente in: una tipologia dei Socievoli, che tendono a valutare positivamente tutti gli aspetti dell'incontro con l'altro e che attribuiscono alla socialità un potenziale notevolmente positivo; una tipologia dei Solitari, che invece trovano difficoltà nell'incontro e finiscono dunque col non goderne affatto o col diffidarne decisamente.

Tabella 10.3 - Profilo dei Tipi-Cluster sulla base delle risposte relative agli item riconducibili al tema della Socialità (dati originali; % di composizione; differenze espresse nelle scale di Tratto rispetto alla media del campione, per 100).

	SOCIALITA'	TOT	Tipo 1 Socievoli (50.8%)	Tipo 2 Solitari (49.2%)	Socievoli - Solitari
p191	Sono un tipo dalla parlantina facile	51.3	77.9	23.7	+54.2
p215	Attacco facilmente discorso anche con quelli che non conosco	52.9	79.4	25.5	+53.9
p143	Stare in mezzo alla gente mi dà energia	70.6	84.1	56.6	+27.5
p185	Le altre persone mi interessano molto	73.4	86.3	60.0	+26.3
p168	E' bello stare a contatto con le persone	88.1	98.5	77.4	+21.1
p144	Tutto sommato: ho fiducia negli altri	68.6	75.9	61.1	+14.8
p25	Cerco sempre di prendere le mie decisioni per conto mio	73.6	74.8	72.3	+2.5
p141	A volte le persone cercano di manipolarti per ottenere i loro scopi	74.1	74.2	74.0	+0.2
p116	Spesso la gente ti mostra una faccia diversa da quella sua vera	89.9	89.7	90.1	-0.4
p70	Le persone tendono solamente a curare i propri interessi	79.6	78.3	80.9	-2.6
p217	Mi piace fare le cose da solo/a	66.1	58.0	74.5	-16.5
p5	Mi piace stare per conto mio	58.3	44.0	73.0	-29.0
p193	Nelle situazioni di gruppo, spesso rimango sullo sfondo	33.8	17.4	50.8	-33.4
p102	Faccio fatica a conoscere nuove persone	30.8	12.6	49.6	-37.0
p198	E' difficile fare amicizia con gli altri	33.1	13.4	53.3	-39.9
p151	Sono timido/a	45.0	24.7	66.1	-41.4

Abbiamo quindi analizzato le caratteristiche dei due tipi emersi, incrociandole con le variabili, sia anagrafiche sia personologiche, messe a disposizione dal complesso delle indagini presentate in questo volume (Tabella 10.4).

Si rileva che i tipi Socievoli sono, rispetto ai Solitari, un poco più frequentemente: donne, di età più bassa e di istruzione più elevata. Non si tratta però di una differenza netta, ma di una leggera tendenza.

I tipi Socievoli sono anche moderatamente più sicuri dal punto di vista dell'attaccamento e più sereni dal punto di vista della salute. Mentre non sembrano evidenziarsi altre differenze significative, dal punto di vista dei tipi personologici rilevati nella presente ricerca.

Dal punto di vista dei tratti, i tipi Socievoli appaiono drasticamente caratterizzati da una maggiore Dinamicità e da una minore Introversione; mentre sono anche identificabili, benché come tendenza meno netta, da una maggiore Empatia e da una minore Vulnerabilità, oltre che da una relativamente maggiore Immaginazione.

Tabella 10.4 - Profilo dei Tipi-Cluster sulla base delle risposte relative agli item riconducibili al tema del Relativismoe e del Dogmatismo (dati originali; % di composizione; differenze espresse nelle scale di Tratto rispetto alla media del campione, per 100).

	SOCIALITA'	TOT	Tipo 1 So-cievoli (50.8%)	Tipo 2 So-litari (49.2%)
Sesso	Uomini	49.7	46.8	52.8
	Donne	50.3	53.2	47.2
Età	18/39	43.3	47.7	38.7
	40/70	56.7	52.3	61.3
Istruzione	Bassa	27.0	24.1	30.0
	Alta	73.0	75.9	70.0
Attaccamento	Sicuri	75.3	80.1	70.4
	Incerti	24.7	19.9	29.6
Invidia	Invidiosi	60.6	61.5	59.7
	Grati	39.4	38.5	40.3
Aggressività	Garbati	62.3	64.1	60.6

	SOCIALITA'	TOT	Tipo 1 So-cievoli (50.8%)	Tipo 2 So-litari (49.2%)
	Irascibili	37.7	35.9	39.4
Relativismo	Relativisti	47.6	46.6	48.5
	Rigidi	52.4	53.4	51.5
Salute	Sereni	47.8	52.7	42.7
	Sofferenti	52.2	47.3	57.3
Sessualità	Sesso e Matrimonio	22.1	18.9	25.4
	Sesso e Amore	38.4	39.2	37.6
	Sesso e Sesso	39.5	41.8	37.0
Giustizia	Conformisti	21.5	20.7	22.3
	Autoritari	51.7	51.3	52.1
	Idealisti	26.8	28.0	25.7
Tratti	T1 - Dinamicità	39,9	410	-418
	T2 - Vulnerabilità	33,0	-187	201
	T3 - Empatia	45,5	188	-194
	T4 - Coscienziosità	43,3	35	-38
	T5 - Immaginazione	41,9	110	-108
	T6 - Difensività	43,1	-4	3
	T7 - Introversione	39,0	-276	281

Commento

Si direbbe che il rapporto con gli altri venga spesso vissuto come qualcosa che rappresenta contemporaneamente una croce e una delizia. Esso appare infatti come potenzialmente foriero sia di grandi soddisfazioni sia di grandi rischi.

Tale ambiguità generale, dal punto di vista dell'insieme del campione, tende però a separarsi in due visioni relativamente contrapposte, almeno quando si passa dal livello per così dire dell'opinione pubblica, ovverosia del campione nel suo insieme, al livello della segmentazione in tipi di personalità specifici.

In questa seconda prospettiva, la ricerca permette infatti di parlare con relativa chiarezza di una tipologia bipolare delle persone portate alla socialità, da una parte, che si contrappone alla tipologia di quanti ne rimangono lontani, dall'altra parte.

Non sembrano tuttavia evidenziarsi connotazioni particolarmente negative per il tipo Solitario, come invece la letteratura psicologica tende generalmente a dare per scontato. Questi infatti presenta qualche connotazione di disagio, ma in una misura che certo non sembra essere così accentuata da poterla considerare come una forma di quasi malattia mentale, come invece capita talvolta di sostenere nella letteratura interpretativa.

Da questi indizi si evidenzia altresì l'utilità di ulteriori ricerche, che aiutino a cogliere meglio soprattutto le sfumature di questa potenziale ambivalenza dell'altro da sé.

11. Il rapporto con la salute: Sofferenti e Sereni

DI RENATA VIANO

Premessa

La psicologia della salute rappresenta un settore decisamente classico della psicologia moderna, su cui esiste una ricca letteratura di ricerca. La psicologia della salute riguarda infatti tanto la dimensione psicologica della medicina, ovverosia il legame tra variabili psicologiche e variabili biologiche, quanto la dimensione soggettiva dello stato di benessere o di malessere personale. Si tratta, in entrambi i casi, di temi tanto interessanti quanto complessi da indagare e da sottoporre ad analisi empirica.

I materiali prodotti dalla ricerca scientifica in questo settore rappresentano ormai un corpo dottrinale veramente enorme, che non c'è modo di analizzare adeguatamente in questa sede. Possiamo però ricordare qualcuno dei maggiori o degli ultimi volumi usciti o delle rassegne più aggiornate, con particolare attenzione ad alcuni testi prodotti nell'ambito della cultura italiana (Bertini, 1988; Contrada, Leventhal e O'Leary, 1990; Eysenck, 1991; Marshall et Al, 1994; Petrillo, 1996; Schmutte e Ryff, 1997; Benevenuti, 2000; Friedman, 2000; Krueger, Caspi e Moffitt, 2000; Zani e Cicognani, 2000; Baum, Revenson e Singer, 2001; Pietrantoni, 2001; Braibanti, 2002; Diener, Oishi e Lucas, 2003; Hart et Al, 2005; Taylor, 2005; Marks et Al, 2006; Vollrath, 2006; Aldwin, Park e Spiro, 2007; Baum et Al, 2007; Brannon e Feist, 2007; Delle Fave e Bassi, 2007; Ogden, 2007; Stanton, Revenson, Tennen, 2007; Hampson e Friedman, 2008; Leventhal et Al, 2008).

Un modo classico di studiare il rapporto tra psicologia e salute fa riferimento al tema generale della psico-somatica o somato-psichica. Questo approccio ha avuto notevoli sviluppi nel contesto, a volte un po' fantasioso ma certo stimolante e creativo, delle metafore di una parte della psichiatria almeno dai tempi della psicologia immaginifica di Georg Groddeck. La lettura psichiatrico-psicodinamica della salute ha rappresentato peraltro un settore interessante di analisi sul piano culturale.

Venendo ai dati di ricerca: la connessione tra caratteristiche della personalità e stato di salute appare piuttosto evidente, sulla base di una lunga serie di indagini sistematiche, specie se si considerano gli studi, anch'essi ormai classici, sulle personalità patologiche definite convenzionalmente con delle lettere quali: la personalità di Tipo A o predisposta alle malattie coronariche (Friedman e Rosenman, 1974; Matthews, 1982; Price, 1982; Smith e Rhodewalt, 1986; Wright, 1988; Pravettoni e Giusti, 2000; Molinari, Compare e Parati, 2007); la personalità di Tipo C o predisposta al cancro (Eysenck, 1994; Amelang, 1997); la personalità di Tipo D o predisposta al distress (Denollet et Al, 1996; De Fruyt e Denollet, 2002; Chapman, Duberstein e Lyness, 2007); stante che la personalità di Tipo B è quella predisposta a mantenersi stabilmente in condizioni di benessere.

E' stato anche mostrato come, da diversi punti di vista, le caratteristiche della personalità si riflettono sulle condizioni di salute per tutto l'arco della vita (Jones e Meredith, 1996; Aldwin et Al, 2001; Chapman et Al, 2006; Smith, 2006; Abbott et Al, 2008).

Il vasto lavoro d'indagine e di analisi in tema di psicologia della salute può essere definito in parte anche come studio del rapporto tra percezione soggettiva della buona salute o, al contrario, del distress, e caratteristiche di personalità del soggetto. L'analisi di questo legame viene sviluppata, nel contesto dalla ricerca empirica, soprattutto con riferimento alla percezione del benessere soggettivo (Pill, 1991; Strack, Argyle e Schwarz, 1991; King e Napa, 1998; Kahneman, Diener e Schwarz, 1999; Diener, 2000, 2006; Diener e Suh, 2000; Goodwin e Engstrom, 2002; Kahneman e Krueger, 2006; Lucas e Diener, 2008; Weiss, Bates e Luciano, 2008).

Abbiamo dunque pensato di inserire, anche nelle rilevazioni Itapi, qualche elemento che aiutasse a capire aspetti del rapporto soggettivo tra la persona e la propria condizione percepita di benessere piuttosto che di malessere.

Metodologia

Per una descrizione analitica dell'impianto metodologico della ricerca, rimandiamo al Capitolo 2, che presenta l'indagine Itapi-Personalità nell'ambito della quale è stato introdotto l'approfondimento sul tema del rapporto con la salute (che era presente come Costrutti 30 e 31 nei capitoli preliminari di Itapi-G; Perussia, 2005d).

Per rilevare degli elementi utili a meglio comprendere il tema del rapporto con la salute, abbiamo dunque identificato una scala di 7 item che evidenziano alcuni dei modi possibili attraverso cui le persone vivono la propria condizione.

Risultati

Dai dati emersi attraverso la ricerca (Tabella 11.1) sembra evidente che sono davvero in molti ad attribuire alla salute un enorme rilievo come condizione di esistenza da conservare il più possibile (Item p113). Questo dato viene chiaramente confermato anche dal fatto che, come abbiamo riportato nel Capitolo 3 (Tabella 3.2bis), il valore "la salute" è il primo in assoluto (v85), in ordine di importanza attribuita, fra tutti i valori rilevati nella ricerca Itapi-Valori. La salute risulta anche essere la prima preoccupazione in assoluto (c123), tra quelle rilevate dalla ricerca Itapi-Comportamenti (Tabella 4.2).

Non sembrano invece essere più che tanto diffusi dei vissuti veramente negativi della propria salute. O meglio: se si chiede alle persone di valutare la propria condizione in termini generali, come elemento che caratterizza l'identità della persona stessa (p17, p65, p210), viene dichiarato uno stato di disagio molto inferiore a quello che si testimonia facendo invece riferimento ad occasioni più specifiche, in cui si è sofferto di qualche disagio più particolare e circoscritto (c180, c181, c182).

Accade infatti che circa due terzi del campione dichiari di avere sofferto nell'ultimo anno di fastidi legati al mal di testa o alla cattiva digestione, mentre oltre un terzo ha passato momenti insonni. Al contrario: la percentuale di quanti si definiscono (per così dire "strutturalmente") come tendenzialmente cefalgici, maldigerenti o insonni è invece, grosso modo, la metà.

Soffrono di salute decisamente più le donne che gli uomini: sia dal punto di vista dell'incertezza sulla propria condizione in generale, sia dal punto di vista dei sintomi specifici, specie per quanto riguarda il mal di testa.

La sofferenza tende a crescere con l'età, ma solo molto relativamente. E' invece evidente che la percezione del disagio, tanto in termini di preoccupazioni quanto in termini di sintomi specifici, risulta inversamente proporzionale al livello di istruzione.

Tabella 11.1 - Soggetti "completamente" + "abbastanza" d'accordo con ciascuna delle affermazioni contenute in alcuni item riconducibili al tema della Salute (% di penetrazione).

	SALUTE	TOT	M	F	18-30	31-45	46-70	Ele	Med	Sup	Uni
p113	Bisogna stare attenti alla salute, dato che basta poco per comprometterla	83.0	80.8	85.2	81.4	80.8	83.0	93.9	86.5	83.3	77.6
p17	Ho problemi di digestione (in generale)	30.5	28.3	32.6	27.6	28.0	30.5	40.9	35.5	28.4	28.4
p65	Soffro di mal di testa (in generale)	28.5	19.4	37.4	31.3	32.1	28.5	31.8	28.6	28.6	27.4
p163	Mi sento molto vulnerabile alle malattie	27.6	22.6	32.6	21.1	23.5	27.6	47.0	32.1	26.9	20.8
p186	La mia salute è soggetta ad alti e bassi imprevedibili	24.5	20.3	28.7	22.0	18.0	24.5	43.9	30.2	23.4	16.8
p210	Soffro di insonnia (in generale)	23.3	20.5	26.1	15.8	18.2	31.2	39.4	25.5	22.2	20.5
p138	Soffro spesso di malattie in varie parti del corpo	18.1	13.7	22.5	15.8	13.3	18.1	40.9	21.1	17.0	13.5
p20	Ci sono aspetti del mio corpo che non mi piacciono	59.8	48.1	71.3	62.5	59.5	59.8	57.6	60.1	61.4	55.8
v.85	Valore: La salute	98.6	97.7	99.5	98.5	98.7	98.6	97.2	98.7	98.6	99.0
c.123	Preoccupazione: La salute	92.3	90.2	94.4	86.5	92.6	95.3	89.3	97.0	92.7	88.2

	SALUTE	TOT	M	F	18-30	31-45	46-70	Ele	Med	Sup	Uni
c.181	Avere mal di testa (ultimi 12 mesi)	69.4	61.1	77.7	67.7	75.6	65.3	58.3	73.2	70.2	66.7
c.182	Avere problemi di digestione (ultimi 12 mesi)	60.1	54.1	66.1	58.9	62.0	58.9	54.4	62.2	61.2	57.3
c.180	Soffrire di insonnia (ultimi 12 mesi)	40.9	34.8	47.0	37.5	38.4	44.9	41.7	44.8	40.9	37.6

Sul totale delle risposte fornite dal campione agli item specifici connessi con la salute e il distress, abbiamo applicato un'analisi fattoriale (metodo di estrazione: analisi delle componenti principali; metodo di rotazione: Varimax con normalizzazione di Kaiser; la rotazione ha raggiunto i criteri di convergenza in 3 iterazioni). La varianza totale spiegata è risultata essere del 47.0%: F1, 32.4%; F2, 14.6% (Tabella 11.2).

Sembra emergere fondamentalmente un fattore principale F1, a carattere generale, che riguarda il fatto di soffrire in se stesso, tanto in un senso generico quanto con riferimento specifico a sintomi precisi.

Il secondo fattore, F2, pare riguardare invece il fatto che esiste una dimensione di preoccupazione per la salute, intesa come attenzione valoriale o scaramantica, la quale è sostanzialmente indipendente dalla malattia o dal fatto di essere in qualche modo malati, anche solo soggettivamente, per davvero.

Tabella 11.2 - Analisi fattoriale sulla base delle risposte relative ad alcuni item riconducibili al tema della Salute.

SALUTE	F1	F2
A 138 - Soffro spesso di malattie in varie parti del corpo	.77	
A 186 - La mia salute è soggetta ad alti e bassi imprevedibili	.76	
A 163 - Mi sento molto vulnerabile alle malattie	.65	
A 17 - Ho problemi di digestione	.54	
A 65 - Soffro di mal di testa	.42	

SALUTE	F1	F2
A 113 - Bisogna stare attenti alla salute, dato che basta poco per comprometterla		.90
A 210 - Soffro di insonnia	.42	-.43

Abbiamo quindi condotto un'analisi dei cluster attraverso la procedura Cluster Two-Step (misura di distanza: verosimiglianza; variabili: continue; criterio bayesano di Schwarz: BIC), che è stata sviluppata utilizzando le valutazioni fornite rispetto ai 7 item (Tabella 11.3).

Ne è derivata una segmentazione che propone 2 tipi psicologici principali, in cui i tipi Sofferenti sembrano prevalere, ancorché di ben poco, sui tipi Sereni.

Ciò che caratterizza il tipo Sofferente sembra essere comunque il fatto di sentirsi male, senza che vi siano segni evidenti di una differenza vera e propria tra la sensazione generica di malessere e il disagio eventualmente attribuito ad un male specifico.

Tabella 11.3 - Profilo dei Tipi-Cluster sulla base delle risposte relative ad alcuni item riconducibili al tema della Salute (% di penetrazione).

	SALUTE	TOT	Tipo 1 Sofferenti (52.2%)	Tipo 2 Sereni (47.8%)	Sofferenti - Sereni
p17	Ho problemi di digestione (in generale)	30.5	53.5	5.3	48.2
p186	La mia salute è soggetta ad alti e bassi imprevedibili	24.5	44.3	2.9	41.4
p163	Mi sento molto vulnerabile alle malattie	27.6	44.9	8.8	36.1
p138	Soffro spesso di malattie in varie parti del corpo	18.1	34.3	0.4	33.9
p65	Soffro di mal di testa (in generale)	28.5	44.5	10.9	33.6
p210	Soffro di insonnia (in generale)	23.3	37.8	7.4	30.4
p113	Bisogna stare attenti alla salute, dato che basta poco per comprometterla	83.0	87.3	78.2	9.1

Abbiamo quindi analizzato le caratteristiche dei due tipi emersi, incrociandole con le variabili, sia anagrafiche sia personologiche, che sono state messe a disposizione dal complesso delle indagini presentate in questo volume (Tabella 11.4).

Se ne ricava che i tipi Sofferenti sono decisamente più spesso donne, di età avanzata, di istruzione tendenzialmente inferiore.

I Sofferenti hanno un rapporto di attaccamento tendenzialmente incerto con i genitori e sono più irascibili, oltre che più rigidi cognitivamente, dei Sereni. I Sofferenti tendono ad essere un poco più solitari in termini di socialità oltre che un poco più portati al matrimonio.

Dal punto di vista dei tratti di personalità, i Sofferenti sono caratterizzati da una notevole maggiore Vulnerabilità e da una chiara tendenza alla Difensività, ma anche da una leggera maggiore tendenza alla Immaginazione e alla Intorversione, rispetto ai tipi più Sereni.

Tabella 11.4 - Profilo dei Tipi-Cluster sulla base delle risposte relative agli item riconducibili al tema della Salute (dati originali; % di composizione; differenze espresse nelle scale di Tratto rispetto alla media del campione, per 100).

	SALUTE	*TOT*	*Tipo 1 Sofferenti (52.2%)*	*Tipo 2 Sereni (47.8%)*
Sesso	Uomini	49.7	42.6	57.5
	Donne	50.3	57.4	42.5
Età	18/39	43.3	37.9	49.2
	40/70	56.7	62.1	50.8
Istruzione	Bassa	27.0	31.0	22.6
	Alta	73.0	69.0	77.4
Attaccamento	Sicuri	75.3	69.7	81.5
	Incerti	24.7	30.3	18.5
Invidia	Invidiosi	60.6	61.7	59.4
	Grati	39.4	38.3	40.6
Aggressività	Garbati	62.3	55.3	70.1
	Irascibili	37.7	44.7	29.9
Relativismo	Relativisti	47.6	41.4	54.3
	Rigidi	52.4	58.6	45.7

	SALUTE	*TOT*	*Tipo 1* *Sofferenti* *(52.2%)*	*Tipo 2* *Sereni* *(47.8%)*
Socialità	Solitari	49.2	53.9	43.9
	Socievoli	50.8	46.1	56.1
Sessualità	Sesso e Matrimonio	22.1	26.3	17.5
	Sesso e Amore	38.4	37.4	39.6
	Sesso e Sesso	39.5	36.3	42.9
Giustizia	Conformisti	21.5	24.8	17.8
	Autoritari	51.7	51.7	51.7
	Idealisti	26.8	23.5	30.5
Tratti	T1 - Dinamicità	39,9	-36	45
	T2 - Vulnerabilità	33,0	366	-393
	T3 - Empatia	45,5	22	-24
	T4 - Coscienziosità	43,3	6	-9
	T5 - Immaginazione	41,9	90	-92
	T6 - Difensività	43,1	114	-125
	T7 - Introversione	39,0	77	-88

Commento

Il tema della salute pare coinvolgere decisamente le persone, in un modo che si direbbe essere del tutto indipendente dalla eventuale effettiva esperienza del male. La salute pare rappresentare cioè una versione moderna molto efficace della fantasia di liberazione dai mali possibili della vita.

Per cui si direbbe che le persone si rifacciano al tema della salute, oggi proposta da una cultura caratterizzata da un riferimento quasi egemone ai successi delle scienze bio-mediche come ad una dimensione esclusivamente fisica, in termini che forse in altri tempi sarebbero stati proposti, da una diversa cultura dominante, con riferimento ad una salvezza di ordine più spirituale o trascendente.

Da un altro punto di vista, sembrano esservi indizi rilevanti sul fatto che la popolazione adulta, nei termini in cui il campione avvicinato può esserne considerato rappresentativo, mostra una certa quale tendenza verso l'ipocondria. Il che pare segnalato dal riferimento davvero massiccio ad una quantità di più o meno piccoli o grandi malori.

Tutto ciò suggerisce molti spunti per una ricerca più approfondita, specie per quanto riguarda la comprensione di quello che effettivamente le persone intendono con questo costante riferimento ad una "salute" che pare quasi coincidere, oggi come oggi, con il prototipo universale di tutto ciò che è bene o che è importante.

12. Maneggiare il denaro: Materialisti e Ascetici

Premessa

La psicologia del denaro è un settore specialistico della ricerca psicologica che viene generalmente collocato all'interno della psicologia economica. Non si tratta di un'area così antica e rilevante come molte di quelle che abbiamo analizzato in questo volume, ma rappresenta pur sempre un solido settore di studio per il quale esiste una letteratura scientifica piuttosto ampia e di sicuro interesse anche dal punto di vista della ricerca di base (Simmel, 1900; Wernimont e Fitzpatrick, 1972; Goldberg e Lewis, 1978; Lindgren, 1980; Berti e Bombi, 1981; Rubinstein, 1981; Yamauchi e Templer, 1982; Furnham, 1984a; Gresham e Fontenot, 1989; Belk e Wallendorf, 1990; Leiser, Sevon e Levi, 1990; Bailey e Gustafson, 1991; Baker e Jimerson, 1992; Boustead et Al, 1992; Doyle, 1992; Hanley e Wilhelm, 1992; Bailey e Lown, 1993; Prince, 1993; Lewis, Webley e Furnham, 1995; Brandstatter e Brandstatter, 1996; Medina, Saegert e Gresham, 1996; Fumham e Argyle, 1998; Lau, 1998; Rumiati e Mistri, 1998; Ferrari e Romano, 1999; Newcomb e Rabow, 1999; Ang, 2000; Roberts e Jones, 2001; Webley et Al, 2001; Srivastava, Locke e Bartol, 2001; Lim, 2003; Kidwell e Turrisi 2004; Masuo et Al, 2004; Oleson, 2004; Spinella e Lester, 2005; Norvilitis et Al, 2006; Engelberg e Sjoberg, 2007; Rose e Orr, 2007; Ahuvia, 2008; Baker e Hagedorn, 2008).

Da questo insieme di lavori, qui appena citati ma che meritano di essere studiati con attenzione, appare evidente che il rapporto con il danaro, che pure secondo l'ideologia modernista sarebbe qualcosa di molto concreto e che coinvolge il comportamento dell'individuo secondo regole del tutto oggettive o oggettivabili (secondo la classica leggenda detta dell'*homo oeconomicus*), subisce in effetti in buona misura l'influsso delle personalità individuali. L'immagine del denaro pare altresì risentire in modo significativo anche di tante altre variabili quali il sesso, l'età e il livello di istruzione, ma anche dal fatto di essere o meno nella disponibilità di mezzi economici.

Il tema della psicologia del denaro è stato ricondotto a molte altre questioni affini con cui il denaro, nei termini della sua immagine e dei comportamenti che vi si collegano, hanno a che fare. Tra le aree che vengono potenzialmente coinvolte nella psicologia del denaro possiamo ricordare, ad esempio, molti temi, sia di carattere molto generale e morale-filosofico sia legati a comportamenti quotidiani, quali: il potere e il prestigio; l'ostentazione; il lusso e gli status symbol; il sacrificio; la politica; i comportamenti d'acquisto e di consumo; la frugalità; la beneficienza; il rapporto con il lavoro; gli equilibri all'interno della famiglia; la pianificazione del risparmio; la fiducia e la sfiducia; ecc.

Il rapporto con il denaro compare altresì, nell'ambito più o meno della psicologia, anche in settori dove viene considerato più spesso come sintomo di una distorsione della personalità che non come possibile tema di ricerca per una psicologia della normalità. Nella psichiatria interpretativa classica, ad esempio, il denaro viene messo in relazione soprattutto con la figura della personalità detta "anale", che viene descritta da alcuni autori come caratterizzata da una tendenza caratteriale a trattenere tutto ciò su cui l'individuo riesce a mettere le mani e che usa l'accumulazione del denaro come strumento di potere e di controllo sulle proprie ansie e sul mondo che lo circonda.

Il rapporto con il denaro compare normalmente, nelle descrizioni dei comportamenti e dei tipi umani, anche come elemento costitutivo di molti stereotipi sociali. A parte il caso appunto dell'avaro (un modo diverso per definire la stessa personalità anale) si fa riferimento al denaro anche per alimentare vari pregiudizi etnici e culturali che caratterizzerebbero, ad esempio: la parsimonia degli ebrei piuttosto che dei genovesi; la disposizione degli operai inglesi a sprecare le proprie scarse sostanze nell'alcool e nel gioco d'azzardo; la propensione femminile allo shopping senza utilità, inteso come ansiolitico esistenziale; e via dicendo, con l'inanellare l'una sull'altra tante altre fantasiose tipologie personologiche basate in genere solo sulle disposizioni ideologiche o filosofiche o psicologiche di chi le professa.

Esiste però anche la ricerca scientifica nell'ambito della psicologia della personalità, che si propone invece di definire oggettivamente, nei limiti del possibile, le variabili in gioco e le loro interazioni. Le indagini in materia hanno dunque cercato di definire alcuni temi tipici dell'economia attraverso la rilevazione di dati originali.

Un caso particolarmente interessante, di rapporto tra personalità e denaro, è rappresentato dalla classica idea, proposta a suo tempo da Max Weber (1904-1905), secondo cui vi sarebbe un collegamento stretto tra i valori dell'etica protestante e lo spirito, ma anche i comportamenti, del capitalismo. Secondo questa ipotesi, vi sarebbe una stretta continuità tra valori, atteggiamenti, visioni del mondo e scelte di fede; per cui la disposizione ideologica, assieme a quella verso la religione, si confonderebbe con un tratto di personalità; ovverosia, detto altrimenti: ciascuna delle diverse tipologie di personalità sarebbe caratterizzata dalla propria religione elettiva e dalla propria visione economica o viceversa.

La questione se esista o meno una tale eventuale "personalità protestante capitalistica" è stata dunque molto indagata anche in termini di ricerca empirica, specie per l'evidente interesse che un'idea del genere può suscitare nella cultura più capitalistica e più protestante e più psicologica che ci sia in occidente: quella degli Stati Uniti.

Diversi studiosi hanno dunque studiato il tema della personalità protestante-capitalistica in termini psicologici. Possiamo in proposito ricordare qui alcuni tra i lavori più rappresentativi, considerando che il riferimento all'etica protestante weberiana come dimensione psicologica ricorre in effetti anche in molte altre ricerche e analisi che pure vi fanno riferimento magari solo in forma indiretta (Albee, 1977; Furnham, 1984b; Feather, 1984; Biernat, Vescio e Theno, 1996; Quinn e Crocker, 1999; Malcomnson et Al, 2006).

Si è indagata spesso anche la categoria del materialismo, intendendo però non tanto la teoria economica ottocentesca che porta questo nome bensì una più moderna dimensione di tratto psicologico, intesa come attaccamento agli oggetti. Tale disposizione o tratto materialista si esprimerebbe in una condizione esistenziale che attribuisce grande rilevanza alle cose materiali, come il denaro, il patrimonio, i beni ecc e molto meno agli ideali e alle aspirazioni dello spirito, proponendo una strategia esistenziale che può essere sintetizzata retoricamente in una predominanza dell'avere contrapposta ad una eventuale predominanza dell'essere (Belk, 1984; Richins e Dawson, 1992; Wright e Larsen, 1993; Mick, 1996; Ahuvia e Wong, 2002; Burroughs e Rindfleisch, 2002; Tatzel, 2002; Watson, 2003; Christopher, Marek e Carroll, 2004; Troisi, Christopher e Marek, 2006).

Nel quadro della ricerca sul denaro e sul modo di immaginarne i significati profondi o di interagire con esso, sono state realizzate anche diverse scale di atteggiamento a carattere quantitativo e oggettivo. Possiamo ricordare in particolare, tra quelle che hanno avuto maggiore diffusione: la *Money Attitude Scale* di Yamauchi e Templer (1982; Roberts e Sepulveda, 1999); la *Money Beliefs and Behavior Scale* di Furnham (1984a, 2002; Yang e Lester, 2002); la *Money Ethic Scale* di Tang (1992, 1993).

Vista l'ampiezza e l'interesse del tema, abbiamo dunque ritenuto meritasse utilizzare la ricerca Itapi-Valori per tentare anche un approfondimento della dimensione psicologica che si collega al rapporto con il denaro, l'economia e la ricchezza, approfittando dell'ampio e rappresentativo campione che avevamo a disposizione.

Metodologia

Il caso del denaro è l'unico esempio, tra quelli proposti in questo volume, che si fonda sul campione derivato dalla ricerca Itapi-Valori (invece che dalla ricerca Itapi-Personalità, come è il caso di tutti gli altri casi proposti). Tale rilevazione era infatti finalizzata alla definizione appunto di un test di personalità fondato sui valori, per cui in linea di massima non prevedeva blocchi di item che già in partenza rappresentassero potenzialmente un insieme sufficiente a rilevare un costrutto.

Nella rilevazione Itapi-Valori, come si evince anche dalla Tabella 3.2, erano presenti però le scale del test Itapi-S e, con scopi sperimentali, alcuni item di approfondimento specie in relazione allo sport, alla religione e alla politica, così come ad altri aspetti della vita quotidiana. Partendo dall'analisi di alcuni tra questi item suppletivi, abbiamo peraltro già pubblicato, in particolare, una tipologia personologica relativa all'atteggiamento nei confronti della pratica sportiva (Viano et Al, 2007).

Per una descrizione analitica dell'impianto metodologico della ricerca su cui basiamo anche l'analisi di questo caso, rimandiamo dunque al Capitolo 3, che presenta l'indagine Itapi-Valori nell'ambito della quale erano presenti i 6 item che fanno da base per la identificazione delle tipologie di atteggiamento vero il denaro.

Risultati

Dai dati emersi attraverso la ricerca (Tabella 12.1) si evidenzia come la dimensione della ricchezza, o quanto meno di una certa quale disponibilità di beni materiali, sia considerata un aspetto importante nella vita di gran parte delle persone.

Nella classifica dei valori (Tabella 3.2bis), le voci relative alla disponibilità di denaro non si trovano però in un ruolo di primo piano, visto che trovano la propria collocazione nelle seguenti posizioni: Il benessere economico, 14° posto; Il saper risparmiare, l'attenzione al denaro, 55° posto; La proprietà privata, 62° posto; Avere molti soldi, 65° posto; Gli affari, le attività economiche, 85° posto.

Anche il detto secondo cui per vivere bene i soldi sono importanti, rispetto all'insieme degli item considerati nell'ambito della ricerca Itapi-Personalità (Tabella 2.2), si trova solo a +0.63 punti Z. In compenso, si direbbe vi sia una certa attenzione al tema, visto che lo spendere molto si colloca invece a -1.34 punti Z.

L'attenzione agli aspetti economici non sembra variare in modo significativo in base al sesso della persona.

L'età interviene nel senso che i più giovani tendono a dare maggiore rilievo alla disponibilità di denaro che si direbbe immediata e allo spendere (v3, v155, p55), mentre gli adulti tendono piuttosto a pensare al denaro come a qualcosa che è importante da conservare senza spenderlo (v39, v82).

Risulta avere grande rilievo la dimensione intellettuale, nel senso che il dichiarato interesse per il denaro e le attività economiche, nei suoi vari aspetti, risulta inversamente proporzionale al livello di istruzione.

Tabella 12.1 - Soggetti "completamente" + "abbastanza" d'accordo con ciascuna delle affermazioni contenute in alcuni item riconducibili al tema del Denaro (% di penetrazione).

	DENARO	*TOT*	*M*	*F*	*18-30*	*31-45*	*46-70*	*Ele*	*Med*	*Sup*	*Uni*
v24	Il benessere economico	90.6	90.7	90.5	91.1	89.3	91.4	95.8	90.9	90.8	88.0
v155	Per vivere bene, i soldi sono fondamentali	80.9	82.5	79.3	83.6	80.2	79.4	83.3	82.2	81.1	78.5
v39	Il saper risparmiare, l'attenzione al denaro	81.7	78.7	84.7	79.2	79.4	84.8	87.5	80.3	83.7	75.9
v82	La proprietà privata	79.4	80.4	78.4	74.9	80.2	81.2	83.3	84.5	79.2	70.2

	DENARO	TOT	M	F	18-30	31-45	46-70	Ele	Med	Sup	Uni
v3	Avere molti sol-di	75.5	81.1	70.0	79.2	77.9	71.8	79.2	77.7	74.5	73.8
v12	Gli affari, le at-tività economi-che	72.4	77.4	67.4	73.4	72.0	72.2	75.0	75.4	72.9	64.9

Sul totale delle risposte fornite dal campione agli item specifici, abbiamo applicato un'analisi fattoriale (metodo di estrazione: analisi delle componenti principali; metodo di rotazione: Varimax con normalizzazione di Kaiser; la rotazione ha raggiunto i criteri di convergenza in 3 iterazioni). La varianza totale spiegata è risultata essere del 60.8%: F1, 40.2%; F2, 20.7% (Tabella 12.2).

I due fattori emersi tendono a suggerire, analogamente alla distribuzione che abbiamo visto in relazione all'età: da una parte l'idea del denaro come ricchezza da vivere al presente, F1; dall'altra il denaro come elemento di rassicurazione preventiva per il futuro F2,

Tabella 12.2 - Analisi fattoriale sulla base delle risposte relative ad alcuni item riconducibili al tema del Denaro.

DENARO	F1	F2
B 3 - Avere molti soldi	.81	
B 24 - Il benessere economico	.81	
B 155 - Per vivere bene, i soldi sono fondamentali	.75	
B 12 - Gli affari, le attività economiche	.61	.33
B 39 - Il saper risparmiare, l'attenzione al denaro		.89
B 82 - La proprietà privata	.40	.56

Abbiamo quindi condotto un'analisi dei cluster (metodo: K-medie; itera e classifica; iterazione corrente: 5), che è stata sviluppata utilizzando le valutazioni fornite rispetto ai 6 item (Tabella 12.3).

Ne è derivata una segmentazione che definisce 2 tipi psicologici i quali appaiono sostanzialmente contrapposti l'uno rispetto all'altro.

Da una parte: c'è il gruppo dominante dei Materialisti (77.5%), per i quali il denaro è un valore importante, forse soprattutto per rendere la vita più agevole di quanto non sia attualmente. Dall'altra parte: c'è la minoranza degli Ascetici (22.5%), i quali forse pensano al denaro soprattutto in termini di sobrietà e di amuleto nei confronti delle imprevedibilità dell'esistenza.

Tabella 12.3 - Profilo dei Tipi-Cluster sulla base delle risposte relative ad alcuni item riconducibili al tema del Denaro (% di penetrazione).

	DENARO	*TOT*	*Tipo 1 Materialisti (77.5%)*	*Tipo 2 Ascetici (22.5%)*	*Materialisti - Ascetici*
v3	Avere molti soldi	75.5	92.5	17.0	75.5
v 155	Per vivere bene, i soldi sono fondamentali	80.9	93.5	37.5	56.0
v 12	Gli affari, le attività economiche	72.4	84.7	30.1	54.6
v 82	La proprietà privata	79.4	88.4	48.6	39.8
v 24	Il benessere economico	90.6	98.1	64.9	33.2
v 39	Il saper risparmiare, l'attenzione al denaro	81.7	85.2	69.5	15.7

Abbiamo quindi analizzato le caratteristiche dei due tipi emersi, incrociandole con le variabili, sia anagrafiche sia personologiche, messe a disposizione dal complesso delle indagini presentate in questo volume (Tabella 12.4).

Il tipo Materialista, anche per via della sua assoluta preminenza nel campione, risulta essere ampiamente diffuso in tutti i sotto-campioni, ma presenta una leggera maggiore diffusione tra gli uomini, i più giovani, i meno istruiti. Si tratta però di indizi solo accennati.

I Materialisti utilizzano riferimenti valoriali drasticamente maggiori degli Ascetici nei confronti tanto del Successo quanto della Fisicità e, in misura minore, della Tavola.

I Tipi-Cluster chiaramente meglio rappresentati tra i Materialisi sono gli Ottimisti-Concreti ma soprattutto gli Isolati-Diffidenti. Mentre tra gli Ascetici prevalgono soprattutto gli Introversi-Appartati.

Tabella 12.4 - Profilo dei Tipi-Cluster sulla base delle risposte relative agli item riconducibili al tema del Denaro (dati originali; % di composizione; differenze espresse nelle scale di Valori rispetto alla media del campione, per 100; % di distribuzione nei termini di Itapi-Tipi).

	DENARO	TOT	Tipo 1 Materialisti (77.5%)	Tipo 2 Ascetici (22.5%)
Sesso	Uomini	49.7	52.2	40.9
	Donne	50.3	47.8	59.1
Età	18/39	45.4	46.4	42.1
	40/70	54.6	53.6	57.9
Istruzione	Bassa	33.2	34.4	29.1
	Alta	66.8	65.6	70.9
Valori	V1 - Successo	13,08	85	-295
	V2 - Cultura	13,53	-22	77
	V3 - Fisicità	14,77	53	-182
	V4 - Fede	14,30	19	-67
	V5 - Amore	18,42	-2	8
	V6 - Autonomia	18,25	0	1
	V7 - Tavola	16,01	26	-89
Tipo-Cluster	1: Ottimisti-Concreti	25.8	27.2	20.8
	2: Introversi-Appartati	24.9	19.6	43.2
	3: Desiderosi-Rassegnati	20.9	20.5	22.4
	4: Isolati-Diffidenti	28.4	32.7	13.5

Commento

Una evidenza che emerge da questi dati riguarda il fatto che, pure nei limiti in cui il campione di riferimento Itapi-Valori può essere considerato o meno rappresentativo della popolazione adulta, la dimensione materiale concreta del denaro, come punto di riferimento valoriale per dare un solido appoggio alla propria esistenza, appare dominante. In altre parole: i costanti riferimenti moralistici che percorrono la cultura italiana, e le continue dichiarazioni di principio sulla modestia e la non ostentazione e il non-interesse per tali futili cose del mondo, non sembrano riuscire a nascondere una evidente propensione al materialismo dei "soldi" e della coincidenza presunta tra ricchezza e benessere.

Risulta degna di ulteriori attenzioni, specie nella direzione di percorsi per eventuali ricerche future, la distinzione tra denaro come strumento di godimento immediato e denaro come strumento di esorcismo del male possibile in prospettiva. Si direbbe infatti, benché certo in termini per ora solo indiziari, che il denaro possa rappresentare un amuleto per eccellenza, poiché evoca progetti che si collegano metaforicamente, sul piano esistenziale, all'idea della forza, della salute e della morte, o anche alla possibilità di entrare in consonanza con i demoni della natura e di accattivarsi la grazia della loro benevolenza.

Questi temi sono stati avvicinati con qualche frequenza, e con proposte intellettualmente assai stimolanti, dalla ricerca letteraria e dalle analisi psicologiche a tavolino; ma, alla luce dei dati raccolti qui, sarebbe certo molto interessante da indagare anche con strumenti di ricerca empirica oggettiva presso le persone reali.

Appendice: Note sulla rappresentatività della ricerca psicologica rispetto alle caratteristiche della popolazione adulta

DI FELICE PERUSSIA

Questa monografia si è proposta di analizzare alcuni aspetti di una psicologia della vita quotidiana. Abbiamo infatti cercato di indagare, attraverso la produzione di protocolli originali, se alcuni dei costrutti di cui si è ipotizzata la presenza nell'ambito della moderna ricerca psicologica sulla personalità possano essere rilevati nella persona attraverso strumenti di descrizione e di studio più o meno oggettivi.

In particolare: si è voluto fornire un contributo empirico sistematico, relativo alla possibilità di segmentare l'insieme di un campione rappresentativo degli adulti in alcune tipologie personologiche relative a ciascuno di tali costrutti.

Ripetiamo ancora una volta che l'obiettivo principale del Programma Itapi è di natura scientifica. Quindi, posto che il nostro contributo si muove nell'ambito della ricerca psicologica di base, merita notare che il nostro modo di indagare, come è prassi consolidata e pressoché plebiscitaria nella ricerca scientifica in psicologia, è consistito nell'evidenziare l'eventuale presenza di strutture di personalità le quali, se esistono, non è verosimile risentano più di tanto delle variabili sociali, le quali pute definiscono in parte la persona. Si tratta infatti di tendenze strutturali di base (l'aggressività, la gratitudine, la rigidità mentale ecc), le quali possono subire certamente gli effetti della cultura, dell'esperienza, dell'evoluzione interiore e così via, ma li subiscono comunque solo parzialmente e senza per questo esserne eventualmente del tutto snaturate.

Ciò posto: uno dei primi doveri da compiere, nel pubblicare dati di ricerca, è quello di invitare il lettore alla massima cautela. Tutti i dati scientifici sono infatti, quando va bene, probabilistici. Non sono mai certezze, ma solo indizi. Come sempre avviene nella condizione umana: cercare la verità non significa affatto trovarla. Anzi, almeno per quanto riguarda la verità vera, il desiderio di sapere non coincide mai con la certezza della conoscenza. Ma: non addentriamoci in questo tipo di riflessione, pure importante da evocare in accenno (e che sviluppiamo attentamente in altre sedi), poiché sarebbe fuorviante approfondirla in un semplice rapporto di ricerca.

I dati empirici originali, quando sono tali, sono sempre interessanti, in quanto rappresentano una conoscenza nuova che senza la ricerca non ci sarebbe stata. Ma vanno sempre presi con beneficio d'inventario. Nemmeno la più presuntuosamente oggettiva delle scienze naturali può descrivere o fotografare la verità. Il massimo risultato che può riuscire a ottenere è quello di fornire un racconto dettagliato della propria visione del mondo, specificando gli strumenti sistematici, quanto artificiali, attraverso cui lo ha osservato. Il che avviene, nel loro piccolo, anche per le ricerche del Programma Itapi.

Capita tuttavia che una parte dei dati raccolti nell'ambito delle ricerche di base, come è il caso di quelle pubblicate qui, si riferisca a temi che sono fatti oggetto di rilevazione anche dalla ricerca applicata, in genere commissionata per ragioni commerciali, a carattere demoscopico o d'opinione. Capita dunque che risulti possibile una comparazione tra i risultati emersi attraverso queste due differenti strategie d'indagine, con l'effetto che a volte si manifestano strette somiglianze tra i dati assoluti di due (qualsiasi) ricerche similari, mentre a volte emergono invece differenze di vario rilievo.

In genere: non si tratta quasi mai, nella comparazione tra una ricerca e un'altra (di base o applicate che queste siano), di differenze drammatiche. Capita però che tanti particolari possano risultare differenti: tra una ricerca di base e una applicata sul medesimo tema, ma anche tra due ricerche di origine scientifica, o tra due ricerche di origine commerciale magari realizzate da due gruppi diversi o a breve distanza l'una dall'altra.

Tutto questo è ovvio per lo studioso sofisticato; ma lo è molto meno per il ricercatore smalizioto o per lo studente che segue i corsi all'università. Merita dunque ricordare che i dati dei sondaggi sono sempre discutibili e che lo sono sempre anche le ricerche universitarie: a volte per ragioni diverse e a volte per le medesime ragioni.

Il fatto di operare sistematicamente nell'ambito di una iniziativa, come il Programma Itapi, che affronta spesso, e mette a disposizione della collettività, materiali relativi a temi che talvolta sono oggetto anche dell'indagine demoscopica, induce a cogliere l'occasione per ricordare alcuni dati e sviluppare alcune riflessioni sul tema.

Certamente la questione non verrà risolta una volta per sempre in queste poche note. Ma ci è sembrato giusto ed utile precisare, una volta di più, alcuni dettagli sulla questione della affidabilità dei dati di ricerca relativi alla psicologia delle persone, anche al fine di evitare inutili fraintendimenti e inconsistenti presunzioni.

I campioni utilizzati nella ricerca scientifica in psicologia

Il primo punto da chiarire bene è che la ricerca di base non persegue gli stessi obiettivi della ricerca applicata. Chi si propone di indagare i meccanismi della percezione o della memoria, o le strutture della personalità, non ha come obiettivo quello di identificare dei "target" a cui vendere qualcosa, bensì quello di capire dei processi di natura psicologica e sociale.

Si tratta peraltro di ricerche condotte per lo più disponendo solo di finanziamenti molto ridotti o, nella maggior parte dei casi (come avviene anche per il Programma Itapi), nella totale assenza di mezzi ma sulla spinta della passione, della buona volontà, della curiosità scientifica e di una lunga tradizione di studio e di ricerca.

Nel caso della ricerca applicata: si parla invece, ogni volta, normalmente e senza eccezioni, di almeno alcune migliaia di euro o di dollari, nella stragrande maggioranza dei casi di diecine di migliaia di euro o di dollari, e con una certa frequenza anche di centinaia di migliaia di euro o di dollari. Il che non significa però certo che le ricerche finanziate con centinaia di migliaia di euro siano necessariamente superiori a quelle realizzate senza il minimo finanziamento. Così come non significa nemmeno l'inverso.

Comunque: è un fatto che la ricerca scientifica di base in psicologia viene normalmente realizzata con campioni diversi da quelli che nei manuali (sarà utile ricordarlo: universitari e non certo di matrice commerciale o industriale) di statistica teorica vengono descritti, a tavolino, come se fossero quasi gli unici campioni possibili. Mentre i pochi statistici con pretese teoriche, che poi realizzano anche delle ricerche concrete sul campo: finiscono inesorabilmente con l'utilizzare anche loro campioni e strategie piuttosto lontane dalle teorie che pure hanno lodevolmente propugnato nei loro stessi libri.

La stragrande maggioranza dei campioni utilizzati nella ricerca scientifica di base (con scopi esclusivi di ricerca sperimentale e senza fini applicativi o condizionamenti derivanti dal fatto di essere commissionata da un finanziatore, generalmente privato) consiste di gruppi abbastanza limitati di persone per quello che riguarda le loro caratteristiche di rappresentatività rispetto alla popolazione in termini sia quantitativi (il numero dei casi) che qualitativi (le caratteristiche socio-anagrafiche dei soggetti).

Si tratta tipicamente di piccoli numeri; dove, di solito: superare i 200-300 soggetti è già una situazione ricca. Nella ricerca di base prevalgono nettamente i campioni di studenti universitari; particolarmente: dai corsi di psicologia (e quindi: molto più donne che uomini). I soggetti vengono generalmente avvicinati in una singola sede geografica (non di rado: in occasione di una lezione o di una esercitazione). Il tipico campione della ricerca psicologica è rappresentato cioè (speriamo) da 100-200 soggetti, sui 20-25 anni, frequentanti uno o più corsi universitari in un'unica sede accademica.

Nella rassegna di inquadramento sui test di personalità che fa da introduzione al Manuale di Itapi-G (Perussia, 2005) abbiamo già ricordato, ad esempio, che la gran parte dei campioni su cui sono stati costruiti i test più diffusi sono piccoli campioni di convenienza che consistono di studenti dei primi anni di università (in netta maggioranza: donne iscritte al primo o secondo anno di psicologia) e talvolta studenti degli ultimi anni delle scuole medie superiori.

Possiamo ricordare ancora una volta, a puro titolo d'esempio, il campione di complessivi 200 soggetti, solo maschi tra i 18 e i 45 anni, verosimilmente della zona di Padova (si sospetta: ferrovieri), per la validazione italiana della Forma C, o forma breve (105 item), del *Sixteen Personality Factors* o *16PF* statunitense di Cattell (Cusin e Novaga, 1962; Novaga e Pedon, 1977); importante test che è tutt'ora di normale uso nel nostro Paese. E possiamo ricordare ancora i complessivi 268 giovani (113 maschi e 155 femmine) "con istruzione medio-superiore" per la validazione italiana delle *Comrey Personality Scales* o *CPS* (Caprara, Barbaranelli, Perugini e Comrey, 1991). Ma potremmo andare avanti molto a lungo con la descrizione di campioni molto ufficiali di questa caratura; peraltro utilizzati in ricerche ben fatte e di indubbio interesse scientifico.

La situazione viene altresì confermata in tutte le indagini sistematiche che si sono proposte di identificare scientificamente la natura dei campioni tipici che ricorrono nella ricerca psicologica. Ad esempio: Sears (1986) rileva, sulla base di dati disponibili nel 1985 con riferimento alle tre prestigiose riviste *Journal of Personality and Social Psychology*, *Journal of Experimental Social Psychology*, e *Personality and Social Psychology Bulletin*, che il 74% degli articoli pubblicati utilizza *undergraduate students* (diciamo: studenti universitari; generalmente: del primo o al massimo secondo anno di corso) come soggetti della ricerca; in particolare: il 51% dei soggetti proviene specificamente dai corsi di psicologia.

Non si tratta certo di un dato circoscritto, visto che ricompare costantemente nella gran parte degli studi in materia, in modo relativamente indipendente tanto dal settore disciplinare considerato quanto dalla specifica pubblicazione scientifica che viene di volta in volta presa in esame.

Nel 1977, il 92.7% degli articoli pubblicati dal *Journal of Experimental Psychology: Perception* utilizza undergraduates come soggetti (Miller, 1981). Analogamente: l'80% delle ricerche pubblicate nel *Journal of Personality and Social Psychology* nel 1988 utilizza come soggetti gli undergraduate students (West, Newsom, and Fenaughty, 1992).

Una ulteriore conferma ci viene fornita da Cooper e Sheldon (2002), che conducono un'analisi circostanziata sulla metodologia utilizzata nelle 477 ricerche che (a partire dalla banca dati *PsychInfo*) trovano pubblicate in riviste scientifiche ufficiali sul tema dei rapporti tra personalità e relazioni intime di tipo amoroso, tra il 1932 e il 2001. Gli autori arrivano alla conclusione che la sostanziale totalità delle ricerche, tutte pubblicate in sedi scientifiche molto ufficiali della psicologia accademica, ha utilizzato campioni di comodo (*convenience sampling*) e non campioni probabilistici, pur sottolineando positivamente che "solo" circa la metà di questi campioni consiste esclusivamente di studenti dei corsi universitari.

Wintre, North e Sugar (2001), con tre approfondimenti nell'arco di venti anni e cioè nel 1975 e nel 1985 e nel 1995, studiano i contenuti di sei importanti riviste molto scientifiche e molto ufficiali: *Journal of Experimental Psychology: Learning, Memory, and Cognition; Journal of Experimental Psychology: Human Perception and Performance; Journal of Personality and Social Psychology; Journal of Experimental Social Psychology; Journal of Abnormal Psychology.* Dei 1.719 articoli di cui analizzano il contenuto, il 68.3 % utilizza esclusivamente undergraduates come soggetti. Notano anche che la percentuale rimane decisamente stabile nell'arco del tempo essendo precisamente: 69.8% nel 1975; 66.7% nel 1986; 68.2% nel 1995. In sostanza: due terzi abbondanti delle ricerche, in tutti i maggiori settori della psicologia scientifica accademica, utilizzano come campione di riferimento esclusivamente degli studenti.

La rilevanza degli studenti come soggetti della ricerca è stata dimostrata anche in tante altre analisi sistematiche della letteratura scientifica in psicologia, specie in psicologia generale, della personalità e sociale. Il dato vale infatti, per riportare ancora solo qualche ulteriore esempio, per gli anni '60, dove Carlson (1971) constata che gli studenti sono il campione che sta alla base dell'85% delle ricerche (71% dai primi anni di università; 14% dalle scuole elementari e medie). Vale per gli anni '80, dove Endler e Parker (1991) ci confermano che nella ricerca scientifica pubblicata sulle principali riviste di psicologia, gli studenti sono di nuovo l'85% (75% dai primi anni di università; 10% dalle scuole elementari e medie). E si potrebbe continuare a lungo riportando ulteriori esempi, tutti del medesimo tenore (Christie, 1965; Smart, 1966; Schultz, 1969; Carlson, 1971, 1984; Higbee, Millard e Folkman, 1982; Craik, 1986; Bodner, 2006).

Per inciso: è piuttosto costante anche il tipo di metodologia che viene utilizzata normalmente nella ricerca. Ce lo evidenziano Endler e Speer (1998), i quali conducono un'accurata analisi sui metodi impiegati nelle ricerche pubblicate sui quattro più citati giornali scientifici in lingua inglese intitolati al campo della psicologia della personalità (e sociale) tra il 1993 e il 1995. Gli autori rilevano infatti che la metodologia più utilizzata, nel 60% dei casi, è il "nonexperimental field" (in sostanza: campioni di persone cui viene somministrato un questionario al di fuori del laboratorio); stante che nell'88% dei casi viene comunque somministrato un questionario, per lo più senza ulteriori rilevazioni di dati. Mentre sarà quasi inutile ricordare anche che i soggetti utilizzati sono, nel 58% delle ricerche considerate, studenti dei primi anni di università, seguiti da adulti (35%; quasi sempre con campioni di comodo) e adolescenti (7%; studenti).

Anche secondo le appena citate analisi di Cooper e Sheldon (2002) su alcuni aspetti della banca dati *PsychInfo*: la quasi totalità delle ricerche osservate nel loro caso utilizza una metodologia *self-report* (dichiarazioni su di sé, in genere espresse in un questionario per auto-compilazione), ai quali self-report solo circa un quinto delle ricerche affianca qualche altro metodo meno auto-riferito di rilevazione. Per inciso: il numero medio dei soggetti contattati in ciascuna di queste ricerche risulta essere, per quanto riguarda gli anni '90, di 252.

Le caratteristiche dei campioni che ricorrono nella ricerca scientifica, e che abbiamo appena evidenziato, potrebbero suonare come dei limiti (dal punto di vista della statistica da tavolino), ma non paiono certo rappresentare un problema rilevante nel caso della ricerca di base (che li usa normalmente e da sempre, senza particolari resipiscenze), come ben sa chi si occupa appunto di sperimentazione in laboratorio o di ricerca cosiddetta pura. Infatti: quando si studiano funzioni psicologiche di base, come ad esempio nel caso della percezione o della memoria, un campione rappresentativo potrebbe essere anche una garanzia di qualità, ma in genere non viene considerato affatto indispensabile; visto che quel tipo di ricerca ha solitamente come proprio oggetto delle funzioni psicologiche di base, che si ritiene siano piuttosto basali e uniformi in tutti i soggetti.

Nel caso della ricerca sui Test di personalità invece, la rappresentatività del campione acquista un rilievo maggiore. E tuttavia, anche qui, la tradizione psicologica non brilla più di tanto, come abbiamo appena visto.

Comunque: è un fatto che, nella generalità dei *college* o delle università statunitensi, gli studenti partecipano abitualmente durante il loro corso di studi a delle ricerche psicologiche in veste di soggetti "volontari", specie in quanto negli usi universitari tipici di quella cultura vengono normalmente erogati dei crediti di studio agli studenti che sono disposti a partecipare agli esperimenti stessi (Miller, 1981). Anche per questo, nella letteratura specialistica, vengono definiti a volte più correttamente come dei "semi-volontari", in quanto si sottopongono alla ricerca almeno in parte anche per dovere o per interesse.

Inoltre, siccome sono generalmente i volontari a decidere a quale esperimento sottoporsi tra quelli che sono in corso, ci sono diversi dati che mostrano come vi siano segni evidenti di differenze psicologiche, valoriali, ideologiche, di personalità ecc: sia che caratterizzano i soggetti volontari in genere (rispetto a quelli che non si offrono all'indagine); sia che distinguono quanti preferiscono determinate condizioni sperimentali rispetto a quanti ne preferiscono altre differenti (Jackson, Procidano e Cohen, 1989; Roman et Al, 1995).

Sears (1986) sostiene che l'assoluta prevalenza, nella ricerca di base, dei campioni di studenti iscritti ai primi anni dei corsi universitari di psicologia, particolarmente con riferimento al caso della psicologia sociale e della personalità, rappresenta almeno in potenza un elemento di deformazione e di condizionamento della ricerca nel settore. Finisce infatti col proporre implicitamente, come caratteristica fondativa della condizione umana, la visione del mondo di questo piccolo e molto particolare segmento di giovani adulti.

Sulla figura del volontario, o quanto meno di chi si presta ad essere avvicinato nella ricerca psicologica e sociale tanto in laboratorio che sul campo, esiste una certa letteratura, che non tenteremo di approfondire qui (Smart, 1966; Rosenthal e Rosnow, 1975; Leak, 1981; Calder, Phillips e Tybout, 1982; Coye, 1985; Nimmer e Handelsman, 1992; Dollinger e Leong, 1993; Ward, 1993; Waite, Claffey e Hillbrand, 1998; Aviv et Al, 2002; Marcus e Schutz, 2005; Pagan et Al, 2006; Lonnqvist et Al, 2007). Merita notare altresì che i contributi in materia non sono numerosi, quasi a voler testimoniare anche con la loro limitata presenza dello scarso rilievo che il mondo scientifico della psicologia ha sempre attribuito alla mancanza di rappresentatività statistica dei campioni che utilizza.

Del resto: è un fatto, come è stato notato da molti degli autori appena citati, che gli studenti dei primi anni di psicologia non solo non rappresentano nessuna delle abituali categorie anagrafiche che ricorrono nella teoria del campione, in quanto non sono né adolescenti né adulti, ma possiedono di solido una serie di competenze cognitive ed emotive, oltre che culturali, molto particolari. E' infatti stato dimostrato a dismisura che gli studenti universitari rappresentano un gruppo selezionato della popolazione e risultano essere mediamente, oltre che drasticamente più rappresentativi della classe sociale medio-alta e più colti della media della popolazione adulta, anche più intelligenti, più elevati nella competenza verbale, matematica e di lettura; mentre presentano anche una serie di differenze di sensibilità e quindi eventualmente anche di problemi psicologici particolari. Le varie ricerche mostrano anche, con una certa frequenza, che i soggetti volontari tendono a mostrare alcune differenze nei tratti di personalità rispetto alla popolazione in genere, ma anche rispetto ai propri colleghi o coetanei.

Le ricerche Itapi e la popolazione italiana adulta

Nei Capitoli 2, 3 e 4 di questo volume, vengono presentate analiticamente le caratteristiche dei campioni che stanno alla base delle ricerche Itapi analizzate qui. Facendo il confronto con la struttura della popolazione italiana nel 2005 secondo i dati Istat (Tabella 1.1) si nota come la distribuzione di alcune variabili che caratterizzano i campioni Itapi siano identiche a quelle della popolazione italiana adulta. Questo avviene nel caso della ripartizione per sesso e per età, incrociate tra loro in modo da definire sei sub-campioni tutti corrispondenti tra i campioni Itapi e la popolazione italiana. La distribuzione di altre variabili, quali in particolare il livello di istruzione e la professione è invece solo molto vicina, ma non coincidente, rispetto alla distribuzione nazionale.

Ricordiamo ancora una volta, anche alla luce di quanto riportato più sopra così come nelle nostre analisi della letteratura pubblicate in precedenza, che la vicinanza dei campioni Itapi rispetto alla distribuzione ufficiale della popolazione adulta è più unica che rara nell'ambito della ricerca di base, nel senso che solo in circostanze poco frequenti (diciamo, con molto ottimismo: meno del 10%, per non dire del 5% o anche meno, della letteratura specialistica) capita di incontrare indagini pubblicate in contesti scientifici con analoghi livelli di vicinanza rispetto alla distribuzione nazionale teorica delle variabili anagrafiche principali. Merita tuttavia, per correttezza e trasparenza forse anche eccessiva ma utile e conforme alla tradizione Itapi, vedere le differenze con qualche dettaglio.

Per titolo di studio massimo conseguito, al 2005, la popolazione italiana nel suo complesso risulta così ripartita: Elementare o nessun titolo, 27.7%; Licenza media (inferiore), 31.3%; Medie superiori (Maturità, Qualifica professionale), 31.9%; Laurea e oltre, 9.1%. Ciò significa che, nell'ambito di tutto l'insieme della popolazione italiana, le persone definibili come dotate di una istruzione relativamente bassa (fino al solo obbligo di legge) sono il 59.0%; mentre quelle che vanno oltre sono il 41.0%.

Per titolo di studio massimo conseguito, al 2005, la popolazione italiana di Donne risulta così ripartita: Elementare o nessun titolo, 32.5%; Licenza media (inferiore), 27.7%; Medie superiori (Maturità, Qualifica professionale), 30.7%; Laurea e oltre, 9.1%. Ciò significa che, nell'ambito della popolazione italiana femminile, le donne definibili come dotate di una istruzione relativamente bassa (fino al solo obbligo di legge) sono il 60.2%; mentre quelle che vanno oltre sono il 39.8%.

Per titolo di studio massimo conseguito, al 2005, la popolazione italiana di Uomini risulta così ripartita: Elementare o nessun titolo, 22.4%; Licenza media (inferiore), 35.2%; Medie superiori (Maturità, Qualifica professionale), 33.2%; Laurea e oltre, 9.2%. Ciò significa che, nell'ambito della popolazione italiana maschile, gli uomini definibili come dotati di una istruzione relativamente bassa (fino al solo obbligo di legge) sono il 57.6%; mentre quelli che vanno oltre sono il 42.4%.

Per titolo di studio massimo conseguito, al 2005, la popolazione italiana di 20-34 anni d'età risulta così ripartita: Elementare o nessun titolo, 3.2%; Licenza media (inferiore), 29.3%; Medie superiori (Maturità, Qualifica professionale), 54.5%; Laurea e oltre, 13.0%. Ciò significa che, nell'ambito della popolazione italiana più giovane, le persone definibili come dotate di una istruzione relativamente bassa (fino al solo obbligo di legge) sono il 32.5%; mentre quelle che vanno oltre sono il 67.5%.

Per titolo di studio massimo conseguito, al 2005, la popolazione italiana di 35-64 anni d'età risulta così ripartita: Elementare o nessun titolo, 22.0%; Licenza media (inferiore), 34.0%; Medie superiori (Maturità, Qualifica professionale), 33.2%; Laurea e oltre, 10.8%. Ciò significa che, nell'ambito della popolazione italiana più adulta, le persone definibili come dotate di una istruzione relativamente bassa (fino al solo obbligo di legge) sono il 56.0%; mentre quelle che vanno oltre sono il 44.0%.

Come si può facilmente vedere, i campioni Itapi (Tabelle 2.1, 3.1, 4.1) sembrano essere moderatamente più istruiti della popolazione italiana complessiva nella sua forma più grezza. Ed è per ovviare a questo problema che abbiamo deciso, per i capitoli relativi alla presentazione di scenario (capitoli: 2; 3; 4) di presentare i dati tarando opportunamente le risposte grezze (Tabelle 2.2, 3.2, 4.2) in modo tale che il peso dell'istruzione dei soggetti si avvicini, almeno tendenzialmente, a quello che caratterizza la popolazione italiana complessiva.

Sul piano della distribuzione geografica infine: mentre il campione relativo alla ricerca Itapi-Personalità vede la presenza di sotto-campioni significativi da diverse regioni di tutta Italia, gli altri due campioni (Itapi-Valori e Itapi-Comportamenti) sono invece rappresentativi soprattutto dell'area italiana del nord-ovest e particolarmente di tre regioni: Piemonte, Liguria e Valle d'Aosta.

Rappresentatività delle indagini demoscopiche d'opinione

Abbiamo appena accennato, sviluppandolo anche nelle precedenti pubblicazioni del Programma Itapi, al tema del confronto tra le caratteristiche dei campioni Itapi o dei campioni che sono tipici della ricerca scientifica, specie nell'ambito della psicologia della personalità, ed i campioni che sono tipici della ricerca psicosociale applicata. Merita tuttavia tornarci sopra, visto che i fraintendimenti sono sempre in agguato.

Veniamo dunque a qualche paragone con ricerche a carattere demoscopico estensivo. E scopriamo che in effetti, alle luce delle indagini cui abbiamo accennato nelle pagine precedenti, sembrano più attendibili, secondo i criteri della statistica teorica, di quasi tutte le ricerche pubblicate, a suon di *referee* e anni di attesa, sul *Journal of Experimental Psychology* piuttosto che sul *Journal of Personality and social Psychology*, ma anche che lo sono molto meno di quello che alcuni sembrano a volte voler credere. Vediamo cioè, molto brevemente, la realtà dei campioni della ricerca privata commerciale.

Se si consulta, ad esempio, lo specifico sito internet della Presidenza italiana del Consiglio dei Ministri che riporta per legge tutte le caratteristiche metodologiche di centinaia e centinaia di ricerche che vengono rese pubbliche (www.sondaggielettorali.it) e si visita anche il sito dell'Autorità per le Garanzie nelle Comunicazioni (www.agcom.it) dove vengono ufficialmente comunicate le caratteristiche metodologiche (ma in genere non i risultati) di altre centinaia di sondaggi resi pubblici in Italia, si possono scoprire molti dati interessanti.

Alla luce di questi elementi assai sistematici, e di tante analisi sviluppate in letteratura, si rileva che la ricerca sulle persone è progressivamente cambiata nel tempo, specie quella extra-accademica,. Il che ha fatto sorgere nuovi modi e nuovi problemi oltre che nuove riflessioni sul tema (Smith e Leigh, 1997; Buchanan e Smith, 1999; Krosnick, 1999; Birnbaum, 2000; Riva, Teruzzi e Anolli, 2003; Tourangeau, 2004). La gran parte delle indagini demoscopiche si è andata progressivamente spostando verso le indagini telefoniche dette Cati (*Computer Assisted Telephone Interview*) invece che con interviste faccia-a-faccia o con questionari anonimi auto-compilati, come usava in altri tempi. Si sono altresì affermati nuovi metodi collegati allo sviluppo delle tecnologie elettroniche e in particolare ad internet.

Il che ci rimanda, naturalmente, alle caratteristiche di chi possiede un telefono fisso (è raro che si intervisti al cellulare), di chi è in casa ed effettivamente prende in mano la cornetta e si collega alla reale affidabilità della voce che risponde (per quanto concerne, ad esempio, le caratteristiche personali, così come le opinioni, dichiarate da una persona che non è visibile). La rete di rilevazione per questo tipo di ricerca consiste in sostanza, nella maggior parte dei casi, di un normale *call-center*, con tutti i limiti (ed i pregi) del caso. Ma risente ancora più del fatto che la disponibilità da parte dei soggetti ad essere intervistati è drasticamente diminuita nel tempo, visto che nelle interviste telefoniche accetta di rispondere forse un 20% dei contattati o, detto altrimenti, l'80-90% si rifiuta. Mentre è difficile capire esattamente: in che cosa è significativamente diverso tale 80%, che non parla, rispetto al 20% che accetta di parlare.

Della gran parte dei campioni, di tali ricerche per lo più telefoniche, viene detto, nei relativi rapporti di ricerca, che sono rappresentativi per sesso-genere e per età, ma spesso senza entrare nel dettaglio. In una minoranza dei casi di fa riferimento anche all'ampiezza dei centri e alla zona geografica di residenza. Il livello di scolarità compare solo saltuariamente. Come universo di riferimento viene indicata quindi: la popolazione italiana maggiorenne, ma in genere si tratta di una affermazione di principio.

Qualcuno parla, molto sinteticamente, di "campione casuale rappresentativo", che però è tale, eventualmente, solo al momento di chiamare al telefono le persone. Non è invece né particolarmente casuale né particolarmente rappresentativo quando ci si riduce alla citata minoranza di uno su cinque che coincide con coloro i quali accettano di rispondere, nell'ambito di quei (soli) tre quarti degli italiani che hanno a disposizione un telefono fisso e che rispondono.

Prendiamo quindi, per un confronto più di dettaglio, un paio di casi specifici relativi a ricerche demoscopiche che sono realmente di alto o di altissimo livello, ma che non necessariamente si basano su campioni migliori di quelli Itapi o della ricerca scientifica di base in genere.

Un esempio utile di confronto può essere l'eccellente lavoro che fonda la psicografia di Calvi (1977) per Eurisko. Il campione di quella indagine, che si propone come rappresentativo della popolazione italiana di trenta anni fa è più giovane (va da 18 a 64 anni d'età) meno istruito (medie inferiori al 24,2% e universitari al 11.6%; contro, ad esempio, il 22.4% e 21.3% rispettivi del campione di Itapi-Personalità, il 26.9% e 16.6% rispettivi del campione di Itapi-Valori, il 20.1% e 23.8% rispettivi del campione di Itapi-Comportamenti); ci sono meno lavoratori (tra le voci comparabili: impiegati e insegnanti, chissà perché insieme, 22.3%; operai, 9.3%; casalinghe, 26.6%; studenti, 9.1%; pensionati, 6,7; dirigenti, 1.1%) rispetto ad Itapi (rispettivamente, nel caso ad esempio del campione Itapi-Personalità: impiegati, senza insegnanti, 29.7%; operai, 12.6%; casalinghe, 7.1%; studenti, 11.3%; pensionati, 13.7%; dirigenti, 2.1%). Si trattava cioè di un campione che, anche per le differenze demografiche notevoli di allora rispetto ad oggi, era tendenzialmente meno istruito e più casalingo di quello di Itapi. Le differenze, parzialmente determinate in modo evidente da cambiamenti epocali intervenuti nel frattempo, sono tuttavia piuttosto limitate.

Anche nell'altra pubblicazione ufficiale di ulteriore presentazione del metodo (Calvi, 1980) l'età rimane compresa fra 18 e 64 anni. L'istruzione resta più o meno stabile: medie inferiori al 23.3% e universitari al 13.0%. Cambiano però le voci per catalogare le professioni, che quindi sono solo relativamente comparabili tra le due pubblicazioni; tuttavia i dati del campione recitano, tra l'altro: impiegati, in questa occasione uniti ad artigiani e negozianti, 21.4%; operai, 21.2%; casalinghe, 28.5% (ma distinte in: fascia medio-alta, 14.2%; fascia medio-bassa, 14.3%); studenti, 7.2%; pensionati, in questo caso uniti ai non-occupati, 12.3; dirigenti, accorpati a imprenditori e liberi professionisti, 2.2%; mentre gli insegnanti vengono questa volta uniti ad artisti e giornalisti, per un totale di 4.3%. In sostanza, sono un po' diminuiti i pensionati e probabilmente gli impiegati, mentre sono molto più che raddoppiati gli operai. Però il campione è sempre rappresentativo della popolazione italiana.

Si rileva, tra l'altro, una notevole differenza nell'orientamento politico dichiarato, che nelle ricerche Itapi è spesso rilevato (in termini di generica simpatia) ma che non trattiamo in questo volume avendolo già ampiamente analizzato nel volume di ricerca sugli elettori del 2006 (Perussia, 2006). E' infatti evidente che il campione di Calvi-Eurisko risulta molto orientato a sinistra, visto che dichiara le seguenti simpatie politiche: destra, 13.2%; centro, 34.3%; centro-sinistra, 16.4%; sinistra, 28.6%; nr, 7.4% (Calvi,

1977). Le cose cambiano decisamente nella successiva rilevazione ufficiale, dove la distribuzione si mantiene nettamente orientata a sinistra ma diventa, pure a poca distanza di tempo: destra, 12.7%; centro, 30.5%; centrosinistra, 30.1%; sinistra, 12.8%; nr, 13.9% (Calvi, 1980).

Mentre è evidentemente diverso anche il fatto che le molte affermazioni valoriali (anche quelle potenzialmente imbarazzanti, specie allora, come quelle sul comportamento sessuale, sull'onestà e la religiosità o sui "buoni sentimenti") vengono in quella sede affrontate con un intervistatore che interroga faccia-a-faccia e ad alta voce il soggetto (di cui riporta i dati, compreso nome e cognome e numero di telefono, in calce all'intervista); mentre in Itapi le persone disponibili vengono sempre mantenute nell'anonimato dell'auto-compilazione.

Senza volere annoiare troppo l'eventuale volenteroso lettore, prendiamo ancora un altro esempio, questa volta relativo ad una indagine a carattere demoscopico, ma con contenuti di ricerca di base, realizzata nell'ambito pubblico scientificamente più elevato, come è il caso della "Indagine sugli atteggiamenti e le aspettative degli Italiani in tema di popolazione", che viene svolta con regolarità da oltre vent'anni, nell'ambito del *PPA-Population related Policies Attitudes and Acceptance* in coordinamento con altri 14 Paesi europei, dall'autorevole Istituto di Ricerche sulla Popolazione e le Politiche Sociali del Consiglio Nazionale delle Ricerche o CNR (la più ufficiale delle agenzie scientifiche governative che operano in Italia). La pubblicazione più recente che abbiamo potuto trovare è quella la cui rilevazione si riferisce al 2002 (Palomba e Tintori, 2005). Il rapporto, dato il contesto altamente scientifico dell'indagine, descrive con precisione tutta la metodologia. Vi viene riportato che la rilevazione si basa su 3.500 interviste telefoniche, realizzate dalla società privata Atesia nel febbraio 2002.

Il campione consiste di persone con età compresa fra 20 e 50 anni, di cui 50% uomini e 50% donne; le fasce d'età sono così rappresentate: 20-29 anni, 32%; 30-39 anni, 37%; 40-50 anni, 31%; il titolo di studio: nessun titolo e licenza elementare, 3%; media inferiore, 28%; media superiore, 58%; università, 11%. Il campione viene ufficialmente definito nel Rapporto di ricerca come "proporzionale alla popolazione reale del nostro paese" e non sembra vengano sviluppate delle ponderazioni per riportare al profilo nazionale Istat il campione utilizzato nella circostanza, il quale pure, a rigore, risulta essere drasticamente più giovane e più istruito della popolazione media. Di altre, peraltro assai interessanti, indagini CNR-IPPR non abbiamo potuto vedere il dettaglio della ripartizione per istruzione, ma sulla base degli elementi disponibili si direbbe che i diversi campioni abbiano generalmente una struttura simile a questa.

Un campione di alfabetizzati (che quindi leggono anche)

Ma un caso particolarmente interessante, su cui esiste una pluridecennale controversia che non staremo nemmeno ad evocare qui, è quello della lettura dei libri. La comanda che ricorre è: gli Italiani leggono oppure no? E quanto leggono?

Da molto tempo infatti gli studiosi, gli operatori e in genere chi ama i libri (come è il caso di chi scrive) si chiedono se davvero la gente, e in particolare la popolazione italiana, legge così poco come si tende a dire; e come mai questo accade, se accade. Per cui ci permettiamo, per concludere queste note, di sviluppare un piccolo approfondimento sul tema.

Nei relativamente pochi quanto lodevoli casi in cui, presentando delle ricerche (anche quelle realizzate dalle organizzazioni più autorevoli), vengono effettivamente precisate in dettaglio le caratteristiche di istruzione del campione, è facile notare come nella stragrande maggioranza dei casi la presenza di persone con istruzione fino alla scuola elementare sia minima (quando c'è) e comunque praticamente mai superiore a pochi punti percentuali: qualche volta meno del 10%, ma assai più spesso meno del 5%. Posto che, come merita ricordare ancora: nel 2005 i soggetti con istruzione non superiore alla licenza elementare sono il 22.4% della popolazione residente di 15 anni e oltre (Istat, 2006).

Va peraltro sottolineato un ulteriore elemento assai rilevante, che può aiutare ad inquadrare meglio il significato e il valore dei dati qui pubblicati con riferimento alle ricerche del Programma Itapi. La caratteristica forse più significativa che differenzia i campioni Itapi rispetto ai migliori campioni rilevati nella ricerca demoscopica (specialmente nel caso delle indagini telefoniche) è rappresentata infatti, come peraltro accade per tutti i campioni psicologici che si basano su questionari per auto-compilazione, dal fatto di escludere la popolazione analfabeta.

Questa particolare caratteristica della generalità dei campioni utilizzati in psicologia produce alcuni effetti che possono avere una certa influenza sulle risposte agli item in cui la dimensione culturale ha un peso maggiore. Nella gran parte dei campioni utilizzati in psicologia, si tratta infatti di persone che sanno leggere e scrivere (altrimenti non potrebbero compilare il formulario di un test o il questionario di un'inchiesta). Ma è anche verosimile che siano persone sufficientemente acculturate (al di là del titolo formale di studio) da sentirsi in grado di rispondere (e quindi da essere disponibili a sottoporsi) a domande relativamente complesse, quali sono normalmente presenti in un questionario che cerca di rilevare variabili psicologiche.

Ed è questo, tra gli altri, un motivo per cui nella ricerca psicologica si preferiscono gli studenti universitari di psicologia. Questi infatti riescono di solito (benché, pure lì: non sempre) a capire abbastanza agevolmente e correttamente il contenuto degli item prodotti dai professori di psicologia, cioè a fornire risposte espresse a ragion veduta e quindi utilizzabili.

E' verosimile che i soggetti perfettamente alfabetizzati, essendo socializzati alla scrittura e alla lettura, possano esserlo anche alla cultura. Per cui potrebbero risultare intellettualmente più sofisticati della media della popolazione, anche radicalmente analfabeta, che magari risponde ad una indagine telefonica, nella quale indagine l'intervistatore si serve necessariamente solo del linguaggio (elementare) parlato. La quale indagine telefonica utilizza peraltro il telefono fisso, che è a disposizione di una fascia di popolazione la quale, secondo molti dati disponibili, sembra essere culturalmente meno vivace di quell'altra parte rilevante della popolazione che non risponde al telefono fisso: in parte perché non ce l'ha o non ha voglia di rispondere all'inchiesta, ma soprattutto perché, per comunicare, usa ormai quasi solo il cellulare o internet.

Un contesto che rende bene l'idea del problema è rappresentato appunto dal rapporto con i libri. Sembra infatti verosimile ritenere che una persona alfabetizzata, pure di istruzione formalmente limitata: se sa leggere, leggerà in una misura maggiore di quanto non possa leggere una persona analfabeta (è abbastanza ovvio). Nel caso di tutti gli item, presenti in una ricerca, che possono in qualche modo collegarsi alla fruizione di stimoli culturali, specie se questi hanno un collegamento diretto o indiretto con la lettura, è dunque altamente probabile che i soggetti alfabetizzati producano risposte percentualmente più elevate di quelle prodotte dai soggetti non alfabetizzati (o meglio: analfabeti).

Nella letteratura di ricerca sul tema, si parla di 3 forme di analfabetismo: Analfabetismo primario strumentale, di chi non sa, e non ha mai imparato, né a leggere né a scrivere; Analfabetismo secondario strumentale, di chi ha imparato più o meno a leggere o a scrivere, ma ha poi disimparato completamente; Analfabetismo funzionale, di chi conosce a livello rudimentale l'alfabeto e riesce ad apporre la propria firma su un documento, ma in effetti non è in grado di capire documenti poco più elementari di un semplice elenco di parole giustapposte.

Se ci basiamo sui dati storici dei censimenti nazionali italiani (Istat, 2008) gli analfabeti risultano essere molto diminuiti negli anni. Possiamo infatti rilevare una sequenza storica di questo tipo: 1861, 78% (di analfabeti sulla popolazione adulta complessiva); 1901, 44%; 1931, 21%; 1961, 8.3%; 1991, 2.1%; 2001, 1.5%. Gli analfabeti ufficiali Istat, nel 2001, variano altresì dallo 0.6% nell'Italia nord-occidentale, al 2.6% dell'Italia insulare, al 3.0% dell'Italia meridionale. Il dato peggiora quando lo si incrocia con l'età, per cui ad esempio tra i Calabresi dai 65 anni in su il tasso di analfabetismo sarebbe attualmente del 19.7%, mentre in Piemonte, Liguria, Valle d'Aosta e Lombardia (tra l'altro: le regioni da cui proviene la maggior parte dei campioni Itapi) l'incidenza degli analfabeti per la stessa fascia d'età sarebbe rispettivamente: 1.9%, 1.4%, 1.3%, 1.2%.

I dati ufficiali del nostro Paese, quelli fornito appunto dall'Istituto nazionale di statistica. indicano insomma una percentuale minima di analfabeti. Occorre tuttavia notare che, proprio secondo il Glossario Istat relativo ai Censimenti, alla voce "Grado di istruzione", viene prescritto ufficialmente: "Analfabeti - sono coloro che hanno dichiarato di non sapere leggere o scrivere". In sostanza, nelle ricerche Istat: è analfabeta, ancorché senza alcuna controprova pratica, colui in quale, esaminato da un rilevatore che non ha mai visto prima, ma che esibisce una tessera di ispettore ufficiale dello Stato, il quale gli legge il questionario per il censimento, ad alta voce e magari in presenza di terzi, dichiara solennemente: "Sono analfabeta".

Se invece si considera l'appena descritto analfabetismo funzionale (per cui la persona sa compitare un semplice testo, ma capisce ben poco di quello che legge), le percentuali crescono drasticamente. Si tratta in effetti, in molti casi, del cosiddetto "analfabetismo di ritorno" che è tipico di persone le quali hanno ricevuto una qualche scolarizzazione, ma che dopo la scuola non hanno più avuto occasione di esercitare le proprie competenze letterarie. Per cui di fatto hanno quasi scordato le proprie capacità di gestione della parola scritta, in modo analogo a come ci si disabitua ad una lingua straniera appresa in modo approssimativo e mai esercitata.

Secondo un altro studio non governativo, forse un po' allarmistico ma documentato, realizzato alla fine degli anni '90 (Avveduto, 1999) risulterebbe invece che gli analfabeti in Italia siano il 12% circa della popolazione adulta, pari a circa 6 milioni di Italiani. Tali percentuali salirebbero però in modo drammatico in relazione diretta con l'età e passando dal Nord al Sud della penisola.

La faccenda si complica poi di molto se consideriamo invece i dati raccolti nell'ambito dell'autorevole analisi comparativa, basata su prove concrete ed effettivamente affrontate dalle persone (di fatto: quasi delle prove d'esame vere e proprie), realizzata dalla Organizzazione per la Cooperazione e lo Sviluppo Economico (Ocse) sotto il nome di *Programme for International Student Assessment* (Ocse, Pisa, Invalsi, 2008; Pasquini, 2008). Tale ricerca sistematica dimostra infatti che l'11.4% degli studenti quindicenni nelle scuole italiane si trova sotto la soglia minima di competenza (il Livello 1) nelle prove di lettura; detto altrimenti: non riesce assolutamente a leggere. Se invece si calcolano non soltanto quelli che risultano, alla prova concreta dei fatti, analfabeti totali, ma si considerano anche quelli che rimangono sotto il modesto Livello 2 (in una scala di 6 possibili), cioè i ragazzi che riescono sì a leggere ma con "serie o gravi difficoltà", allora questi analfabeti ufficialmente invisibili diventano il 26.4%. Ciò significa che quasi un quarto dei quindicenni italiani i quali pure frequentano la scuola può essere considerato ufficialmente un "analfabeta funzionale".

L'Ocse ha peraltro ritenuto di svolgere, nel 2003-2004, anche un'altra indagine parallela, questa volta presso la popolazione adulta fra i 16 e i 65 anni d'età, nell'ambito della quale è stato avvicinato anche un campione rappresentativo della popolazione italiana (Ocse, All, Invalsi, 2005; Ferreri, 2006). I livelli di valutazione della capacità di lettura (da 1 a 6) sono i medesimi che per i ragazzi della ricerca citata appena più sopra. Gli Italiani adulti che non arrivano al Livello 1, che cioè non sanno assolutamente leggere nulla, risultano essere il 5.4% del campione; se si aggiungono anche quelli che si arrangiano a leggiucchiare e arrivano al Livello 1 (vale a dire: quelli che riescono sì a leggere, ma con "serie o gravi difficoltà") pur senza raggiungere il pur modesto livello 2, ovverosia quelli che sanno compitare una lettura di cui però non riescono quasi a cogliere il significato se presenta una pur minima complessità, si arriva al 46.1% della popolazione. Il dato colpisce, ma è molto ufficiale ed autorevole, oltre che basato su prove empiriche e non su dichiarazioni.

Ricordiamo infine un'altra ricerca di grande respiro internazionale e cioè l'Indagine Ials-Sials (International Adult Literacy Survey) condotta tra il 1994 e il 2000 in 21 Paesi sulle competenze della popolazione fra i 46 e i 65 anni d'età (Gallina, 2000). I livelli di valutazione vanno da 1 a 5, secondo una sequenza molto simile ma non identica a quella Ocse. Dove, se andiamo a veder il campione italiano che viene sottoposto alle prove, scopriamo subito che il 28.4% sta nel primo livello, quello che parte da una competenza alfabetica di 0.0 e arriva più o meno al Livello 1 dell'Ocse.

E' interessante notare che, sollecitato dalle voci di stampa sulla straordinaria quantità di analfabeti in Italia, il 15 novembre 2005 l'Ufficio della comunicazione dell'Istat si è sentito in dovere di emettere formalmente una *Nota per la Stampa* (protocollata e tuttora sull'archivio internet), in cui si afferma testualmente "In merito ai risultati di uno studio sulla diffusione dell'analfabetismo in Italia, pubblicati oggi sugli organi di informazione nazionali e locali, l'Istat precisa che in base ai dati del censimento della popolazione riferiti al 2001 il numero di analfabeti è pari a 782.342." Il comunicato riporta anche una Tabella specifica, elaborata per l'occasione dai dati del censimento stesso, da cui si evince che, sulla popolazione italiana di 6 anni e più, gli analfabeti dichiarati sono l'1.45%. La Nota si intitola "Gli analfabeti non sono sei milioni". Ma, alla luce dei dati dell'Ocse, come anche di altri, verrebbe da sospettare che in effetti gli analfabeti reali e concreti sono probabilmente molti di più.

A questo punto si capisce come, nel caso di Itapi (ma anche di gran parte della ricerca psicologica) la misura di quanti possono dichiarare realisticamente di avere letto un libro nell'ultimo anno finisca necessariamente col venire di fatto calcolata solo su quella percentuale della popolazione adulta che possiede una competenza nella lettura e nella scrittura tale da poter leggere e compilare il protocollo che gli viene sottoposto per la ricerca.

In altre parole: se (come è ovvio) possono compilare il protocollo di ricerca solo i soggetti completamente alfabetizzati, che con ottimismo ipotizziamo essere forse un 80% della popolazione, ciò significa che il 73% di persone che hanno letto un libro nell'ultimo anno, dato che compare nella ricerca Itapi sui Comportamenti (item: c167), potrebbe valere in effetti solo per i tre quarti circa della popolazione italiana totale. Visto che, grosso modo: il 73% di un 70-80% di alfabetizzati vale tendenzialmente intorno al 50-60% della popolazione nel suo insieme.

Il che ci aiuta a rende conto della grande varietà di dati sulla lettura in Italia, tema attorno a cui esiste la controversia senza fine da cui abbiamo già ricordato di avere preso spunto anche noi. Infatti troviamo in proposito dati piuttosto diversi tra loro, ma espressi tutti da fonti molto autorevoli. Il che contribuisce a tranquillizzarci, più in generale, anche sul problema della corrispondenza tra le ricerche di base e quelle applicate, come pure della corrispondenza tra una ricerca applicata e l'altra e così via.

Scopriamo infatti che: secondo gli autorevoli dati Istat relativi al 2005, gli Italiani sopra gli 11 anni che hanno letto almeno un libro negli ultimi 12 mesi sono stati il 42.3% (Donne, 47.9%; Uomini, 36.4%), mentre nel 1993 erano il 38.1%; ma nel 1998 erano il 41.7% (cioè: più che nel 2005) e l'anno dopo, nel 1999, erano di nuovo il 38.0% (Istat, 2005). Tuttavia, secondo gli autorevoli dati Doxa: gli Italiani sopra i 14 anni che, nel 1995, avevano letto un libro negli ultimi 12 mesi erano il 49.8% (Doxa, Sole24Ore, 1995). Invece, secondo l'autorevole indagine Ipsos-Mondadori (2007) sulla lettura in Italia tra il 2003 e il 2005, tra gli Italiani al di sopra dei 15 anni: i lettori di almeno un libro nell'ultimo anno erano il 38% ma, sempre secondo la medesima autorevole fonte che si basa solo su dati di ricerca, erano il 46% nel 2005, mentre nel 2003 erano il 39%.

Capita poi, secondo gli autorevoli dati Censis del 2005 presso gli Italiani adulti, che il 31.5% dichiari di avere letto almeno 3 libri nell'ultimo anno; mentre il 15.1% dichiara di averne letti uno o due; il 53.4% dichiara di non averne letto nessuno (Censis, UCSIS, 2005). Secondo altri autorevoli dati Censis del 2007, la percentuale della popolazione dai 14 anni in su che ha letto almeno un libro nell'ultimo anno è il 59.4%, con il 52.9% che ne ha letti almeno tre (Censis, 2007). Infine, secondo gli autorevoli dati Nielsen del 2007, sulla popolazione italiana dai 14 anni in su, il 71% delle donne legge libri qualche volta o spesso; lo stesso fa il 52% degli uomini (Nielsen et Al, 2007). E potremmo continuare a lungo con questa altalena.

Tornando alla metodologia delle ricerche, ricordiamo di nuovo che, nei prevalenti casi in cui si utilizza un campione contattato per telefono, i risultati si riferiscono solo a quel 20% di persone contattate che accettano effettivamente di rispondere all'indagine (il quale 20% è ricavato da quel non più del 70% circa di popolazione che dispone di un telefono fisso). Si tratta altresì di persone che hanno la voglia, il tempo e la naturalezza di rispondere. Tale campione può verosimilmente comprendere una quantità di analfabeti; mentre, altrettanto verosimilmente, contiene solo una ristretta minoranza dei soggetti più evoluti dal punto di vista degli strumenti di comunicazione. Questo genere di campioni è diffuso soprattutto nella ricerca commerciale applicata (in genere molto costosa), e rileva di solito comportamenti ed atteggiamenti relativamente elementari, anche perché in questo modo è più credibile una comparazione con molte altre ricerche analoghe (commerciali e relativamente elementari).

Quando, come nel caso di Itapi e di molta ricerca scientifica di base, si utilizzano campioni contatti di persona, che rappresentano una percentuale imprecisata delle persone che erano state contattate in partenza per realizzare la ricerca, è facile rendersi conto che tale campione è ricavato necessariamente da quella parte di popolazione la quale, sapendo leggere e scrivere, non teme un protocollo da compilare; mentre ha la voglia, il tempo e la naturalezza di rispondere. Tale campione non comprende verosimilmente gli analfabeti, mentre contiene altrettanto verosimilmente una notevole rappresentanza dei soggetti più evoluti dal punto di vista degli strumenti di comunicazione (specie culturale) in genere. Questo genere di campioni è diffuso soprattutto nella ricerca scientifica di base (spesso realizzata anche in assenza di fondi, come è il caso di Itapi), rileva di solito comportamenti ed atteggiamenti relativamente complessi, e permette una comparazione con molte ricerche analoghe (scientifiche e relativamente complesse).

Quale possa essere il migliore fra questi due generi di campioni: è difficile valutare. Mentre forse è anche piuttosto ozioso. Probabilmente: la scelta varia da caso a caso. Forse: sono utili entrambi, con tutti i loro limiti specifici, per poterli confrontare tra loro. Comunque: non è affatto evidente quale, e da quale punto di vista, sia da considerarsi di per se stesso migliore rispetto agli altri.

Ricerca psicologica di base e indagini demoscopiche d'opinione

Il Programma Itapi persegue obiettivi di ricerca psicologica di base, con lo scopo principale di studiare in termini se possibile oggettivi (almeno: secondo i criteri della tradizione scientifica che si è consolidata nella disciplina) alcuni aspetti cognitivi ed emotivi del modo in cui si strutturano le personalità. Quello che interessa è la struttura interna dei costrutti personali, in termini di tratti e di valori, ovvero di tipologie personologiche. Interessano insomma i profili che emergono dai test o dalle analisi tipologiche e le loro correlazioni rispetto alle diverse concezioni del mondo ed ai vari modi di essere che ciascuno sviluppa nella quotidianità.

Il Programma Itapi non si propone cioè come un vero e proprio istituto di indagini demoscopiche, per cui non pretende di definire alla lettera le opinioni e le abitudini degli Italiani o di realizzare referendum virtuali su quello che la gente pensa di questo o di quell'altro tema. Anche se capita frequentemente che i nostri dati vengano utilizzati da molti (tutto sommato: correttamente) anche come utili indizi di come si presentano nella popolazione tanti aspetti dei valori, degli stili di vita e dei comportamenti tipici degli (Italiani) adulti.

In effetti: l'affidabilità e l'ampiezza dei campioni avvicinati nell'ambito del Programma Itapi, almeno se li mettiamo a confronto con quelli su cui abbiamo appena visto si basa generalmente la letteratura scientifica in psicologia, possono rappresentare anche un buon punto di riferimento indicativo per la ricerca psicosociale applicata in tema di opinioni e di comportamenti.

I dati prodotti nelle ricerche di cui riferiamo in questa monografia possono essere dunque messi a confronto, almeno in parte, con i dati raccolti nell'ambito della ricerca psicologica di base, in particolare sulla personalità, rispetto a quali occupano certamente una posizione di primo piano in una ideale classifica dell'affidabilità, oppure possono essere confrontati con i dati rilevati nelle indagini demoscopiche d'opinione, che sono certo attendibili ma anch'essi solo alla loro maniera.

Ad esempio, come abbiamo appena visto: ogni campione del Programma Itapi è esattamente rappresentativo rispetto alla popolazione italiana adulta per quanto riguarda le variabili di età e sesso incrociate tra loro, ma non è esattamente (bensì solo: indicativamente, cioè in linea di larga massima) distribuito come nella popolazione di riferimento per quanto riguarda il livello di istruzione, lo stato civile, la professione, l'area geografica di residenza; così come anche per quanto riguarda l'insieme di queste variabili incrociate tra di loro. Alcuni campioni demoscopici (peraltro: non certo tutti) possono essere più precisi rispetto all'istruzione e alla distribuzione geografica degli intervistati. Altri campioni demoscopici (peraltro: non certo tutti) lo sono molto meno.

E' difficile valutare esattamente l'entità delle ricerche demoscopiche che vengono realizzate privatamente in Italia. Sulla base di vari dati reperibili presso le associazioni di settore e specialmente presso associazioni quali l'Assirm (associazione fra istituti di ricerca di mercato) o l'Aism (associazione italiana per gli studi di mercato) il fatturato delle ricerche di mercato, sociali e d'opinione che vengono commissionate nel nostro Paese ad istituti di ricerca privati va nella direzione del miliardo di euro annui, per un insieme di rilevazioni singole che è probabilmente più vicino alle diecimila che non alle cinquemila.

Si tratta di ricerche che vengono spesso (benché non certo sempre) condotte con un buon rigore metodologico. Tuttavia, presentano alcune caratteristiche che ne limitano significativamente l'impiego ai fini della ricerca scientifica. Non è questa la sede per approfondire il tema, ma merita comunque ricordare qualche aspetto che può aiutarci a dare il giusto peso alle ricerche demoscopiche così come alle ricerche di base.

Ad esempio: le ricerche di mercato sono nella stragrande maggioranza a carattere esclusivamente quantitativo e sono composte da un numero limitato di domande con obiettivi di rilevazione spesso elementari. Il tema di ricerca più indagato è la soddisfazione del consumatore-utente (*customer satisfaction*), generalmente misurata con poche e rapide domande (in genere: da due a quattro item per ciascuno dei temi che vengono misurati).

Pur nel massimo rispetto della privacy e della deontologia, le rilevazioni demoscopiche hanno la necessaria pretesa di verificare in qualche modo il campione (ovvero l'effettiva identità anagrafica degli intervistati) anche per verificare a posteriori che le interviste (da parte degli intervistatori) siano state effettivamente svolte e siano state davvero realizzate presso il campione indicato e abbiano davvero prodotto quelle risposte. Spesso il committente pretende infatti che ci sia il cosiddetto "controllo del field", che peraltro viene solitamente garantito nei contratti. E questo può far sorgere qualche problema.

Raramente le ricerche commissionate vengono condotte con una supervisione universitaria (o comunque indipendente dagli interessi commerciali della ricerca) che fornisca delle garanzie rispetto ad eventuali deformazioni legate al conto economico della ricerca ed al fatto che c'è sempre un preciso cliente-pagante da convincere (e soddisfare) prima, durante e dopo la rilevazione che ha acquistato. E' ben possibile che le ricerche commissionate, poiché i loro obiettivi sono legati soprattutto all'ottimizzazione dell'organizzazione che le commissiona, ovverosia sostanzialmente (ma non solo) a vendere di più o a raccogliere maggiori consensi, possa subire dei condizionamenti in cui, più che interessarsi alla scienza, ci si trovi coinvolti nel gioco delle conoscenze e delle dichiarazioni che aiutano a vendere; come accade quanto meno (ma non solo) per i sondaggi elettorali. In sostanza: poiché il soggetto che decide è anche il soggetto che paga (e che magari potrebbe commissionare altre ricerche), nel caso del sorgere di una qualche controversia, è possibile che siano le ragioni di quel soggetto a vincere (anche in termini potenzialmente indipendenti dalle eventuali ragioni scientifiche che entrassero in gioco).

Raramente (ma si tratta di un eufemismo) le ricerche commissionate vengono condotte dopo avere adeguatamente analizzato in forma critica la letteratura di ricerca, soprattutto quella scientifica (ma, in genere, nemmeno quella tecnica o professionale o divulgativa) sull'argomento. Mentre nella maggior parte dei casi gli item: o sono la riproposta degli stessi item utilizzati in una qualche rilevazione precedente, o vengono rapidamente inventati a tavolino, con un lodevole sforzo creativo ma in genere senza alcun riferimento al dato esatto di quanto è emerso (in termini di validità, attendibilità, capacità discriminante ecc) nelle molte ricerche precedenti, di cui solitamente non si va a verificare più o meno nulla o molto poco.

Infine: è davvero raro che le ricerche prodotte su commissione vengano pubblicate. Alcune ogni anno (forse, ma è una ipotesi buttata lì: una su dieci) vengono presentate in una conferenza stampa o descritte in poche righe (in genere: che riportano le percentuali sul campione totale) magari nelle pagine di un quotidiano o di un settimanale. Qualcuna (forse: una su cento) viene pubblicata autonomamente nella forma di un rapporto di ricerca ufficiale e sistematico, magari con un ampio apparato di analisi statistiche e di incroci tra variabili, ancorché spesso con un inquadramento nella letteratura scientifica disponibile che è assai modesto (quando c'è). Mentre la pubblicazione dettagliata, completamente trasparente, analitica fino al dettaglio e quasi maniacale nella definizione (ovviamente: anche bibliografica) delle fonti da cui è stato ricavato ogni singolo particolare citato, ovverosia la pubblicazione a livello scientifico, di una ricerca commissionata, risulta essere, piuttosto che rara, appena più che unica.

Queste differenze (e tante altre) che corrono tra ricerche psicologiche di base, tipiche dei dipartimenti universitari, e sondaggi applicativi d'opinione, tipici degli istituti privati di rilevazione, con il loro effetto di moltiplicatore reciproco, potrebbero anche produrre una notevole diversificazione dei risultati di ciascuna; così nel bene come nel male.

Il che vale, ad esempio, nel caso di risposte a due item analoghi presenti in una indagine demoscopica oppure in una ricerca universitaria; le quali possono variare almeno in parte anche solo per il fatto di essere raccolte in condizioni diverse. Per cui l'una rilevazione può fare da utile riscontro all'altra, ma sarebbe davvero difficile sostenere che le due impostazioni siano, invece che complementari, l'una chiaramente "superiore" all'altra.

Per chiudere queste note, a puro titolo di esempio, possiamo confrontare, tra le altre, da una parte una ipotetica rilevazione che si rivolge alla persona: su richiesta di un operatore di call-center professionista, direttamente, ad alta voce, essendo gli intervistati stati afferrati al volo, eventualmente essendo presenti altre persone nella stanza di chi risponde, al telefono (dal numero chiaramente identificabile) di casa propria, molto rapidamente, in una breve raffica di 10-20 domande, in un contesto che è chiaramente di rilevazione a fini commerciali o anche politici e con qualche dubbio da parte dell'intervistato che l'intervista possa concludersi con una proposta di vendita. Mentre occorre sempre considerare, come già abbiamo ricordato, che le persone le quali accettano l'intervista telefonica sono nell'ordine di una su cinque (nel senso che un ottanta per cento più o meno dei potenziali intervistati, abbonati al telefono fisso, butta giù la cornetta o si rifiuta di rispondere).

Dall'altra parte, sempre a puro titolo d'esempio, possiamo considerare il caso di una ipotetica rilevazione che si rivolge alla persona: su richiesta di un ricercatore o di uno studente volenterosamente intento ai suoi studi e spesso appassionato (stante, tra l'altro, che ha scelto personalmente lui-lei di collaborare a quella indagine e non ad un altro tipo di ricerca), con una somministrazione anonima, mediante un questionario leggibile con tutta calma, nel proprio angolino tra sé e sé, in mezzo ad un'ampia serie di item accuratamente pre-testati dalla letteratura internazionale di ricerca, dove è evidente che manca qualsiasi intendimento commerciale, ma si tratta piuttosto di una rilevazione sostanzialmente di interesse scientifico-culturale e quindi più o meno pubblico.

Nel confronto tra le due strategie di ricerca: sarebbe piuttosto curioso tendere a dichiarare, come fanno alcuni di quelli che vendono ricerche per mestiere, che le rilevazioni su commissione sono più precise (da quale punto di vista?). Ma sarebbe ingiusto anche sostenere che la evidente raffinatezza nell'impianto scientifico di molte (ma non certo di tutte) le ricerche condotte nei dipartimenti universitari siano per definizione superiori, nonostante i molti limiti che presentano, in particolare per quanto riguarda le caratteristiche dei campioni più frequentemente avvicinati.

Potrebbe essere invece, come tendono a sospettare molti ricercatori di base così come molti ricercatori applicati, che invece siano semplicemente diverse. Non: l'una meglio dell'altra. Ma: due modi diversi e forse complementari e certo entrambi assai dignitosi e seri di cercare nuovi sviluppi, per quello che riesce, della nostra capacità di analizzare e di capire la psicologia umana.

Quindi, venendo al caso del Programma Itapi e per concludere davvero: anche in questo rapporto possiamo ribadire che i campioni Itapi risultano essere tra i più rappresentativi della popolazione adulta che siano disponibili nella letteratura scientifica internazionale da che esiste una ricerca scientifica in psicologia (diciamo: almeno nel decile più alto di una eventuale distribuzione della validità probabilistica). Ci sono certamente (rari) casi di ricerca scientifica con campioni anche più validi e più attendibili dei nostri, ma nella maggior parte delle circostanze il campione che viene utilizzato è un convenience sampling che risulta molto meno affidabile, sul piano della rappresentatività statistica rispetto alla popolazione reale, di quanto non avvenga qui.

Per quanto riguarda invece le indagini demoscopiche eventualmente confrontabili con queste: ognuno svilupperà le riflessioni che crede e deciderà per conto proprio quanto i dati della ricerca scientifica siano più o meno attendibili di quelli della ricerca commerciale applicata e viceversa. Ammesso e non concesso che sia questo il problema.

Riferimenti bibliografici

Abbott, R.A., Croudace, T.J., Ploubidis, G.B., Kuh, D., Richards, M., Huppert, F.A. (2008). The relationship between early personality and midlife psychological well-being: Evidence from a UK birth cohort study. *Social Psychiatry and Psychiatric Epidemiology*, 43(9), 679-687.

Adler, A. (1937). Position in family constellation influences lifestyle. *International Journal of Individual Psychology*, 3, 211-227.

Adorno, T.W., Frenkel-Brunswik, E., Levinson, D.J., Sanford, R.N. (1950). *The authoritarian personality*. New York: Harper and Row.

Ahuvia, A.C. (2008). If money doesn't make us happy, why do we act as if it does? *Journal of Economic Psychology*, 29(4), 491-507.

Ahuvia, A.C., Wong, N. (2002). Personality and values based materialism: Their relationship and origins. *Journal of Consumer Psychology*, 12, 389-402.

Ainsworth, M.D.S. (1969). Object relations, dependency, and attachment: A theoretical review of the infant-mother relationship. *Child Development*, 40(4), 969-1025.

Ainsworth, M.D.S., Blehar, M.C, Waters, E., Wall, S. (1978). *Patterns of attachment: A psychological study of the strange situation*. Hillsdale NJ: Erlbaum.

Albee, G.W. (1977). The Protestant ethic, sex, and psychotherapy. *American Psychologist*, 61, 150-161.

Algoe, S.B., Haidt, J., Gable, S.L. (2008). Beyond reciprocity: Gratitude and relationships in everyday life. *Emotion*, 8(3), 425-429.

Almagor, M., Tellegen, A., Waller, N.G. (1995). The Big Seven model: a cross-cultural replication and further exploration of the basic dimensions of natural language trait descriptors. *Journal of Personality and Social Psychology*, 69(2), 300-307.

Altman, I., Rogoff, B. (1987). World views in psychology: Trait, interactional, organismic, and transactional perspectives. In: Stokols, D., Altman, I., editors. *Handbook of environmental psychology*. New York: Wiley, Vol 1, 7-40.

Amelang, M. (1997). Using personality variables to predict cancer and heart disease. *European Journal of Personality*, 11, 319-342.

Anderson, C.G., Bushman, B.J. (2002). Human aggression. *Annual Review of Psychology*. 53, 27-51.

Anderson, K.L. (1986). Androgeny, flexibility, and individualism. *Journal of Personality Assessment*, 50(2), 265-279.

Ang, S.W. (2000).The power of money: A cross-cultural analysis of business-related beliefs. *Journal of World Business*, 35(1), 43-60.

Ansbacher, H. (1967). Life style: A historical and systematic review. *Journal of Individual Psychology*, 23(2) 191-212.

Appadurai, A. (1986) editor. *The social life of things: Commodities in cultural perspective*. Cambridge MA: Cambridge University Press.

Appadurai, A. (1996). *Modernity at large: Cultural dimensions of globalization*. Minneapolis: University of Minnesota Press.

Arcuri, L., Zogmaister, C (2007). *Metodi di ricerca nella cognizione sociale*. Il Mulino, Bologna.

Argyle, M. (1992). *The social psychology of everyday life*. London: Routledge.

Armsden, G.C., Greenberg, M.T. (1987). The Inventory of Parent and Peer Attachment: Individual differences and their relationship to psychological well-being in adolescence. *Journal of Youth and Adolescence*, 16, 427-453

Atkinson, L., Goldberg, S. (2004) editors. *Attachment issues in psychopathology and intervention*. Mahwah NJ: Erlbaum.

Atkinson, L., Zucker, K.J. (1997) editors. *Attachment and psychopathology*. New York: Guilford Press.

Attili, G. (2004). *Attaccamento e amore*. Bologna: Il Mulino.

Attili, G. (2007). *Attaccamento e costruzione evoluzionistica della mente: Normalità, patologia, terapia*. Milano: Cortina.

Aviv, A.L., Zelenski, J.M., Rallo, L., Larsen, R.J. (2002). Who comes when: Personality differences in early and later participation in a university subject pool. *Personality and Individual Differences*, 33, 487-496.

Avveduto, S. (1999). *La croce del Sud: Arretratezza e squilibri educativi nell'Italia di oggi*. Roma: Unione Nazionale per la lotta contro l'Analfabetismo.

Baars, J., Scheepers, P. (1993). Theoretical and methodological foundations of the Authoritarian Personality. *Journal of the History of the Behavioral Sciences*, 29, 345-353.

Babbage, D.R., Ronan, K.R. (2000). Philosophical worldview and personality factors in traditional and social scientists: Studying the world in our own image. *Personality and Individual Differences*, 28, 405-420.

Bailey, W., Gustafson, W. (1991). An examination of the relationship between personality factors and attitudes to money. In: Frantz, R., Singh, H., Gerber, J., editors. *Handbook of behavioral economics*. Greenwich CT: JAI Press, 271-285.

Bailey, W.C., Lown, J. (1993). A cross-cultural examination of the etiology of attitudes towards money. *Journal of Consumer Studies and Home Economics*, 17, 391-402.

Baker, F., Bor, W. (2008). Can music preference indicate mental health status in young people? *Australasian Psychiatry*, 16(4), 284-288.

Baker, P.M., Hagedorn, R.B. (2008). Attitudes to money in a random sample of adults: Factor analysis of the MAS and MBBS scales, and correlations with demographic variables. *Journal of Socio-Economics*, 37(5), 1803-1814.

Baker, W.E., Jimerson, J.B. (1992). The sociology of money. *American Behavioral Scientist*, 35, 678-693.

Baldwin, M.W., Keelan, J.P.R., Fehr, B., Enns, V., Koh-Rangarajoo, E. (1996). Social-cognitive conceptualization of attachment working models: Availability and accessibility effects. *Journal of Personality and Social Psychology*, 71, 94-109.

Bandura, A. (1973). *Aggression: A social learning analysis*. Englewood Cliffs NJ: Prentice-Hall.

Bandura, A., Ross, D., Ross, S.A. (1963). A comparative test of the status envy, social power, and secondary reinforcement theories of identificatory learning. *Journal of Abnormal and Social Psychology*, 67(6), 527-534.

Bani, A., Giannoni, A., Miniati, M. (2002). *La misura dell'aggressività: I test più utilizzati nella clinica dei comportamenti aggressivi*. Pisa: ETS

Banse, R., Greenwald, A.G. (2007). Personality an.d implicit social cognition research: Past, present and future *European Journal of Personality*, 21(3), 371-382.

Baron, R.A. (1977). *Human aggression*. New York: Plenum.

Baron, R.A., Richardson, D.R. (1994). *Human aggression, 2nd edition*. New York: Plenum.

Barone, L., Del Corno, F. (2007). *La valutazione dell'attaccamento adulto: I questionari autosomministrati*. Milano:

Cortina.

Bartholomew, K., Horowitz, L.M. (1991).Attachment styles among young adults: A test of a four-category model. *Journal of Personality and Social Psychology*, 61(2), 226-244.

Bartholomew, K., Perlman, D. (1994) editors. *Attachment processes in adulthood.* London: Kingsley, 53-92.

Bartlett, M.Y., DeSteno, D. (2006). Gratitude and prosocial behavior: Helping when it costs you. *Psychological Science*, 17, 319-325.

Baruth, L., Eckstein, D. (1981). *Life style: Theory, practice and research.* Dubuque IA: Kendal Hunt.

Baum, A., McManus, C., Weinman, J., West, R. (2007) editors. *Cambridge handbook of psychology, health and medicine; 2nd edition.* Cambridge UK: Cambridge University Press.

Baum, A., Revenson, T.A., Singer, J.E. (2001) editors. *Handbook of health psychology.* Mahwah NJ: Erlbaum.

Beer, J. (2002). Implicit self-theories of shyness. *Journal of Personality and Social Psychology*, 83(4), 1009-1024.

Begue, L., Fumey, V. (2000). Belief in a just world or self-serving strategy? *Social Behavior and Personality*, 28, 119-124.

Belk, R.W. (1984). Three scales to measure constructs related to materialism: Reliability, validity, and relationships to measures of happiness. In: Kinnear, T.C., editor. *Advances in consumer research, Vol 11.* Provo UT: Association for Consumer Research, 291-297.

Belk, R.W., Wallendorf, M. (1990). The sacred meaning of money. *Journal of Economic Psychology*, 11, 35-67.

Bell, M.D. (1995). *Bell Object Relations and Reality Testing Inventory (BORRTI): Form O.* Los Angeles CA: Western Psychological Services.

Bell, M.D., Billington, R, Becker, B. (1986). A scale for the assessment of object relations: Reliability, validity, and factorial invariance. *Journal of Clinical*

Psychology, 42(5), 733-741.

Bem, D.J., Funder, D.C. (1978). Predicting more of the people more of the time: Assessing the personality of situations. *Psychological Review*, 85, 485-501.

Benet, V., Waller, N.G. (1995). The Big Seven factor model of personality description: Evidence for its cross-cultural generality in a Spanish sample. *Journal of Personality and Social Psychology*, 69, 701-718.

Benet-Martinez, V., Waller, N.G. (1995). Further Evidence for the Cross-Cultural Generality of the Big Seven Factor Model: Indigenous and Imported Spanish Personality Constructs. *Journal of Personality*, 65(3), 567-598.

Benjamin, J., Ebstein, R.P., Belmaker, R.H. (2002). *Molecular genetics and the human personality.* Washington DC: American Psychiatric Publications.

Benvenuti P. (2000). *Psicologia e medicina.* Roma: Carocci.

Berger, P.L., Luckmann, T. (1966). *The social construction of reality.* Garden City NY: Doubleday.

Berkowitz, L. (1962). *Aggression: a social psychological analysis.* New York: McGraw Hill.

Berkowitz, L. (1993). *Aggression: Its causes, consequences, and control.* New York: McGraw-Hill.

Berry, J.W., Worthington, E.L., O'Connor, L.E., Parrott, L., Wade, N.G. (2005). Forgivingness, vengeful rumination, and affective traits. *Journal of Personality*,. 73(1), 183-226

Berscheid, E., Christensen, A., Harvey, J.H., Kelley, H.H. (1983). *Close relationships: Perspectives on the meaning of intimacy.* New York: Freeman.

Berti A.E., Bombi A.E. (1981). *Il mondo economico del bambino.* Firenze: La nuova Italia.

Bertini, M. (1988) a cura. *Psicologia e Salute: Prevenzione della patologia e promozione della salute.* Roma: La Nuova Italia Scientifica.

Bieling, P.J., Israeli, A.L., Antony, M.M. (2004). Is perfectionism good, bad, or both?: Examining models of the perfectionism construct. *Personality and Individual Differences*, 36, 1373-1385.

Bieri, J. (1969). Category width as a measure of discrimination. *Journal of Personality*, 37(3), 513-522.

Biernat, M., Vescio, T. K., Theno, S. A. (1996). Violating American values: A 'value congruence' approach to understanding outgroup attitudes. *Journal of Experimental Social Psychology*, 32, 387-210.

Bifulco, A., Mahon, J., Kwon, J.-H., Moran, P.M., Jacobs, C. (2003). The Vulnerable Attachment Style Questionnaire (VASQ): An interview-based measure of attachment styles that predict depressive disorder. *Psychological Medicine*, 33, 1099-1110.

Birnbaum, M.H. (2000) editor. *Psychological experiments on the Internet*. San Diego CA: Academic Press.

Blake, C.S., Hamrin, V. (2007). Current approaches to the assessment and management of anger and aggression in youth: A review. *Journal of Child and Adolescent Psychiatric Nursing*, 20(4), 209-221.

Blumer, H. (1969). *Symbolic interactionism: Perspective and method*. Englewood Cliffs NJ: Prentice-Hall.

Boarino, A. (in stampa). *Activeness Scale: Manuale*.

Bodner, T.E. (2006). Designs, participants, and measurement methods in psychological research. *Canadian Psychology, Psychologie Canadienne*, 47(4), 263-272.

Bogels, S.M., Brechman-Toussaint, M.L. (2006). Family issues in child anxiety: Attachment, family functioning, parental rearing and beliefs. *Clinical Psychology Review*, 26, 834-856.

Bolger, N., Davis, A., Rafaeli, E. (2003). Diary methods: Capturing life as it is lived. *Annual Review of Psychology*, 54, 579-616.

Bonino, S., Saglione, G. (1978). *Aggressivi-tà e adattamento*. Torino: Boringhieri.

Bono, G., Emmons, R.A., McCullough, M.E. (2004). Gratitude in practice and the practice of gratitude. In Linley, P.A., Joseph, S., editors. *Positive psychology in practice*. Hoboken NJ: Wiley, 464-481.

Bornstein, M.H. (2002) editor. *Handbook of parenting: Children and parenting*. Mahwah NJ: Erlbaum.

Bosio A.C. (1986). *Nei panni del medico: La pratica medica e le sue rappresentazioni secondo il medico generico ambulatoriale*. Milano: Angeli.

Bourdieu, P. (1979). *La distinction: Critique sociale du jugement*. Paris: Minuit.

Boustead, E., Cottee, K., Farquhar, R., Jonas, R., Walter, J., Webley, P. (1992). The perceived value of a new coin. *Journal of Social Psychology*, 132, 143-144.

Bowlby, J. (1969). *Attachment and loss, Volume 1. Attachment*. New York: Basic Books.

Bowlby, J. (1973). *Attachment and loss. Volume 11: Separation*. New York: Basic Books.

Braibanti P. (2002) a cura. *Pensare la salute: Orizzonti e nodi critici in psicologia della salute*. Milano: Angeli.

Brandstatter, E., Brandstatter, H. (1996). What's money worth? Determinants of the subjective value of money. *Journal of Economic Psychology*, 17, 443-464.

Brannon, L., Feist, J. (2007). *Health psychology: An introduction to behavior and health*. San Francisco: Wadsworth.

Bretherton, I. (1985). Attachment theory: Retrospect and prospect. *Monographs of the Society for Research in Child Development*, 50(1-2), 3-35.

Bretherton, I. (1992). The origins of attachment theory: John Bowlby and Mary Ainsworth. *Developmental Psychology*, 28, 759-775

Brigham, N.L., Kelso, K.A., Jackson, M.A., Smith, R.H. (1997). The roles of invidious comparisons and deservingness in sympathy and *schadenfreude*. *Basic and Applied Social Psychology*, 79(3), 363-380.

Brissette, I., Scheier, M.F., Carver, C.S. (2002). The role of optimism in social network development, coping, and psychological adjustment during a life transition. *Journal of Personality and Social Psychology*, 82, 102-111.

Broman-Fulks, J.J., Hill, R.W., Green, B.A. (2008). Is perfectionism categorical or dimensional? A taxometric analysis. *Journal of Personality Assessment*; 90(5), 481-490.

Buchanan, T., Smith, J.L. (1999). Using the Internet for psychological research: Personality testing on the world-wide web. *British Journal of Psychology*, 90,125-144.

Budner, S. (1962). Intolerance of ambiguity as a personality variable. *Journal of Personality*, 30, 29-50.

Burroughs, J.E., Rindfleisch, A. (2002). Materialism and well-being: A conflicting values perspective. *Journal of Consumer Research*. 29. 348-370.

Buss, A.H. (1961). *The psychology of aggression*. New York: Whiley.

Buss, A.H., Perry, M. (1992). The aggression questionnaire. *Journal of Personality and Social Psychology*, 63, 452–459.

Buss, D.M. (2008). Human nature and individual differences: Evolution of human personality. In: John, O.P., Robins, R.W., Pervin, L.A., editors. *Handbook of personality: Theory and research; 3rd edition*. New York: Guilford, 29-60.

Cacioppo, J.T., Petty, R.E. (1982). The need for cognition. *Journal of Personality and Social Psychology*, 42(3), 116-131.

Calder, B.J, Phillips, L.W., Tybout, A.M. (1982). The concept of external validity. *Journal of Consumer Research*, 9, 240-244.

Calvi, G. (1977). *Valori e stili di vita degli italiani: Indagine psicografica nazionale 1976*. Milano: Isedi.

Calvi, G. (1980). *La classe fortezza: Scelte degli elettori e responsabilità della classe politica in Italia*. Milano: Angeli.

Calvi, G. (1987) a cura. *Indagine sociale italiana: Rapporto 1986*. Milano: Angeli.

Calvi, G., (1993). *Signori, si cambia: Rapporto Eurisko sull'evoluzione dei consumi e degli stili di vita*. Milano: Bridge.

Calvi, G., Vannucci, A. (1995). *L'elettore sconosciuto: Analisi socioculturale e segmentazione degli orientamenti politici nel 1994*. Bologna: Il Mulino.

Caprara, G.V. (1972). *Aggressività e comportamento aggressivo*. Milano: Celuc.

Caprara, G.V. (1976). *Personalità e aggressività*. Roma: Bulzoni.

Caprara, G.V. (1987). The disposition-situation debate and research on aggression. *European Journal of Personality*, 1, 1-16.

Caprara, G.V., Barbaranelli C., Pastorelli C., Perugini M. (1994). Individual differences in the study of human aggression. *Aggressive Behavior*, 20, 291-303.

Caprara, G.V., Barbaranelli, C. (2000). *Capi di governo, telefonini, bagni schiuma: Determinanti personali dei comportamenti di voto e di acquisto*. Milano: Cortina.

Caprara, G.V., Barbaranelli, C., Comrey, A.L. (1992). A personological approach to the study of aggression. *Personality and Individual Differences*, 13, 77-84.

Caprara, G.V., Barbaranelli, C., Perugini, M., Comrey, A. (1991). *Manuale per le scale di personalità di Comrey (CPS)*. Firenze: OS Organizzazioni Speciali.

Caprara, G.V., Barbaranelli, C., Zimbardo, P.G. (1996). Understanding the complexity of human aggression: Affective, cognitive, and social dimensions of individual differences in propensity toward aggression. *European Journal of Personality*, 10(2), 133-155.

Caprara, G.V., Laeng, M. (1988) a cura. *Indicatori e precursori della condotta aggressiva*. Roma: Bulzoni.

Caprara, G.V., Mazzotti, E., Prezza, M. (1990). Una scala per la misura dell'atteggiamento verso la violenza. *Giornale Italiano di Psicologia*, 17, 107-120.

Caprara, G.V., Renzi, P. (1986) a cura.

L'aggressività umana. Roma: Bulzoni.

Carducci, B.J. (1999). *Shyness: A bold new approach*. New York: Harper Collins.

Carli, L. (1995) a cura. *Attaccamento e rapporto di coppia: Il modello di Bowlby nell'interpretazione del ciclo di vita*. Milano: Cortina.

Carli, L. (1999) a cura. *Dalla diade alla famiglia: I legami di attaccamento nella rete familiare*. Milano: Cortina.

Carlson, R.C. (1971). Where is the person in personality research? *Psychological Bulletin*, 75(3), 203-219.

Carlson, R.C. (1984). What's social about social psychology? Where's the person in personality research? *Journal of Personality and Social Psychology*, 47, 1304-1309.

Carver, C.S. (1997). Adult attachment and personality: Converging evidence and a new measure. *Personality and Social Psychology Bulletin*, 23, 865-883.

Caspi, A. (2000). The child is father of the man: Personality continuities from childhood to adulthood. *Journal of Personality and Social Psychology*, 78, 158-172.

Caspi, A., Roberts, B.W., Shiner, R. (2005). Personality development. *Annual Review of Psychology*, 56, 453-484.

Cassidy, J., Shaver, P.R. (1999). *Handbook of attachment: Theory, research and clinical applications*. New York: Guilford.

Castelli, L. (2004). *Psicologia sociale cognitiva: Un'introduzione*. Roma-Bari: Laterza.

Cattell, R.B. (1951). A factorization of tests of personality source traits. *British Journal of Psychology*. 4, 165-178.

Cattell, R.B. (1957). *Personality and motivation structure and measurement*. Yonkers NY: World.

Cavell, T.A., Malcolm, K.T. (2007) editors. *Anger, aggression and interventions for interpersonal violence*. Mahwah NJ: Erlbaum.

Censis (1989). *I valori guida degli Italiani: Immagini, opinioni, rappresentazioni a quarant'anni dalla nascita della Repub-blica*. Roma: Presidenza del Consiglio dei Ministri, Dipartimento per l'Informazione e l'Editoria.

Censis (1990). *Consumi 1990: I comportamenti e le mentalità in Italia, Francia, Spagna*. Milano: Angeli.

Censis (2004). *Valori, consumi e stili di vita degli italiani*. Roma: Censis.

Censis (2007). *7° Rapporto sulla comunicazione*. Roma: Censis.

Censis, Consiglio Nazionale dei Periti Industriali e dei Periti Industriali Laureati (2004). *Rapporto finale: Il valore della sicurezza in Italia*. Roma: Censis.

Censis, Fondazione Shering (2006). *6 modi di essere donna oggi: Sintesi dei risultati*. Roma: Censis.

Censis, Ucsi (2005). *2001-2005: Cinque anni di evoluzione e rivoluzione nell'uso dei media; Quinto Rapporto Censis-Ucsi sulla comunicazione in Italia*. Roma: Censis.

Cerruti, R., Manca, M. (2006). *I comportamenti aggressivi*. Roma: Kappa.

Cervone, D, Shoda, Y, (1999) editors. *The coherence of personality: Social-cognitive bases of consistency, variability, and organization*. New York: Guilford.

Cervone, D. (2005). Personality architecture: Within-person structures and processes. *Annual Review of Psychology*, 56, 423-452.

Chapman, B.P., Duberstein, P.R., Lyness, J.M. (2007). The Distressed personality type: Replicability and general health associations. *European Journal of Personality*, 21(7), 911-929.

Chapman, B.P., Duberstein, P.R., Sorensen, S., Lyness, J.M. (2006). Personality and perceived health: The five factor model in primary care. *Journal of Gerontology: Psychological Science, 61B*, 363-365.

Chavira, D.A., Stein, M.B., Malcarne, V.L. (2002). Scrutinizing the relationship between shyness and social phobia. *Journal of Anxiety Disorders*, 16, 585-598.

Cheek, J.M., Buss, A.H. (1981). Shyness and sociability. *Journal of Personality* and Social Psychology, 41, 330-339.

Cheng, C., Cheung, M.W.L. (2005). Cognitive processes underlying coping flexibility: Differentiation and integration. Journal of Personality; 73(4), 859-886.

Chirumbolo, A. (2002). The relationship between need for closure and political orientation: The mediating role of authoritarianism. Personality and Individual Differences, 32, 603-610.

Chown, S. (1959). Rigidity: A flexible concept. Psychological Bulletin, 56, 195-223.

Christie R. (1991). Authoritarianism and related constructs. In: Robinson, J.P., Shaver, P.R., Wrightsman, L.S., editors. Measures of personality and social psychological attitudes. San Diego: Academic Press, 501-571.

Christie, R. (1965). Some implications of research trends in social psychology. In: Klineberg, O., Christie, R., editors. Perspectives in social psychology. New York: Holt, 141-152.

Christie, R., Jahoda, M. (1954) editors. Studies in the scope and methods of "The Authoritarian Personality". Glencoe NY: Free Press.

Christopher, A.N., Marek, P., Carroll, S.M. (2004). Materialism and attitudes toward money: An exploratory investigation. Individual Differences Research, 2, 109-117.

Church, A.T., Katibak, M.S., Reyes, J.A.S. (1998). Further exploration of Filipino personality structure using the lexical approach: Do the big-five or big-seven dimensions emerge? European Journal of Personality, 12, 249-269.

Clark, M.S., Reis, H (1988). Interpersonal processes in close relationships. Annual Review of Psychology, 39, 609-672.

Cloninger, C.R. (1998). The genetics and psychobiology of the seven-factor model of personality. In: Silk, K.R., editor. Biology of personality disorders. Review of psychiatry series. Washington DC: American Psychiatric Association, 63-92.

Cohen, S., Taylor, L. (1978). Escape attempts: The theory and practice of resistance to everyday life. Baltimore MD: Pelican.

Colin, V.L. (1996). Human attachment. New York: McGraw Hill.

Contrada, R.J., Leventhal, H., O'Leary, A. (1990). Personality and health. In: Pervin, L.A., editor. Handbook of personality: Theory and research. New York: Guilford, 638-669.

Cooley, C.H. (1902). Human nature and social order. New York: Schribner's.

Cooper, M.L., Sheldon, M.S. (2002). Seventy years of research on personality and close relationships: Substantive and methodological trends over time. Journal of Personality, 70(6), 783-812.

Coye, R.W. (1985). Characteristics of participants and nonparticipants in experimental research. Psychological Reports, 56, 19-25.

Cozarelli, C., Hoekstra, S.J., Bylsma, W.H. (2000). General versus specific mental models of attachment: Are they associated with different outcomes? Personality and Social Psychology Bulletin, 26 (5), 605-618.

Cozolino, L. (2006). The neuroscience of human relationships: Attachment and the developing social brain. New York: Norton

Craig, A.A., Bushman, B.J. (2002). Human aggression. Annual Review of Psychology, 53, 27-51.

Craik, K.H. (1986). Personality research methods: An historical perspective. Journal of Personality, 54, 18-51.

Crittenden, P.M., Claussen, A.H. (2000) editors. The organization of attachment relationships: Maturation, culture, and context. New York: Cambridge University Press.

Crowell, J.A., Treboux, D. (1995). A review of adult attachment measures: Implications for theory and research. Social Development; 4(3), 294-327.

Crozier, W.R. (2000) editor. Shyness: Development, consolidation, and change.

New York: Routledge.

Crozier, W.R. (2005). Measuring shyness. *Personality and Individual Differences.* 38, 1947-1956.

Crozier, W.R., Alden, L.E. (2001) editors. *International handbook of social anxiety: Concepts, research, and interventions relating to the self and shyness.* New York: Wiley.

Cusin, S.G., Novaga, M. (1962). L'adattamento e la standardizzazione italiana della forma C del 16 PF. *Bollettino di Psicologia Applicata,* 51-52, 71-89.

Dant, T. (1999). *Material culture in the social world: Values, activities, lifestyles.* Buckingham UK: Open University Press.

Davila, J., Burge, D., Hammen, C. (1997). Why does attachment style change? *Journal of Personality and Social Psychology,* 73, 826-838.

De Clercq, B., Van Leeuwen, K., De Fruyt, F., Van Hiel, A., Mervielde, I. (2008). Maladaptive personality traits and psychopathology in childhood and adolescence: The moderating effect of parenting. *Journal of Personality,* 76(2),

De Fruyt, F., Denollet, J. (2002). Type D personality: A Five-Factor model perspective. *Psychology and Health,* 17(5), 671-683.

De Grada, E., Ercolani, A.P., Areni, A., Ardone, R.G., D'Atena, P., Badoloato, G., Gaudenzi, M., Leuzzi, A. (1975). *Autoritarismo e fascismo potenziale.* Roma: Bulzoni.

De Nardis, P. (2000). *L'invidia: Un rompicapo per le scienze sociali.* Roma: Meltemi.

Delle Fave, A., Bassi, M. (2007). *Psicologia e salute.* Torino: Utet.

Denollet, J., Sys, S.U., Stroobant, N., Rombouts, H., Gillebert, T.C., Brutsaert, D.L. (1996). Personality as independent predictor of long-term mortality in patients with coronary heart disease. *Lancet,* 34, 417-21.

Di Maria, F., Di Nuovo, S. (1984). *L'aggressività umana: teorie e tecniche d'indagine.* Firenze: Giunti.

Diener, E. (2000). Subjective well-being: The science of happiness and a proposal for a national index. *American Psychologist,* 55(1), 34 43.

Diener, E. (2006). Guidelines for national indicators of subjective well-being and ill-being. *Journal of Happiness Studies,* 7 (4), 397-404.

Diener, E., Oishi, S., Lucas, R.E. (2003). Personality, culture, and subjective well-being: Emotional and cognitive evaluations of life. *Annual Review of Psychology,* 54, 403-425.

Diener, E., Suh, E.M. (2000) editors. *Cultural and subjective well-being.* Cambridge MA: MIT Press.

Diessner, R., Lewis, G. (2007). Further validation of the Gratitude, Resentment, and Appreciation Test (GRAT). *Journal of Social Psychology,* 147(4), 445-447.

Dogana, F. (1980). *Psicopatologia dei consumi quotidiani.* Milano: Angeli.

Dogana, F. (1999) a cura. *Tipi d'oggi: Profili psicologici di ordinaria bizzarria.* Firenze: Giunti.

Dollard, J., Doob, L.W., Miller, N.E., Mowrer, 0.H. and Sears, R.R. (1939). *Frustration and aggression.* New Haven CT: Yale University Press,.

Dollinger, S.J., Leong, F.T. (1993). Volunteer bias and the five-factor model. *Journal of Psychology: Interdisciplinary and Applied,* 127, 29-36.

Douglas, J. D., editor (1970). *Understanding everyday life.* Chicago IL: Aldine.

Douglas, J.D., Adler P., Adler P.A., Fontana C., Freeman C., Kotarba J. (1980). *Introduction to the sociologies of everyday life.* Boston MA: Allyn and Bacon.

Douglas, M., Isherwood, B. (1979). *The world of goods: Towards an anthropology of consumption.* London: Rutgers.

Doxa, Sole24ore (1995). *Indagine sulla lettura di libri in Italia.* Milano: Doxa.

Doyle, K.O. (1992).Toward a psychology of money. *American Behavioral Scientist,* 35, 708-724.

Duck, S. (1990) editor. *Personal relationships and social support.* London: Sage.

Duck, S., Hay, D.F., Hobfoll, S.E., Ickes, W., Montgomery, B.M. (1988) editors. *Handbook of personal relationships.* Chichester NY: Wiley.

Duck, S., Perlman, D. (1985) editors. *Understanding personal relationships: An interdisciplinary approach.* London: Sage.

Durrett, C., Trull, T.J. (2005). An evaluation of evaluative personality terms: A comparison of the Big Seven and Five-factor model in predicting psychopathology. *Psychological Assessment,* 17(3) 359-368.

Dweck, C.S., Leggett, E.L. (1988). A social-cognitive approach to motivation and personality. *Psychological Review,* 95, 256-273.

Eckhardt, W. (1991). Authoritarianism. *Political Psychology,* 12, 97-124.

Edgerton, R.B., Dingman, H.F. (1963). Tattooing and identity. *International Journal of Social Psychiatry,* 9, 143-153.

Eibl-Eibesfeldt, I. (1979). *The biology of peace and war. Men, animals, and aggression.* London: Thames and Hudson.

Emmons, R.A. (1993). The current status of the motive concept. In: Craik, K.H., Hogan, R., Wolfe, R.N. (1993). *Fifty years of personality psychology.* New York: Plenum, 187-196.

Emmons, R.A. (2008). Gratitude, subjective well-being, and the brain. In: Eid, M., Larsen, R.J. (2008) editors. *The science of subjective well-being.* New York: Guilford, 469-489.

Emmons, R.A., Crumpler, C.A. (2000). Gratitude as a human strength: Appraising the evidence. *Journal of Social and Clinical Psychology,* 19, 56-69.

Emmons, R.A., McCullough, M.E. (2004) editors. *The psychology of gratitude.* New York: Oxford University Press.

Endler, N.S., Parker, J.D.A. (1991). Personality research: Theories, issues and methods. In: Hersen, M., Kazdin, A.E., Bel-lack, A.S. (1991.) editors. *The clinical psychology handbook, 2nd edition.* New York: Pergamon, 258-275.

Engelberg, E., Sjoberg, L. (2007). Money obsession, social adjustment, and economic risk perception. *Journal of Socio-Economics,* 36, 686-697.

Epstein, S., O'Brien, E.J. (1985). The person-situation debate in historical and current perspective. *Psychological Bulletin,* 98(3), 513-537.

Eysenck, H.J. (1991). Personality, stress, and disease: An interactionist perspective. *Psychological Inquiry,* 2, 221-232.

Eysenck, H.J. (1994). Cancer, personality and stress: prediction and prevention. *Advances in Behaviour Research and Therapy,* 16(3), 167-215.

Fabris, G., Mortara, V. (1986). *Le otto Italie: Dinamiche e frammentazione della società italiana.* Milano: Mondadori.

Falbo, T., Belk, S.S. (1985). A short scale to measure self-righteousness. *Journal of Personality Assessment,* 49(2), 172-177.

Feather, N.T. (1984). Protestant ethic, conservatism, and values. *Journal of Personality and Social Psychology,* 46, 1132-1141.

Feather, N.T., Nairn, K. (2005). Resentment, envy, *schadenfreude,* and sympathy: Effects of own and other's deserved or undeserved status. *Australian Journal of Psychology,* 57(2), 87 - 102.

Feeney-Noller (1990). Attachment style as a predictor of adult romantic relationships. *Journal of Personality and Social Psychology,* 58, 281-291.

Feinman, S., Gill, G.W. (1978). Sex differences in physical attractiveness preferences. *Journal of Social Psychology.* 105(1), 43-52.

Feldman, S.D., Thielbar, G.W. (1972) editors. *Lifestyles: Diversity in American society.* Boston: Little Brown.

Ferrari, L., Romano, D. (1999) a cura. *Mente e denaro: Introduzione alla psicologia economica.* Milano: Cortina.

Ferrarotti, F. (1980-1982) a cura. *Studi e*

ricerche sul potere. Roma: Ianua.

Ferreri, S. (2006). Alfabeti e analfabeti. *Vita Scolastica*, 60(12), 13-18.

Festinger, L. (1957). *A theory of cognitive dissonance.* Stanford CA: Stanford University Press.

Filipcova, B., Glyptis, S., Tokarski, W. (1990) editors. *Life styles: Theories, concepts, methods and results of life style research in international perspective. Research Committee 13 of the International Sociological Association.* Prague: Institute for Philosophy and Sociology, Czechoslovak Academy of Sciences.

Fishler, P.H;, Sperling, M.B., Carr, A.C. (1990). Assessment of adult relatedness: A review of empirical findings from object relations and attachment theories. *Journal of Personality Assessment*, 55(3-4), 499-520

Fiske, S.T. (1993). Social cognition and social perception. *Annual Review of Psychology*, 44, 155-194.

Flannery, D.J., Vazsonyi, A.T., Waldman, I.D. (2007) editors. *The Cambridge handbook of violent behavior and aggression.* New York: Cambridge University Press.

Fleeson, W. (2001). Towards a structure- and process-integrated view of personality: Traits as density distributions of states. *Journal of Personality and Social Psychology*, 80, 1011-1027.

Fleeson, W. (2004). Moving personality beyond the person-situation debate: The challenge and the opportunity of within-person variability. *Current Directions*, 13, 83-87.

Folkman, S., Moskowitz, J.T. (2000). Positive affect and the other side of coping. *American Psychologist*, 55, 647-664.

Fontaine, J., Duriez, B., Luyten, P., Hutsebaut, D. (2003). The internal structure of the post-critical belief scale. *Personality and Individual Differences*, 35, 501-518.

Fornaro, M. (2004). *Aggressività: I classici nella tradizione della psicologia sperimentale, della psicologia clinica,* *dell'etologia.* Milano. Centro Scientifico Editore.

Foster, G.M. (1972). The anatomy of envy: A study in symbolic behavior. *Current Anthropology*, 13, 165-202.

Fraley, C.R., Shaver, P.R. (2000). Adult romantic attachment: Theoretical developments, emerging controversies, and unanswered questions. *Review of General Psychology*, 4, 132-154.

Fraley, C.R., Shaver, P.R. (2008). Attachment theory and its place in contemporary personality theory and research. In: John, O.P., Robins, R.W., Pervin, L.A., editors. *Handbook of personality: Theory and research; 3rd edition.* New York: Guilford, cap 20.

Fraley, R.C. (2002). Attachment stability from infancy to adulthood: Meta-analysis and dynamic modeling of developmental mechanisms. *Personality and Social Psychology Review*, 6, 123-151.

Franklin, B.J., Kohout, F.J., editors (1973). *Social psychology and everyday life.* New York: McKay.

Frazier, P.A, Byer, A.L., Fischer, A.R., Wright, D.M., DeBord, K.A. (1996). Adult attachment style and partner choice: Correlational and experimental findings. *Personal Relationships*, 3, 117-136.

Fredrickson, B.L. (2001). The role of positive emotions in positive psychology. *American Psychologist*, 56, 218-226.

Frenkel-Brunswick, E. (1949). Intolerance of ambiguity as emotional and perceptual variable. *Journal of Personality*, 18, 108-143.

Friedman, H.S. (2000). Long-term relations of personality and health: Dynamisms, mechanisms, tropisms. *Journal of Personality*, 68, 1089-1108.

Fuller, T.L., Fincham, F.D. (1995). Attachment style in married couples: Relation to current marital functioning, stability over time, and method of assessment. *Personal Relationships*, 2, 17-34.

Funder, D.C. (2008). Personalities, situations, and person-situation interactions.

In: John, O.P., Robins, R.W., Pervin, L.A., editors. *Handbook of personality: Theory and research; 3rd edition*. New York: Guilford, 568-580.

Funder, D.C., Colvin, C.R. (1991). Explorations in behavioral consistency: properties of persons, situations, and behaviors. *Journal of Personality and Social Psychology*, 60, 773-794.

Furnham, A. (1984a). Many sides of the coin: The psychology of money usage. *Personality and Individual Differences*, 5, 501-509.

Furnham, A. (1984b). The Protestant work ethic: A review of the psychological literature. *European Journal of Social Psychology*, 14, 87-104.

Furnham, A. (1993). Just world beliefs in twelve societies. *Journal of Social Psychology*, 133, 317-329.

Furnham, A. (2002). Factor analysis of Furnham's money attitude scale. *Psychological Reports*, 91, 457-458.

Furnham, A., Argyle, M. (1998). *The psychology of money*. London: Routledge.

Gallagher, K.C. (2002). Does child temperament moderate the influence of parenting on adjustment? *Developmental Review*, 22, 623-643.

Gallina, V. (2000). *I risultati della ricerca IALS-SIALS in 21 Paesi (1994-2000)*. Roma: Roma: Istituto Nazionale per la Valutazione del Sistema educativo di Istruzione e di formazione.

Gans, H.J. (1974). *Popular culture and high culture*. New York: Basic Books.

Garfinkel, H. (1967). *Studies in ethnomethodology*. Englewood Cliffs NJ: Prentice-Hall.

Geen, R.G. (1990). *Human aggression*. Pacific Grove CA: Brooks Cole.

Geen, R.G., Donnerstein, E., (1998) editors. *Human aggression: Theories, research and Implications for policy*. New York: Academic press.

Gergen, K.J. (1990). Toward a postmodern psychology. *Humanistic Psychologist*, 18(1), 23-34.

Gerson, A., Perlman, D. (1979). Loneliness and expressive communication. *Journal of Abnormal Psychology*, 88(3), 258-261).

GFK Eurisko (2004). I cinque pubblici dei consumi. *Social Trends*, 103, 7.

GFK Eurisko (2008). Il Lusso? No allo show off. *Cinqueminuti con Social Trends*, 2, 3.

Gilbert, A.R. (1960). The concept of life style: Its background and its psychological significance. *Jahrbuch für Psychologie, Psychotherapie und medizinische Anthropologie*. 7, 97-106.

Goffmann, E. (1959). *The presentation of self in everyday life*. New York: Doubleday.

Goffmann, E. (1963). *Behavior in public places*. New York: Free Press.

Goldberg, H., Lewis, R. (1978). *Money madness: The psychology of saving, spending, loving and hating money*. London: Springwood.

Goldberg, L.R. (1993). The structure of phenoypic personality traits. *American Psychologist*, 48(1), 26-34.

Goldberg, L.R., Saucier, G. (1995). So what do you propose we use instead? A reply to Block. *Psychological Bulletin*, 117, 221-225.

Goldstein, A.P. (1994). *The Ecology of aggression*. New York: Plenum.

Goldstein, A.P., Nensen, R., Daleflod, B., Kalt, M. (2006) editors. *New perspectives on aggression replacement training: Practice, research and application*. Chichester: Wiley.

Goodwin, R., Engstrom, G. (2002). Personality and the perception of health in the general population. *Psychological Medicine*, 32, 325-332.

Gregor, A.S. (1978). *Life styles: An introduction to cultural anthropology*. New York: Scribner's.

Gresham, A.B., Fontenot, G. F. (1989). The differing attitudes of the sexes toward money: An application of the money attitude scale. In: Gordon, P.J., Kellerman, B.J., editors. *Advances in marketing*.

Houston: Southwestern Marketing Association, 380-384.

Griffin, D.W., Bartholomew, K. (1994). Models of the self and other: Fundamental dimensions underlying measures of adult attachment. *Journal of Personality and Social Psychology*, 67, 430-445.

Grossman, K.E., Grossman, K., Waters, E. (2005) editors. *Attachment from infancy to adulthood:. The major longitudinal studies*. New York: Guilford.

Guerrero, L.K., Andersen, P.A., Afifi, W.A. (2007) editors. *Close encounters: Communication in relationships; 2nd edition*. Thousand Oaks CA: Sage

Gulotta, G. et Al (1995). *La scienza della vita quotidiana*. Milano: Giuffrè.

Hampson, S.E. (2008). Mechanisms by which childhood personality traits influence adult well-being. *Current Directions in Psychological Science*, 17(4), 264-268.

Hampson, S.E., Friedman, H.S. (2008). Personality and health: A lifespan perspective. In: John, O.P., Robins, R.W., Pervin, L.A., editors. *Handbook of personality: Theory and research; 3rd edition*. New York: Guilford, cap 31.

Hanley, A., Wilhelm, M.S. (1992). Compulsive buying: An exploration into selfesteem and money attitudes. *Journal of Economic Psychology*, 13, 5-18.

Harlow, H.F. (1958). The nature of love. *American Psychologist*, 13, 573-685.

Harré, R., Lamb, R., Mecacci, L. (1983-1986) a cura. *Psicologia: Dizionario enciclopedico*. Roma-Bari: Laterza.

Hart, D., Burock, D., London, B., Atkins, R., Bonilla-Santiago, G. (2005). The relation of personality types to physiological, behavioural, and cognitive processes. *European Journal of Personality*, 19, 391-407.

Hartog, J., Audy, J.R., Cohen, Y.A. (1980). *The anatomy of loneliness*. New York: International Universities Press.

Hazan, C., Shaver P. (1987). Romantic love conceptualized as an attachment process. *Journal of Personality and Social Psy-*

chology, 52, 511-524.

Hazan, C., Shaver, P.R. (1990). Love and work: An attachment-theoretical perspective. *Journal of Personality and Social Psychology*, 59, 270-280.

Heider, F. (1958). *The psychology of interpersonal relations*. New York: Wiley.

Heimberg, R.G., Liebowitz, M.R., Hope, D.A., Schneier, F.R. (1995) editors. *Social phobia: diagnosis, assessment, and treatment*. New York: Guilford.

Hendrick, C.A., Hendrick, S.S. (2002). *Close relationships: A sourcebook*. Thousand Oaks CA: Sage.

Hertbnstein, M.J., Verjcamp, J.M., Kerestes, A.M., Holmes, R.M. (2006). The communicative functions of touch in humans, nonhuman primates, and rats: A review and synthesis of the empirical research. *Genetic, Social, and General Psychology Monographs*, 132(1), 5-94.

Higbee, Y.L.L., Millard, R., Folkman, J.F. (1982). Social psychology research during the 1970s: Predominance of experimentation and college students. *Personality and Social Psychology Bulletin*, 8, 180-183.

Higgins, E.T. (2000). Social cognition: Learning about what matters in the social world. *European Journal of Social Psychology*, 30, 3-39.

Hofstede, G., McCrae, R. R. (2004). Personality and Culture Revisited: Linking Traits an Dimensions of Culture. *Cross-Cultural Research*, 38, 52-88.

Hopko, D.R., Stowell, J., Jones, W.H., Armento, M.E.A., Cheek, J.M. (2005). Psychometric properties of the revised Cheek and Buss Shyness Scale. *Journal of Personality Assessment*, 84(2), 185-192.

Horley, J. (1992). A longitudinal examination of lifestyles. *Social Indicators Research*. 26(3), 205-219.

Huesmann, L.R., Eron, L.D. (1989). Individual differences and the trait of aggression. *European Journal of Personality*, 3(2), 95-106.

Huston, T.L., Levinger, G. (1978). Interpersonal attraction and relationships. *Annual*

Review of Psychology, 29, 115-156.

Ibrahim, F.A., Roysircar-Sodowsky, G., Ohnishi, H. (2001). Worldview: Recent developments and needed directions. In: Ponterotto, J.G., Casas, J.M., Suzuki, L.A., Alexander, C.M., editors. *Handbook of multicultural counselling; 2nd edition.* Thousand Oaks CA: Sage, 425-456.

Ipsos, Mondadori (2007). *Leggere e comprare libri in Italia: 2003-2005.* Milano: Ipsos.

Istat (2005). *Cultura, socialità e tempo libero.* Roma: Istituto Nazionale di Statistica.

Istat (2006). *Annuario statistico italiano 2006.* Roma: Istituto Nazionale di Statistica.

Istat (2007). *Statistiche culturali: Anno 2005.* Roma: Istituto Nazionale di Statistica.

Istat (2008).*14° Censimento generale della popolazione e delle abitazioni 2001.* Roma: Istituto Nazionale di Statistica, con aggiornamenti sul sito internet.

Jackson, J.M., Procidano, M.E., Cohen, C.J. (1989). Subject pool sign-up procedures: A threat to external validity. *Social Behavior and Personality*, 17, 29-43.

Jaspers, K. (1919). *Psychologie der Weltanschauungen.* Berlin: Springer.

Johnson, J.A. (1999). Persons in situations: Distinguishing new wine from old wine in new bottles. *European Journal of Personality Psychology*, 13, 443-454.

Johnson, J.A., Germer, C.K., Efran, J.S., Overton, W.F. (1988). Personality as the basis for theoretical predilections. *Journal of Personality and Social Psychology*, 55, 824-835.

Johnson, W., McGue, M., Krueger, R.F. (2005). Personality stability in late adulthood: A behavioral genetic analysis. *Journal of Personality.* 73, 523-551.

Jones, C.J., Meredith, W. (1996). Patterns of personality change across the life span. *Psychology and Aging*, 11, 57-65.

Jones, W.H., Briggs, S.R., Smith, T. (1986). Shyness: Conceptualization and measurement. *Journal of Personality and Social Psychology*, 51(3), 629-639.

Jones, W.H., Cheek, J.M., Briggs, S.R. (1986) editors. *Shyness: Perspectives on research and treatment.* New York: Plenum.

Jones, W.H., Russell, D. (1982). The social reticence scale: An objective measure of shyness. *Journal of Personality Assessment*, 46, 629-631.

Joyce Kim, H-J., Hupka, R.B. (2002). Comparison of associative meaning of the concepts of anger, envy, fear, romantic jealousy, and sadness between English and Korean. *Cross-Cultural Research: The Journal of Comparative Social Science*, 36(3), 229-255.

Kagan, J. (1967). On the need for relativism. *American Psychologist*, 22, 131-142.

Kahle, L.R. (1983). *Social values and social change: Adaptation to life in America.* New York: Praeger.

Kahle, L.R., Chiagouris, L. (1997) editors. *Values, lifestyles, and psychographics.* Mahwah NJ: Lawrence Erlbaum

Kahneman, D., Diener, E., Schwarz, N. (1999) editors. *Well-being: The foundations of hedonic psychology.* New York: Sage Foundation.

Kahneman, D., Krueger, A.B. (2006). Developments in the measurement of subjective well-being. *Journal of Economic Perspectives*, 20 (1), 3-24.

Kardiner, A. (1939). *The individual and his society.* New York: Columbia University Press.

Kardiner, A., Linton, R., Du Bois, C., West, J. (1945). *The psychological frontiers of society.* New York: Columbia University Press.

Kasser, T., Kanner, A.D. (2003) editors. *Psychology and consumer culture: The struggle for a good life in a materialistic world.* Washington DC: American Psychological Association.

Kelley, H.H., Berscheid, E., Christensen, A., Harvey, J.H., Huston, T.L., Levinger, G., McClintock, E., Peplau, L.A., Peterson, D.R. (1983). *Close relationships.*

New York: Freeman.

Kelley, H.H., Thibaut, J.W. (1978). *Interpersonal relations: A theory of interdependence.* New York: Wiley.

Kelly, G.A. (1955). *The psychology of personal constructs.* New York: Norton.

Kenrick, D.T., Funder, D.C. (1991). The person-situation debate: Do personality traits really exist? In: Derlega, V.J., Winstead, B.A., Jones, W.H., editors. *Personality: Contemporary theory and research.* Chicago: Nelson-Hall, 149-174.

Kidwell, B., Turrisi, R. (2004). An examination of college student money management tendecies. *Journal of Economic Psychology*, 25 601-616

King, L.A. Napa, C.K. (1998). What Makes a Life Good? *Journal of Personality and Social Psychology*, 75 (1), 156-165.

Kirkpatrick, L.A., Hazan, C. (1994). Attachment styles and close relationships: A four-year prospective study. *Personal Relationships*, 1, 123-142.

Klama, John (1988). *Aggression: The myth of the beast within.* New York: Wiley.

Klein, M. (1957). *Envy and gratitude. A study of unconscious sources.* New York: Basic Books.

Kobak, R. (1994). Adult attachment: A personality or relationship construct? *Psychological Inquiry*, 5, 42-44.

Koltko-Rivera, M.E. (2000). The Worldview Assessment Instrument (WAI): The development and preliminary validation of an instrument to assess world view components relevant to counseling and psychotherapy. *Dissertation Abstracts International*, 61(4-B), 2266.

Koltko-Rivera, M.E. (2004). The psychology of worldviews. *Review of General Psychology*, 8(1), 3-58.

Kool, V.K. (2008). *Psychology of nonviolence and aggression.* New York: Palgrave Macmillan.

Krahe, B. (2001). *The social psychology of aggression.* Hove: Psychology Press.

Kramer, D.A., Melchior, J. (1990). Gender, role conflict, and the development of rela-

tivistic and dialectical thinking. *Sex Roles*, 23, 553-575.

Krosnick, J.A. (1999). Survey research. *Annual Review of Psychology*. 50, 537-567.

Krueger, R.F., Caspi, A., Moffitt, T.E. (2000). Epidemiological personology: The unifying role of personality in population-based research on problem behaviors. *Journal of Personality*, 68, 967-998.

Kruglanski, A.W. (1989). *Lay epistemics and human knowledge: Cognitive and and motivational bases.* New York: Plenum.

Kunda, Z. (1999) editor. *Social cognition: Making sense of people.* Cambridge MA: MIT Press.

La Guardia, J.G., Ryan, R.M., Couchman, C.E., Deci, E.L. (2000). Within-person variation in security of attachment: A Self-Determination Theory perspective on attachment, need fulfillment, and well-being. *Journal of Personality and Social Psychology*, 79, 367-384.

Lachmann, F.M. (2001). *Transforming aggression: Psychotherapy with the difficult-to-treat patient.* Northvale NJ: Aronson.

Langston, C.A., Cantor, N. (1989). Social anxiety and social constraint: When making friends is hard. *Journal of Personality and Social Psychology*, 56, 649-661.

Lankes, W. (1915). Perseveration. *British Journal of Psychology*, 7, 387-419.

Lau, S. (1998). Money: What it means to children and adults. *Social Behavior and Personality*, 26(3), 297-306.

Lawrence, J.A., Dodds, A.E., Valsiner, J. (2004). The many faces of everyday life: Some challenges to the psychology of cultural practice. *Culture and Psychology*, 10(4), 455-476.

Lazarus, R.S. (2003). Does the positive psychology movement have legs? *Psychological Inquiry*, 14(2), 93-109.

Leach, P. (1967). A critical study of the literature concerning rigidity. *British Journal of Social and Clinical Psychology*, 6, 11-22.

Leak, G.K. (1981). Student perception of

coercion and value from participation in psychological research. *Teaching of Psychology*, 8(3), 144-149.

Leary, M.K. (1991). Social anxiety, shyness and related constructs. In: Robinson, J.P., Shaver, P.R., Wrightsman, L.S. (1991) editors. *Measures of personality and social psychological attitudes*. San Diego: Academic Press, 161-194.

Leary, M.R. (1983). Social anxiousness: The construct and its measurement. *Journal of Personality Assessment*, 47, 66-75.

Leary, M.R., Kowalski, R.M. (1995). *Social anxiety*. New York: Guilford.

Leiser, D., Sevon, G., Levi, D. (1990). Children's economic socialisation: Summarizing the cross-cultural comparison of ten countries. *Journal of economic psychology*, 11, 591-614.

Leitenberg, H. (1990) editor. *Handbook of social and evaluation anxiety*. New York: Plenum.

Leontiev, D.A. (2007). Approaching worldview structure with ultimate meanings technique. *Journal of Humanistic Psychology*, 47(2), 243-266.

Lerner, M.J. (1980). *The belief in a just world*. New York: Plenum.

Leventhal, H., Weinman, J., Leventhal, E.A., Phillips, L. A. (2008). Health psychology: The search for pathways between behavior and health. *Annual Review of Psychology*. 59(1), 477-505.

Lewis, A., Webley, P., Furnham, A.F. (1995). *The new economic mind: The social psychology of economic behaviour*. Brighton: Harvester Wheatsheaf.

Lewis, M. (1994). Does attachment imply a relationship or multiple relationships? *Psychological Inquiry*, 5, 47-51.

Lim, V.K.G. (2003). Money matters: An empirical investigation of money, face and Confucian work ethic. *Personality and Individual Differences*, 35, 953-970.

Lindgren, H.C. (1980). *Great expectation: The psychology of money*. Los Altos CA:Williams Kaufmann.

Lindzey, G. (1958) editor. *Assessment of human motives*. New York: Holt.

Linley, P.A., Joseph, S., editors (2004). *Positive psychology in practice*. Hoboken NJ: Wiley.

Linton, R. (1945). *The cultural background of personality*. London: Routledge.

Lonnqvist, J-E., Paunonen, S., Verkasalo, M., Leikas, S., Tuulio-Henriksson, A., Lonnqvist, J. (2007). Personality characteristics of research volunteers. *European Journal of Personality*, 21(8), 1017-1030.

Lopez, F., Gover, M. (1993). Self-report measures of parent-adolescent attachment and separation-individuation: A selective review. *Journal of Counselling and Development*, 71, 560-569.

Lorenz, K. (1963). *Das sogenannte Böse*. Wien: Borotha-Schoeler.

Lucas, R.E., Diener, E. (2008). Personality and subjective well-being. In: John, O.P., Robins, R.W., Pervin, L.A., editors. *Handbook of personality: Theory and research; 3rd edition*. New York: Guilford, cap 32.

Luchins, A.S., Luchins, E.H. (1959). *Rigidity of behavior: A variational approach to the effect of Einstellung*. Eugene OR: University of Oregon Books.

Lyddon, W., Bradford, E., Nelson, J. (1993). Assessing adolescent and adult attachment: A review of current self-report measures. *Journal of Counselling and Development*, 71, 390-395.

Lyubomirsky, S. (2001). Why positive psychology is necessary. *American Psychologist*, 56, 216-217.

Mackie, F. (1985). *The status of everyday life: A sociological excavation of the prevailing framework of perception*. London: Routledge.

Macrae, C.N., Bodenhausen, G.V. (2000). Social cognition: Thinking categorically about others. *Annual Review of Psychology*, 51, 93-120.

Maddux, J.E. (2008). Positive psychology and the illness ideology: Toward a positive clinical psychology. *Applied Psychology: An International Review*, 57, 54-

70.

Malcomnson, K.M., Christopher, A.N., Franzen, T., Keyes, B.J. (2006). The Protestant work ethic, religious beliefs, and homonegative attitudes. *Mental Health, Religion and Culture*, 9(5), 435-447.

Manusov, V., Harvey, J.H. (2001) editors. *Attribution, communication behavior, and close relationships*. Cambridge MA: Cambridge University Press.

Marcus, B., Schutz, A. (2005). Who are the people reluctant to participate in research? Personality correlates of four different types of nonresponse as inferred from self- and observer ratings. *Journal of Personality*, 73, 960–984.

Marks, D.F., Murray, M., Evans, B.E., Willig, C., Woodall, C. and Sykes, C.M. (2006). *Health psychology: Theory, research and practice; 2nd edition*. London: Sage.

Marshall, G.N.,Wortman, C.B., Vickers, R.R., Kusulas, J.W., Hervig, L.K. (1994). The 5-factor model of personality as a framework for personality-health research. *Journal of Personality and Social Psychology*, 67, 278-286.

Martin, G.L., Osborne, J.G. (1989). *Psychology, adjustment and everyday living*. Englewood Cliffs NJ: Prentice Hall.

Martin, J., Sugarman, J. (2000). Between the modern and the postmodern. The possibility of self and progressive understanding in psychology. *American Psychologist*, 4, 397-406.

Martin, J.L. (2001). The authoritarian personality, 50 years later: What lessons are there for political psychology? *Political Psychology*, 22, 1-26.

Martin, M.W. (2007). Happiness and virtue in positive psychology. *Journal for the Theory of Social Behaviour*, 37(1), 89-103.

Masala, C., Petretto, D.R., Preti, A. (2002). *L'aggressività: Psicologia e metodi di valutazione*. Roma: Carocci.

Maslow, A.H. (1943). A theory of human motivation. *Psychological Review*, 50, 370-396.

Maslow, A.H. (1954). *Motivation and personality*. New York: Harper and Row.

Masterson, J.F. (2006) editor. *The personality disorders through the lens of attachment theory and the neurobiologic development of the self*. A clinical integration. Phoenix AZ: Zeig, Tucker and Theisen.

Mastroeni, G. (1997). *Aggressività e homo sociologicus*. Roma: Armando.

Masuo, D.M., Malroutu, Y.L., Hanashiro, R., Kim, J.H. (2004). Do men and women perceive money differently? A study of asian and asian american college students. *Papers of the Western Family Economics Association*, 19, 12-23.

Matthews, K.A. (1982). Psychological perspectives on the Type A behavior pattern. *Psychological Bulletin*, 92, 293-323.

McAdams, D.P. (1996). Personality, modernity, and the storied life: A contemporary framework for studying persons. *Psychological Inquiry*, 7, 295-321.

McAdams, D.P., Pals, J.L. (2006). A new Big Five fundamental principles for an integrative science of personality. *American Psychologist*, 61(3), 204-217.

McClelland, D.C. (1985). *Human motivation*. Glenview IL: Scott, Foresman.

McCracken, G. (1988). *Culture and Consumption: New approaches to the symbolic character of consumer goods and activities*. Bloomington IN: Indiana University Press.

McCrae, R.R., Allik, J. (2002) editors. *The five-factor model of personality across cultures*. New York: Kluwer

McCrae, R.R., Costa, P.T. (1995). Trait explanations in personality psychology. *European Journal of Personality*, 9(4), 231-252.

McCrae, R.R., Costa, P.T. (1996). Conceptions and correlates of openness to experience. In: Hogan R., Johnson, J.A., Briggs, S.R., editors. *Handbook of personality psychology*. New York: Academic Press, 825-847.

McCrae, R.R., Costa, P.T. (1997). Personality trait structure as a human universal. *American Psychologist*, 52, 509-516.

McCrae, R.R., Costa, P.T. (2008). The Five-Factor theory of personality. In: John, O.P., Robins, R.W., Pervin, L.A., editors. *Handbook of personality: Theory and research; 3rd edition*. New York: Guilford, 159-181.

McCrae, R.R., Terracciano, A. (2005). Universal features of personality traits from the observer's perspective: Data from 50 cultures. *Journal of Personality and Social Psychology*, 88(3), 547-561.

McCullough, M.E., Emmons, R.A., Tsang, J. (2002). The grateful disposition: A conceptual and empirical topography. *Journal of Personality and Social Psychology*, 82, 112-127.

McCullough, M.E., Kilpatick, S.D., Emmons, R.A., Larson, D.B. (2001). Is gratitude a moral affect? *Psychological Bulletin*, 127, 249-266.

McCullough, M.E., Kimeldorf, M.B., Cohen, A.D. (2008). An adaptation for altruism? The social causes, social effects, and social evolution of gratitude. *Current Directions in Psychological Science*, 17(4), 281-285.

Mead, G.H. (1934). *Mind, self and society*. Chicago IL: University of Chicago Press.

Medina, J, Saegert, J, Gresham, A. (1996). Comparison of Mexican-American and Anglo-American attitudes toward money. *Journal of Consumer Affairs*, 30(1), 124-145.

Meroni, V., Vecchia, M. (1984). *Marketing e psicografia: Guida pratica alla applicazione delle tecniche psicografiche nella segmentazione di mercato e nella comunicazione pubblicitaria*. Milano: Angeli.

Miceli, M., Castelfranchi, C. (2007). The envious mind. *Cognition and Emotion*, 21(3), 449-479.

Mick, D.G. (1996). Are studies of dark side variables confounded by socially desirable responding? The case of materialism. *Journal of Consumer Research*. 23. 106-

119.

Mikulincer, M., Erev, I. (1991). Attachment style and the structure of romantic love. *British Journal of Social Psychology*, 30, 273-291.

Mikulincer, M., Goodman, G.S. (2005) editors. *Dynamics of romantic love: Attachment, caregiving, and sex*. New York: Guilford.

Miley, W.M., Spinella, M. (2006). Correlations among measures of executive function and positive psychological attributes in college students. *Journal of General Psychology*, 133(2), 175-182.

Milgram, S. (1974). *Obedience to authority*. New York: Harper and Row.

Miller, A. (1981). A survey of introductory psychology subject pool practices among leading universities. *Teaching of Psychology*, 8, 211-213.

Miller, A. (2003) editor. *The social psychology of good and evil: Understanding our capacity for kindness and cruelty*. New York: Guilford Press.

Mischel, W. (1968). *Personality and assessment*. Newark NY: Wiley.

Mischel, W., Shoda, Y. (1998). Reconciling processing dynamics and personality dispositions. *Annual Review of Psychology*; 49(1), 229-258.

Mischel, W., Shoda, Y. (2008). Toward a unified theory of personality: Integrating dispositions and processing dynamics within the cognitive-affective processing system. In: John, O.P., Robins, R.W., Pervin, L.A., editors. *Handbook of personality: Theory and research; 3rd edition*. New York: Guilford, 208-241.

Mitchell, A. (1981). *Proximities of the VALS types*. Menlo Park CA: SRI International.

Mitchell, A. (1983). *The nine American lifestyles: Who we are and where we are going*. New York: Warner.

Mitchell, A., MacNulty, C. (1981). Changing values and life-styles. *Long Range Planning*, 14(2), 37-41.

Molinari, E., Compare, A., Parati, G. (2007)

a cura. *Mente e cuore: Clinica psicologica della malattia cardiaca.* Milano: Springer.

Montaldi, D.F. (2000). Dispositional envy: Envy types and schemas. *Dissertation Abstracts International,* 60(8-B), 4305.

Morgan, J.P. (2006) editor. *Perspectives on the psychology of aggression.* New York: Nova Science.

Muhar, I. (1974). Intercorrelations amongst six measures of rigidity. *Indian Journal of Psychology,* 49, 59-64.

Muller, H-P. (1989). Lebensstile. Ein neues Paradigma der Differenzierungs- und Ungleichheitsforschung (Lifestyle: A new paradigm of differentiation and dissimilarity research)? *Kolner Zeitschrift fur Soziologie und Sozialpsychologie.* 41(1), 53-71.

Navaro, L., Schwartzberg, S.L. (2007) editors. *Envy, competition, and gender: Theory, clinical applications and group work.* New York: Routledge.

Neimeyer, R.A. (1985). *The development of personal construct psychology.* Lincoln: University of Nebraska Press.

Neto, F. (2007). Forgiveness, personality and gratitude. *Personality and Individual Differences,* 43 (2007) 2313-2323.

Neuberg, S., Newsom, J. (1993). Personal need for structure: Individual differences in the desire for simple structure. *Journal of Personality and Social Psychology,* 65, 113-131.

Newcomb, M.D., Rabow, J. (1999). Gender, socialization and money. *Journal of Applied Social Psychology,* 29, 852-869.

Nielsen, Aie, Aidro, Cinecittà, Fimi, Univideo (2007). *Consumi culturali e propensione tecnologica.* Milano: Nielsen, Osservatorio contenuti digitali.

Nimmer, J.G., Handelsman, M.M. (1992). Effects of subject pool policy on student attitudes toward psychology and psychological research. *Teaching of Psychology,* 19(3), 141-144.

Norman, D.A. (1988). *The psychology of everyday things.* New York: Basic Books.

Norton, R.W. (1975). Measurement of Ambiguity Tolerance. *Journal of Personality Assessment,* 39(6), 607-619.

Norvilitis, J.M., Merwin, M.M., Osberg, T.M., Roehling, P.V., Young, P., Kamas, M.M. (2006). Personality factors, money attitudes, financial knowledge, and credit-card debt in college students. *Journal of Applied Social Psychology,* 36(6), 1395-1413.

Novaga, M., Pedon, A. (1977). *Contributo allo studio della personalità: Il 16 PF Test di Cattell.* Firenze: OS Organizzazioni Speciali.

Nuvoli, G., Uccula, A. (2007). *Attaccamento e rappresentazione della realtà.* Cagliari: Edes.

Ocse, All, Invalsi (2005). *Letteratismo e abilità per la vita: Indagine nazionale sulla popolazione italiana 16-65 anni.* Roma: Istituto Nazionale per la Valutazione del Sistema educativo di Istruzione e di formazione, Armando.

Ocse, Pisa, Invalsi (2008). *Le competenze in scienze, lettura e matematica degli studenti quindicenni: Rapporto nazionale PISA 2006.* Roma: Armando.

Ogden, J. (2007). *Health psychology: A textbook; 4th edition.* Berkshire, England: Open University Press.

Oishi, S., Diener, E., Choi, D.W., Kim-Prieto, C., Choi, I. (2007). The Dynamics of daily events and well-being across cultures: When less is more. *Journal of Personality and Social Psychology,* 93(4), 685-698.

Oleson, M. (2004). Exploring the relationship between money attitudes and Maslow's hierarchy of needs. *International Journal of Consumer Studies,* 28(1), 83-92.

Oliver, J., Ferguson, G. (1951). A factorial study of tests of rigidity. *Canadian Journal of Psychology,* 5, 49-59.

Ortu, F., Pazzagli, C., Williams, R. (2005). *La psicologia contemporanea e la teoria dell'attaccamento.* Roma: Carocci.

Overton, W.F. (1984). World views and

their influence on psychological theory and research: Kuhn-Lakatos-Laudan. *Advances in Child Development and Behavior*, 18, 191-226.

Pagan, J.L., Eaton, N.R., Turkheimer, E., Oltmanns, T.F. (2006). Peer-reported personality problems of research nonparticipants: Are our samples biased? *Personality and Individual Differences*, 41(6), 1131-1142.

Palomba, R., Tintori, A. (2005). *Ideali, aspettative e atteggiamenti degli Italiani all'inizio del XXI secolo*. Roma, Istituto di Ricerche sulla Popolazione e le Politiche Sociali, Working Paper n. 06/2005.

Parker, G., Tupling, H., Brown, L. (1979). A parental bonding instrument. *British Journal of Medical Psychology*, 52, 1-10.

Parkes, G., Stevenson-Hinde, J., Marris, P. (1991) editors. *Attachment across the life cycle*. London: Routledge.

Parrott, W.G., Smith, R.H. (1993). Distinguishing the experiences of envy and jealousy. *Journal of Personality and Social Psychology*, 64, 906-920.

Parsons, T. (1964). *Social structure and personality*. New York: Free Press.

Pasquini, G. (2008). La competenza in lettura dei quindicenni. In: Ocse, Pisa, Invalsi, *Le competenze in scienze, lettura e matematica degli studenti quindicenni: Rapporto nazionale PISA 2006*. Roma: Armando, 133-148.

Paulhus, D.L., Trapnell, P.D. (1998). Typological measures of shyness: Additive, interactive, and categorical. *Journal of Research in Personality*, 32, 183-201.

Peale, N.V. (1996). *The power of positive thinking*. New York: Ballantine.

Pellegrini, L., Zanderighi, L. (2005). *Le famiglie come imprese e i consumi in Italia*. Milano: Egea.

Penke, L., Denissen, J.J.A., Miller, G.F. (2007). The evolutionary genetics of personality. *European Journal of Personality*, 21(5), 549-587.

Peplau, L.A. Perlman, D. (1982) editors. *Loneliness: A sourcebook of current theory, research and therapy*. New York: Wiley.

Perussia, F. (1997). Introduzione alla psicologia della vita quotidiana. In: Perussia F., a cura, *Materiali di psicologia sociale e della personalità*, Torino: Celid, 7-42.

Perussia, F. (2004). *Identificazione del pool di item di partenza per la realizzazione dell'Inventario Italiano di Personalità Itapi*. Torino: Rapporto Tecnico n.1 dal Laboratorio di Ricerca sulle Personalità e sul Counseling, Dipartimento di Psicologia, Università degli Studi di Torino.

Perussia, F. (2005a). *Identificazione fattoriale e di costrutto della struttura di Itapi Italia Personality Inventory*. Rapporto Tecnico n.3 dal Laboratorio di Ricerca sulle Personalità e sul Counseling (Dipartimento di Psicologia, Università degli Studi di Torino). Milano: Laboratorio di Ricerca e Sviluppo editore.

Perussia, F. (2005b). *Rassegna di sintesi sulle segmentazioni tipologico-psicografiche fondate sui valori e gli stili di vita: Materiale di scenario per Itapi*. Rapporto Tecnico n.4 dal Laboratorio di Ricerca sulle Personalità e sul Counseling (Dipartimento di Psicologia, Università degli Studi di Torino). Milano: Laboratorio di Ricerca e Sviluppo editore.

Perussia, F. (2005c). *Identificazione fattoriale e di costrutto della struttura di Itapi-Valori: Uno strumento per la segmentazione tipologico-psicografica*. Rapporto Tecnico n.5 dal Laboratorio di Ricerca sulle Personalità e sul Counseling (Dipartimento di Psicologia, Università degli Studi di Torino). Milano: Laboratorio di Ricerca e Sviluppo editore.

Perussia, F. (2005d). *Itapi-G: Manuale: Inventario Italiano di Personalità, Italia Personality Inventory. Forma G (Generale)*. Milano: Edizioni Unicopli.

Perussia, F. (2005f). Personalità elettorali: Aspetti psicologici della politica. In: Bosio A.C., a cura. *Esplorare il cambiamento sociale. Studi in onore di Gabriele Calvi*. Milano: Angeli, 209-231.

Perussia, F. (2006), con la collaborazione di A. Boarino e R. Viano. *Elettori: Valori, atteggiamenti, immagini, personalità (della democrazia italiana nel 2006).* Milano: Edizioni Unicopli.

Perussia, F. (2008). Religioni della modernità: Il tipo Cattolico, il Conformista e il Laico. *Giornale di Psicologia,* 2(1-2), 47-70.

Perussia, F., Grohrock, R. (1997). Stili amorosi: Una ricerca. In: Perussia F., a cura, *Materiali di psicologia sociale e della personalità,* Torino: Celid, 43-98.

Perussia, F., Viano, R. (2002). Dimensioni psicosociali del turismo: Una sintesi. In: Stroppa, C., a cura. *Mutamento culturale e modelli di turismo.* Roma: Bulzoni, 65-71.

Perussia, F., Viano, R. (2004). *Ricerca preliminare per Itapi-S: Procedura campionaria e statistica per la costruzione della forma Sintetica (S) derivata da Itapi (Italia Personality Inventory).* Rapporto Tecnico n.2 dal Laboratorio di Ricerca sulla Personalità e sul Counseling (Dipartimento di Psicologia, Università degli Studi di Torino). Milano: Laboratorio di Ricerca e Sviluppo editore

Perussia, F., Viano, R. (2006a). *Itapi-S Manuale psicometrico: Forma Sintetica (S) Derivata da Itapi-G, Inventario Italiano di Personalità, Italia Personality Inventory.* Rapporto Tecnico n.6 dal Laboratorio di Ricerca sulla Personalità e sul Counseling (Dipartimento di Psicologia, Università degli Studi di Torino). Milano: Psicotecnica edizioni.

Perussia, F., Viano, R. (2006b). *Itapi-Valori: Inventario Italiano dei Valori, Italia Values Inventory - Manuale.* Milano: Edizioni Unicopli.

Perussia, F., Viano, R. (2006c). Sesso amore e matrimonio: Tre stili di personalità. *Rivista di Sessuologia Clinica,* 13(2), 23-46.

Perussia, F., Viano, R. (2008a). Mini Locus of Control Scale. Piccolo manuale, con Tratti e Tipi, da una scala psicometrica semplificata. In: Di Nuovo, S., Sprini, G., a cura, *Teorie e metodi della psicologia italiana: tendenze attuali. In memoria di Angelo Majorana, psicologo in terra di confine.* Milano: Angeli, 457-468.

Perussia, F., Viano, R. (2008b). Motivazioni al rispetto della legge e personalità: Ricerca presso un campione rappresentativo di Italiani adulti. *Psicologia e Giustizia,* 9(1), 1-19.

Perussia, F., Viano, R. (in stampa A). Valori ecologici e caratteristiche di personalità: Una ricerca con Itapi. In: Aa Vv, *Scienza e tecnologia per lo sviluppo sostenibile della società umana.* Milano: Accademia Nazionale dei Lincei, Istituto Lombardo Accademia di Scienze e Lettere.

Perussia, F., Viano, R. (in stampa B). Andare dallo psicologo: Tipi, tratti, personalità degli utenti di psicologia. *Ricerche di Psicologia.*

Peterson, C. (2000). The future of optimism. *American Psychologist,* 55, 44-55.

Peterson, C., Seligman, M.E.P. (2004). Gratitude. In: Peterson, C., Seligman, M.E.P., editors. *Character strengths and virtues: A handbook and classification.* Washington DC: American Psychological Association, 553-568.

Petrillo, G. (1996) a cura. *Psicologia sociale della salute.* Napoli: Liguori.

Pettigrew, T.F. (1958). The measurement and correlates of category width as a cognitive variable. *Journal of Personality,* 26, 532-544.

Pew Research Center (2006a). *News consumption and believability study.* Washington DC: Pew Research Center for the People and the Press.

Pfafflin, F., Adshead, G. (2003) editors. *A matter of security: The application of attachment theory to forensic psychiatry and psychotherapy.* London: Kingsley.

Pietrantoni, L., (2001). *La psicologia della salute.* Roma: Carocci

Piliavin, J.A., Charng, H-W. (1990). Altruism: A Review of recent theory and research. *Annual Review of Sociology*, 16, 27-65.

Pill, R. (1991). Issues in lifestyles and health: Lay meanings of health and health behaviour. In: Badura, B., Kickbusch, I., editors. *Health promotion research: Towards a new social epidemiology*. England: Who Regional Publications, 187-211.

Pinard, J. (1932). Tests of perseveration, their relation to character. *British Journal of Psychology*, 23, 5-19.

Platts, H., Tyson, M., Mason, O. (2002). Adult attachment style and core beliefs: Are they linked? *Clinical Psychology and Psychotherapy*, 9, 332-348.

Plummer, J.T. (1971). Life style patterns and commercial bank credit card usage. *Journal of Marketing*, 35, 35-42.

Plummer, J.T. (1972). Life style patterns: a new construct for mass communications research. *Journal of Broadcasting*, 16(Fall-Winter), 79-89.

Plummer, J.T. (1974). The concept and application of lifestyle segmentation. *Journal of Marketing*. 38, 33-37.

Polak, E.L., McCullough, M.E. (2006). Is gratitude an alternative to materialism? *Journal of Happiness Studies*, 7, 343-360.

Pravettoni, G., Giusti, E. (2000). *Cuore e psiche: Personalità, comportamento, emozioni e salute del cuore*. Milano: Guerini.

Price, V.A. (1982). *Type A behavior pattern: A model for research and practice*. New York: Academic Press.

Prince, M. (1993). Women, men, and the money styles. *Journal of Economic Psychology*, 14, pp. 145-172.

Prior, V., Glaser, D. (2006). *Understanding attachment and attachment disorders: Theory, evidence and practice*. London: Kingsley.

Quackenbush, R.L. (1989). Comparison and contrast between belief system theory and cognitive theory. *Journal of Psychology*, 123(4), 315-329.

Quinn, D.M., Crocker, J. (1999). When ide-

ology hurts: Effects of belief in the protestant ethic and feeling overweight on the psychological well-being of women. *Journal of Personality and Social Psychology*, 77(2), 402-414.

Ramamurti, P. V., Gnanakannan, I. (1972). Rigidity-flexibility characteristics of secure and insecure individuals. *Journal of Psychological Researches*, 16, 54-55.

Ramirez, J.M., Richardson, D.S. (2001) editors. *Cross-cultural approaches to research on aggression and reconciliation*. Huntington NY: Nova Science.

Raskin, J.D. (2001a). On relativism in constructivist psychology. *Journal of Constructivist Psychology*, 14(4), 285-313.

Raskin, J.D. (2001b). The modern, the postmodern, and George Kelly's personal construct psychology. *American Psychologist*, 56, 368-369.

Ray, J.J., Lovejoy, F.H. (1986). A comparison of three scales of directiveness. *Journal of Social Psychology*, 126(2), p.249-250.

Reader's Digest (1991). *Eurodata Survey: A study of the lifestyles, consumer spending habits and attitudes of people in 17 European countries*. London: Reader's Digest Association.

Rholes, W.S., Simpson, J.A. (2004) editors. *Adult attachment: Theory, research, and clinical implications*. New York: Guilford.

Richins, M.L., Dawson, S. (1992). A consumer values orientation for materialism and its measurement: Scale development and validation. *Journal of Consumer Research*, 19. 303-316.

Riva, G., Teruzzi, T., Anolli, L. (2003). The use of the Internet in psychological research: Comparison of online and offline questionnaires. *CyberPsychology and Behavior*, 6(1), 73-80.

Rizzuto, A-M., Meissner, W.W., Buie, D.H. (2004). *The dynamics of human aggression: Theoretical foundations, clinical applications*. New York: Routledge.

Roberts, J.A., Jones, E. (2001). Money attitudes, credit card use, and compulsive buying among American college students. *Journal of Consumer Affairs*, 35(21), 213-240.

Roberts, J.A., Sepulveda, C.J.M. (1999). Demographics and money attitudes: A test of Yamauchi and Templer's (1982) money attitude scale in Mexico. *Personality and Individual Differences*, 27, 19-35.

Robinson, J.P. (1977). *How Americans use time: A social-psychological analysis of everyday behavior*. New York: Praeger.

Robinson, J.P., Shaver, P.R., Wrightsman, L.S. (1991) editors. *Measures of personality and social psychological attitudes*. San Diego: Academic Press.

Roisman, G.I., Holland, A., Fortuna, K., Fraley, R.C., Clausell, E., Clarke, A. (2007). The Adult Attachment Interview and self-reports of attachment style: An empirical rapprochement. *Journal of Personality and Social Psychology*, 92, 678-697.

Rokeach, M. (1948). Generalized mental rigidity as a factor in ethnocentrism. *Journal of Abnormal and Social Psychology*, 43, 259-278.

Rokeach, M. (1954). The nature and meaning of dogmatism. *Psychological Review*, 61, 194-204.

Rokeach, M. (1960). *The open and closed mind: Investigations into the nature of belief systems and personality systems*. New York: Basic Books.

Rokeach, M. (1968). *Beliefs, attitudes and values: A theory of organization and change*. San Francisco: Jossey-Bass.

Roman, J.R., Moskowitz, G.B., Stein, M.I., Eisenberg, R.F. (1995). Individual differences in experiment participation: Structure, autonomy, and the time of the semester. *Journal of Personality*, 63(1), 113-138.

Rose, G.M., Orr, L.M. (2007). Measuring and exploring symbolic money meanings. *Psychology and Marketing*, 24(9), 743-761.

Rosengren, K.E. (1994) editor. *Media effects and beyond: Culture, socialization and lifestyles*. London: Routledge.

Rosenthal, R., Rosnow, R.L. (1975). *The volunteer subject*. New York: Wiley.

Ross, L., Nisbett, R. (1991). *The Person and the situation: Perspectives of social psychology*. New York: McGraw-Hill.

Rubinstein, C. (1981). A Psychology Today survey report: Money, self-esteem, relationships, secrecy, envy, satisfaction. *Psychology Today*, 15(5), 29-44.

Runiati, R., Mistri, M. (1998) a cura. *Psicologia economica: Itinerari di lettura*. Roma: Carocci.

Rusbult, C.E., Van Lange, P.A.M. (2003). Interdependence, interaction, and relationships. *Annual Review of Psychology*, 54, 351-375.

Russell, D., Peplau, L.A., Cutrona, C.E. (1980). The revised UCLA Loneliness Scale: Concurrent and discriminant validity evidence. *Journal of Personality and Social Psychology*, 39, 472-480.

Russell, D., Peplau, L.A., Ferguson, M.L. (1978). Developing a measure of loneliness. *Journal of Personality Assessment*, 42, 290-294.

Rychlak, J.F. (2003). *The human image in postmodern America*. Washington DC: American Psychological Association.

Salovey, P. (1991) editor. *The psychology of jealous and envy*. New York: Guilford Press.

Sandson, J., Albert, M. (1984). Varieties of perseveration. *Neuropsychologia*, 22, 715-732.

Saucier, G. (1997). Effects of variable selection on the factor structure of person de-scriptors. *Journal of Personality and Social Psychology*, 73, 1296-1312.

Saucier, G. (2003). An alternative multi-language structure for personality attributes. *European Journal of Personality*. 17(3), 179-205.

Saucier, G., Bel-Bahar, T., Fernandez, C. (2007). What modifies the expression of personality tendencies? Defining basic domains of situation variables. *Journal of*

Personality, 75,479-503

Saucier, G., Hampson, S.E., Goldberg, L.R. (2000). Cross-language studies of lexical personality factors. In: Hampson, S.E. editor. *Advances in personality psychology, Volume 1*. Hove England: Psychology Press, 1-36.

Schaie, K. W. (1955). A test of behavioral rigidity. *Journal of Abnormal and Social Psychology*, 51, 604-610.

Scheibe, K.E. (2000). *The drama of everyday life*. Cambridge MA: Harvard University Press.

Schlenker, B.R., Leary, M.R. (1982). Social anxiety and self-presentation: A conceptualization and model. *Psychological Bulletin*, 92, 641-669.

Schliemann, A., Carraher, D., Ceci, S.J. (1997). Everyday cognition. In: Berry, J.W., Dasen, P., Saraswathi, t., editors. *Handbook of cross-cultural psychology; Vol 2. Basic processes and human development, 2nd edition*. Boston: Allyn and Bacon, 177-216.

Schmutte, P.S., Ryff, C.D. (1997). Personality and well-being: Reexamining methods and meanings. *Journal of Personality and Social Psychology*, 73(3), 549-559.

Schneider, B.H., Atkinson, L., Tardif, C. (2001). Child-parent attachment and children's peer relations: A quantitative review. *Developmental Psychology*, 37(1), 86-100.

Schoeck, H. (1966). English edition: *Envy: A theory of social behavior*. New York: Harcourt Brace.

Schommer-Aikins, M. (2004). Explaining the epistemological belief system: Introducing the embedded systemic model and coordinated research approach. *Educational Psychologist*, 39(1), 19-29.

Schultz, D.D. (1969). The human subject in psychology research. *Psychological Bulletin*, 72, 214-228.

Schultz, P.W., Searleman, A. (2002). Rigidity of thought and behavior: 100 years of research. *Genetic, Social, and General Psychology Monographs*, 128(2), 165-

207.

Scott, W.A. (1962). Cognitive complexity and cognitive flexibility. *Sociometry*, 35, 405-414.

Sears, D.O. (1986). College sophomores in the laboratory: Influences of a narrow data base on social psychology's view of human nature. *Journal of Personality and Social Psychology*, 51, 515-530.

Seeman, M. (1991). Alienation and anomie. In: Robinson, J.P., Shaver, P.R., Wrightsman, L.S. (1991) editors. *Measures of personality and social psychological attitudes*. San Diego: Academic Press, 291-372.

Seligman, M.E.P., Csikszentmihalyi, M. (2000). Positive psychology: An introduction. *American Psychologist*, 55, 51-82.

Shafran, R., Mansell, W. (2001). Perfectionism and psychopathology: A review of research and treatment. *Clinical Psychology Review*, 21, 879-906.

Shaver, P.R., Belsky, J., Brennan, K.A. (2000). The adult attachment interview and self-reports of romantic attachment: Associations across domains and methods. *Personal Relationships*, 7, 25-43.

Shaver, P.R., Brennan, K.A. (1991). Measures of depression and loneliness. In: Robinson, J.P., Shaver, P.R., Wrightsman, L.S. (1991) editors. *Measures of personality and social psychological attitudes*. San Diego: Academic Press, 195-290.

Shaver, P.R., Brennan, K.A. (1992). Attachment styles and the Big Five personality traits: Their connections with each other and with romantic relationship outcomes. *Personality and Social Psychology Bulletin*, 5, 536-545.

Sica, C., Turchi, G.P., Ghisi, M. (2004). Attaccamento e psicopatologia nell'adolescente e nell'adulto: Una rassegna critica. *Rassegna di Psicologia*, 21(2), 33-55.

Sidanius, J. (1978). Intolerance of Ambiguity and Socio-Political Ideology: A Multidimensional Analysis. *European Journal of Social Psychology*, 8, 215-235.

Silver, M., Sabini, J. (1978). The social

construction of envy. *Journal for the Theory of Social Behaviour*, 8, 313-332.

Simmel, G. (1900). *Philosophie des Geldes*. Berlin: Duncker und Humblot Verlag (A chapter on the philosophy of value. *American Journal of Sociology*, 5, 577-603).

Simonelli, A., Calvo, V. (2002). *L'attaccamento: Teoria e metodi di valutazione*. Roma: Carocci.

Simpson, J.A. (1990). Influence of attachment styles on romantic relationships. *Journal of Personality and Social Psychology*, 59, 971-980.

Simpson, J.A., Rholes, S.W. (1988). *Attachment theory and close relationships*. New York: Guilford.

Simpson, J.A., Rholes, W.S. (1998) editors. *Attachment theory and close relationships*. New York: Guilfor.

Sims, L. J. (2007). The Big Seven model of personality and its relevance to personality pathology. *Journal of Personality*, 75, 65-94

Sinnott J.D. (1989). Postformal reasoning: The relativistic stage. In: Commons, M.L., Sinnot, J.D., Richards, F.A., Armon, A., editors. *Adult development. Comparisons and applications of developmental models*. Westport CT: Praeger, 299-325.

Siri, G. (1995). *Sogni e bisogni: Il nuovo consumatore nell'età postconsumistica*. Milano: Lupetti.

Slife, B.D., Williams, R.N. (1995). *What's behind the research? Discovering hidden assumptions in the behavioral sciences*. Thousand Oaks CA: Sage.

Smart, R.G. (1966). Subject selection bias in psychological research. *Canadian Psychologist - Psychologie Canadienne*, 7a(2), 115-121.

Smart, R.G. (1966). Subject selection bias in psychological research. *Canadian Psychologist*, 7, 115-121.

Smith, C.P. (1992) editor. *Motivation and personality: Handbook of thematic content analysis*. New York: Cambridge University Press.

Smith, D.E. (1987). *The everyday world as problematic: A feminist sociology*. Boston MA: Northeastern University Press.

Smith, M.A., Leigh, B. (1997). Virtual subjects: Using the Internet as an alternative source of subjects and research environment. *Behavior Research Methods, Instruments and Computers*, 29, 496-505.

Smith, R.A., Weber, A.L. (2005). Applying social psychology in everyday life. In: Schneider F.W., Gruman J.A., Coutts L.M (2005) editors. *Applied social psychology: Understanding and addressing social and practical problems*. Thousand Oaks CA: Sage, 75-99.

Smith, R.H. (2008) editor. *Envy: Theory and research*. New York: Oxford University Press.

Smith, R.H., Kim, S.H. (2007). Comprehending envy. *Psychological Bulletin*, 133(1), 46-64.

Smith, R.H., Kin, S.H., Parrott, W.G. (1988). Envy and jealousy: Semantic problems and experiential distinctions. *Personality and Social Psychology Bulletin*, 14, 401-409.

Smith, R.J. (2001). The place of facts in a world of values: Subject and object in a postmodern world. *Journal of Theoretical and Philosophical Psychology*, 21(2), 153-172.

Smith, T.W. (2006). Personality as risk and resilience in physical health. *Current Directions in Psychological Science*, 15(5), 227-231.

Smith, T.W., Rhodewalt, F. (1986). On states, traits, and processes: A transactional alternative to the individual difference assumptions in Type A behavior and physiological reactivity, *Journal of Research in Personality*, 20, 229-251.

Snyder, C.R., Lopez, S.J. (2002). *Handbook of positive psychology*. New York: Oxford University Press.

Snyder, M. (1994). Traits and motives in the study of personality. *Psychological Inquiry*, 5, 162-166.

Sobel, M.E. (1981). *Lifestyle and social*

Structure: Concepts, definitions, analyses. New York: Academic Press.

South, S.C., Krueger, R.F. (2008). An interactionist perspective on genetic and environmental contributions to personality. *Social and Personality Psychology Compass*, 2, 929-948.

Spinella, M., Lester, D. (2005). Money attitudes and personality. *Psychological Reports*, 96(3), 782.

Srivastava, A., Locke, E.A., Bartol, K.M. (2001). Money and subjective well-being: It's not the money, it's the motives. *Journal of Personality and Social Psychology*, 80(6), 959-971.

Stanford Research Institute (1975). *Psychographics; Report n. 565, december.* Menio Park, CA: Stanford Research Institute (SRI) International.

Stanford Research Institute (1989). *VALS 2.* Menio Park, CA: Stanford Research Institute (SRI) International.

Stanford Research Institute (2003). *Understanding U.S. Consumers.* Menlo Park CA: Stanford Research Institute (SRI) Consulting.

Stanton, A.L., Revenson, T.A., Tennen, H. (2007). Health psychology: Psychological adjustment to chronic disease. *Annual Review of Psychology*, 58, 565-592.

Stein, H., Jacobs, N.J., Ferguson, K.S., Allen, J.G. Fonagy, P. (1998). What do adult attachment scales measure? *Bulletin of the Menninger Clinic*, 62(1), 33-82.

Stewin, L. (1983). The concept of rigidity: An enigma. *International Journal of Advanced Counseling*, 6, 227-232.

Stone, W.F., Lederer, G., Christie, R. (1993) editors. *Strength and weakness: The authoritarian personality today.* New York: Springer-Verlag.

Storr, A. (1968). *Human aggression.* New York: Scribner.

Strack, F., Argyle, M., Schwarz, N. (1991) editors. *Subjective well-being: An interdisciplinary perspective.* New York: Pergamon.

Tang, T. (1992). The meaning of money revisited. *Journal of Organizational Behavior*, 13(2), 197-202.

Tang, T. (1993). The meaning of money: Extension and exploration of the Money Ethic Scale in sample of university students in Taiwan. *Journal of Organizational Behavior*, 14(1), 93-99.

Tatzel, M. (2002). "Money worlds" and well-being: An integration of money dispositions, materialism and price-related behavior. *Journal of Economic Psychology*, 23. 103-126.

Taylor, S.E. (2005). *Health psychology; 6th edition.* Boston: McGraw Hill.

Tedeschi, J.T., Felson, R.B. (1994). *Violence, aggression, and coercive actions.* Washington DC: American Psychological Association.

Tellegen, A., Grove, W.M., Waller, N.G. (1991). *Inventory of Personal Characteristics (IPC-7).* University of Minnesota: Unpublished materials.

Tellegen, A., Waller, N.G. (1992). *Exploring personality through test construction: Development of the Multi-Dimensional Personality Questionnaire (MPQ).* University of Minnesota: Department of Psychology.

Tennen, H., Affleck, G., Armeli, S. (2005) editors. Advances in personality and daily experience. *Journal of Personality*, 73(6), 1465-1774.

Tennen, H., Suls, J., Affleck, G. (1991). Personality and daily experience: The promise and the challenge. *Journal of Personality*, 59, 313-338.

Tesser, A., Gatewood, R., Driver, M. (1968). Some determinants of gratitude. *Journal of Personality and Social Psychology*, 9, 233-236.

Thomas, T.C., Crocker, S. (1981). *Value and lifestyles: The new psycho-graphics.* Menlo Park CA: Stanford Research Institute.

Tourangeau, R. (2004). Survey research and societal change, *Annual Review of Psychology*, 55, 775-801.

Trivers, RL. (1971). The evolution of reciprocal altruism. *Quarterly Review of Biology*, 46, 35-57.

Troisi, J.D. Christopher, A.N., Marek, P. (2006). Materialism and money spending disposition as predictors of economic and personality variables. *North American Journal of Psychology*, 8(3), 421-436,

Tsang, J. (2006). Gratitude and prosocial behaviour: An experimental test of gratitude. *Cognition and Emotion*, 20, 138-148.

Uhlmann, E.L., Pizarro, D.A., Bloom, P. (2008). Varieties of social cognition. *Journal for the Theory of Social Behaviour*, 38(3), 293-322.

Valcarenghi, M. (2008). *L'aggressività femminile*. Milano: Bruno Mondadori.

Van Hasselt, V.B., Hersen, M. (2000) editors. *Aggression and violence: An introductory text*. Needham Heights MA: Allyn and Bacon.

Van Mechelen, I., De Raad, B. (1999) editors. Personality and situations; Special issue. *European Journal of Personality*, 13, 333-461.

Veal, A.J. (1993). The concept of lifestyle: A review. *Leisure Studies*, 12(4), 233-252.

Viano, R. (in stampa). *Test D-BPS, Disagio Bio Psico Sociale: Manuale*.

Viano, R., Perussia, F., Daino, A., Boarino, A. (2007). L'adulto sportivo: Un profilo dei tratti e dei valori. *Movimento*, 23, 7-14.

Vollhardt, L. (1990). Rigidity: A comparison by age and gender. *Social Behavior and Personality*, 18, 17-26.

Vollrath, M.E. (2006) editor. *Handbook of personality and health*. New York: Wiley.

Vyncke, P. (2002). Lifestyle segmentation: From attitudes, interests and opinions, to values, aesthetic styles, life visions and media preferences. *European Journal of Communication*, 17(4), 445-463.

Waite, B.M., Claffey, R., Hillbrand, M. (1998). Differences between volunteers and nonvolunteers in a high-demandself-recording study. *Psychological Reports*, 83, 199-210.

Walker, B.M., Winter, D.A. (2007). The elaboration of personal construct psychology. *Annual Review of Psychology*, 58(1), 453-477.

Waller, N.G., Zavala, J. (1993). Evaluating the Big Five. *Psychological Inquiry*, 4, 131-134.

Wang, D., Cui, H., Zhou, F. (2005). Measuring the personality of Chinese: QZPS versus NEO PI-R. *Asian Journal of Social Psychology*, 8(1), 97-122.

Ward, E.A. (1993). Generalizability of psychological research from undergraduates to employed adults. *Journal of Social Psychology*, 133, 513-519.

Watkins, P.C., Scheer, J., Ovnicek, M., Kolts, R. (2006). The debt of gratitude: Dissociating gratitude and indebtedness. *Cognition and Emotion*, 20(2), 217-241.

Watkins, P.C., Woodward, K., Stone, T., Kolts, R.L. (2003). Gratitude and happiness: Development of a measure of gratitude, and relationships with subjective well-being. *Social Behavior and Personality*, 31, 431-451.

Watson, D., Clark, L.A., Tellegen, A. (1988). Development and validation of brief measures of positive and negative affect: The PANAS Scales. *Journal of Personality and Social Psychology*, 54, 1063-1070.

Watson, D., Friend, R. (1969). Measurement of social-evaluative anxiety. *Journal of Counseling and Clinical Psychology*, 33, 448-457.

Watson, J.J. (2003). The relationship of materialism to spending tendencies, saving, and debt. *Journal of Economic Psychology*. 24. 723-739.

Weber, M. (1904-1905). *Die protestantische Ethik und der "Geist" von kapitalismus*. Tubingen: Mohr.

Webley, P., Burgoyne, C.B., Lea, S.E.G., Young, B.M. (2001). *The economic psychology of everyday life*. Hove: Psychology Press.

Webster, D.M., Kruglanski, A.W. (1994).

Individual differences in need for cognitive closure. *Journal of Personality and Social Psychology*, 67, 1049-1062.

Weiss, A., Bates, T.C., Luciano, M. (2008). Happiness is a personal(ity) thing: The genetics of personality and well-being in a representative sample. *Psychological Science*, 19(3), 205-210.

Weiss, M.J. (1999). *The clustered world: A guide to lifestyles in America and beyond.* New York: Little Brown.

Weiss, R.S. (1973) editor. *Loneliness: The experience of emotional and social isolation.* Cambridge, MA: MIT Press.

Wells W.D. (1974) editor. *Life style and psychographics: Definitions, uses and problems.* Chicago: American Marketing Association.

Wells, W.D., Tigert, D.J. (1971). Activities, interests and opinions. *Journal of Advertising Research*, 11, august, 27-35.

Werner, H. (1946). The concept of rigidity: A critical evaluation. *Psychological Review*, 53, 43-52.

Wernimont, P., Fitzpatrick, S. (1972). The meaning of money. *Journal of Applied Psychology*, 56(3), 218-226.

West, M., Sheldon, A., Reiffer, L. (1987). An approach to the delineation of adult attachment: Scale development and reliability. *Journal of Nervous and Mental Disease*, 175, 738-741.

West, S.G., Newsom, J.T., Fenaughty, A.M. (1992). Publication trends in JPSP: Stability and change in topics, methods, and theories across two decades. *Personality and Social Psychology Bulletin*, 18, 473-484.

White, J.B., Langer, E.J., Yariv, L., Welch, J.C.IV (2006). Frequent social comparisons and destructive emotions and behaviors: The dark side of social comparisons. *Journal of Adult Development*, 13(1), 36-44.

Wilkinson, W.K.; Schwartz, N.H. (1991). A factor-analytic study of epistemological orientation and related variables. *Journal of Psychology*, 125(1), 91-100.

Wilska, T-A., Haanpaa, L. (2006) editors. *Lifestyles and social change: Essays in economic sociology.* Turku: Turun kauppakorkeakoulu.

Wilson G.D. (1973) editor. *The psychology of conservatism.* New York: Academic Press.

Winter, D.G., John, O.P., Stewart, A.J., Klohnen, E.C., Duncan, L.E. (1998). Traits and motives: Toward an integration of two traditions in personality research. *Psychological Review*, 105, 230-250.

Wintre, M.G., North, C., Sugar, L.A. (2001). Psychologists' response to criticisms about research based on undergraduate participants: A developmental perspective. *Canadian Psychology*, 42, 216-225.

Wood A.M. Maltby, J., Stewart, N., Joseph, S. (2008). Conceptualizing gratitude and appreciation as a unitary personality trait. *Personality and Individual Differences*, 44 (2008) 621-632.

Wood, A.M., Joseph, S., Linley, P.A. (2007). Coping style as a psychological resource of grateful people. *Journal of Social and Clinical Psychology*, 26(9), 1076-1093.

Wood, W., Quinn, J.M., Kashy, D.A. (2002). Habits in everyday life: Thought, emotion, and action. *Journal of Personality and Social Psychology*, 83(6), 1281-1297.

Worthington, E.L. (2005) editor. *Handbook of forgiveness.* New York: Routledge.

Wright, L. (1988). The Type A behavior pattern and coronary heart disease. *American Psychologist*, 43, 2-14.

Wright, N., Larsen, V. (1993). Materialism and life satisfaction: A meta-analysis. *Journal of Consumer Satisfaction, Dissatisfaction, and Complaining Behavior*, 6, 158-165.

Wrightsman, L.S. (1991). Interpersonal trust and attitudes toward human nature. In: Robinson, J.P., Shaver, P.R., Wrightsman, L.S. (1991) editors. *Measures of personality and social psy-*

chological attitudes. San Diego: Academic Press, 373-412.

Wundt, W.M. (1900-1920). *Völkerpsychologie: eine Untersuchung der Entwicklungsgesetze von Sprache, Mythus und Sitte.* Leipzig: Engelmann.

Wundt, W.M. (1911). *Probleme der Völkerpsychologie.* Leipzig: Metzger und Wittig.

Wundt, W.M. (1912). *Elemente der Völkerpsychologie: Grundlinien einer psychologischen Entwicklungsgeschichte der Menschheit.* Leipzig: Barth.

Wynne, D. (1998). *Leisure, lifestyle and the new middle class.* London: Routledge.

Yamauchi, K.T., Templer, D.I. (1982). The development of a money attitude scale. *Journal of Personality Assessment,* 46, 522-528.

Yang, B., Lester, D. (2002). Furnham's money attitude scale. *Psychological Reports,* 90, 699-700.

Zablocki, B., Kantor, R. (1976). The differentiation of lifestyles. *Annual Review of Sociology,* 2, 269-298.

Zani B., Cicognani E. (2000). *Psicologia della salute.* Bologna: Il Mulino.

Zigler, E., Balla, D. (1982). Rigidity: A resilient concept. In: Zigler, E., Balla, D., editors. *Mental retardation: The developmental-difference controversy.* Hillsdale NJ: Erlbaum, 61-82.

Zimbardo, P.G. (1977-1998). *Shyness: What it is, what to do about it.* Reading MA: Perseus.

Zimbardo, P.G., Radl, S. (1986). *The shy child.* New York: McGraw Hill.